가장 쉬운 독학 〔BITMAN〕
비트코인 투자 첫걸음

가장 쉬운 독학 비트맨 비트코인 투자 첫걸음

초판 1쇄 발행 | 2021년 7월 20일
초판 4쇄 발행 | 2022년 1월 5일

지은이 | 정광민(bitsoldier@kakao.com)
발행인 | 김태웅
기획 | 김귀찬
편집 | 유난영
표지 디자인 | 남은혜
본문 디자인 | HADA DESIGN 장선숙
표지 일러스트 | 김동호
마케팅 | 나재승
제작 | 현대순

발행처 | (주)동양북스
등록 | 제 2014-000055호
주소 | 서울시 마포구 동교로22길 14 (04030)
구입 문의 | 전화 (02)337-1737 팩스 (02)334-6624
내용 문의 | 전화 (02)337-1763 이메일 dybooks2@gmail.com

ISBN 9791157687251 13320

| 차례 | **머리말** 8

제1강 **비트코인이란?**

01 비트코인은 대체 뭘까? 14
  ● 비트코인의 출발점, 제네시스 블록 15
  ● 비트코인의 특성 16
  ● 잘 짜인 비트코인 시스템 17
  ● 비트코인의 단위 18
  ● 비트코인 작동 시스템 19

02 비트코인은 누가 만들었나? 23
  ● 비트코인 개발자 23
  ● 할 피니(Hal Finney) 24
  ● 도리안 사토시 나카모토(Dorian Satoshi Nakamoto) 24
  ● 닉 재보(Nick Szabo) 25
  ● 크레이그 스티븐 라이트(Craig Steven Wright) 25
  ● 데이브 클라이먼(Dave Kleiman) 26
  ● 렌 새써맨(Len Sassaman) 27

03 비트코인은 왜 만들었을까? 31
  ● 미국발 세계 금융위기 31
  ● 금융위기가 잉태한 비트코인 32

제2강 **블록체인과 채굴**

01 거래방식의 혁명, 블록체인 40
  ● 블록이란 40
  ● 블록체인이란 42
  ● 중앙 집중식에서 탈피한 블록체인 방식 42

02 채굴과 스테이킹 50
  ● 블록체인 알고리즘 50
  ● 작업증명 방식, 채굴 50
  ● 비트코인 채굴기 53
  ● 지분증명 방식, 스테이킹 57

제3강 비트코인이 지나온 길

01 첫 채굴 *66*

02 피자데이 *68*

03 키프로스 사태 *71*

04 마운트곡스(Mt. Gox) 파산 *73*

05 ICO 광풍 *76*

06 주요 인물들의 배신 *79*

07 세계 정부들의 철퇴 *84*

08 비트코인 네버다이 *87*

제4강 알트코인

01 알트코인이란? *92*
- 알트코인의 정의 *92*
- 코인마켓캡 활용하기 *92*

02 알트코인의 종류 *95*

03 비트코인과 알트코인의 오묘한 관계 *136*
- 비트코인 도미넌스 *136*
- 비트코인 도미넌스에 따른 해석 방법 *138*

제5강 코인 투자를 시작하려면

01 거래소를 알아보자! *144*
- 1 _ 국내 거래소 *144*
- 업비트(UPBIT) upbit.com *144*
- 빗썸(BITHUMB) bithumb.com *146*
- 코인원(COINONE) coinone.co.kr *147*
- 2 _ 해외 거래소 *148*
- 바이낸스(BINANCE) binance.com *148*
- 비트멕스(BITMEX) bitmex.com *150*
- 코인베이스(COINBASE) coinbase.com *152*

02 코인을 보내보자! *154*

03 트위터는 필수! *162*
- 주요 코인 개발자 및 인사들 계정 *163*
- 주요 코인 프로젝트들 공식 계정 *169*

04 뉴스에 귀를 기울이자! *170*
- 각 프로젝트들의 개발 관련 소식 *170*
- 이슈 코인, 이슈 거래소 소식 *175*
- 상장 소식 *178*
- 거래소 공지 *180*
- 기관과 대형 투자자들의 매수·매도 동향 *181*
- 세계 정부들의 동향 *182*
- 참고할 만한 뉴스 및 정보 매체들 *184*

제6강 코인 차트에 대하여

01 코인 차트 분석 왜 필요한가? *194*

02 코인 차트 보는 법 *196*
- 차트 화면 구성(업비트 기준) *197*
- 시간별 차트 보는 방법(업비트 기준) *199*
- 거래량 보는 법 *199*
- 각종 마켓과 가격 단위 *200*
- 이동 평균선 설정(업비트 기준) *202*
- 정배열과 역배열 *204*
- 골든크로스와 데드크로스 *205*

03 알아두면 좋은 지표들과 매매팁 *207*
- 추세선 그리기 *207*
- 볼린저밴드 *209*
- RSI *211*
- 매물대(vol profile) *212*

04 코인 차트 패턴 읽기 *215*
- 1 _ 상승형 패턴의 종류와 패턴 매매팁 *215*
- 역 헤드 앤 숄더 패턴 *215*
- 어센딩 트라이앵글 패턴 *216*
- 폴링 웨지(하락 쐐기) 패턴 *217*
- 컵 앤 핸들 패턴 *217*
- 쌍바닥 패턴 *218*
- 2 _ 하락형 패턴의 종류와 패턴 매매팁 *219*
- 헤드 앤 숄더 패턴 *219*
- 디센딩 트라이앵글 패턴 *219*
- 라이징 웨지(상승 쐐기) 패턴 *220*
- 더블탑 패턴 *220*

제7강 코인 투자 어떻게 할 것인가

01 나에게 맞는 투자 유형을 선택하자 *226*
- 비중과 기간에 따른 투자 유형 *227*
- 기술적 분석에 의한 투자 유형 *229*
- 정보에 기반한 투자 유형 *229*
- 채굴에 의한 투자 유형 *230*
- 스테이킹(POS) 투자 유형 *231*
- 재정거래 투자 유형 *232*
- 선물거래 투자 유형 *233*

02 투자할 때 유의해야 하는 것들 *234*
- 너무 다양한 사기 수법들 *234*
- 여러분의 돈을 노리는 거래소 *236*
- OTP는 필수 *238*

03 안정적인 투자를 하려면 *241*
- 첫째, 인지도·거래량 없는 거래소는 피하는 것이 좋다! *241*
- 두 번째, 시장의 흐름을 타야 한다! *242*
- 세 번째, 단타보다는 장투를 택하자! *244*
- 네 번째, 그래도 비트코인! *244*

04 좋은 코인과 나쁜 코인 *245*
- 백그라운드를 파악하라 *246*
- 일하는 코인을 선택하자 *248*
- 나쁜 코인 구별법 *249*
- 하는 일 없는 코인은 거른다 *253*

제8강 비트맨 커뮤니티 매니저로서의 조언

01 비트맨 커뮤니티를 운영하면서 느끼는 것들 *260*
- 비트맨 매니저로서의 고민 *261*
- 상승장과 하락장의 온도차 *264*
- 익명의 공간도 매너는 필수 *265*
- 양날의 검과 같은 네임드 *267*

02 본질적 가치에 대한 논란 *271*

03 비트맨을 유익하게 활용하는 꿀팁 *277*
- 초보를 위한 정보들 *277*
- 사람들과 친분을 쌓자 *282*
- 흙 속의 진주를 찾아내자 *283*
- 뉴스를 구독하자 *284*
- 중대장이 되자 *284*
- 이벤트를 놓치지 말자 *285*

04 코인시장, 어디로 갈 것인가 *287*
- 비트코인 네버다이 *288*
- 정부도 결국 *290*
- 마지막으로 *292*

코인용어 백과 *297*

비트코인 토막 상식

비트코인의 장점 8가지 *21*

자칭 사토시, 크레이그 라이트에 대한 이야기 *30*

비트코인으로 부자가 된 사람들 1 *36*

눈여겨볼 만한 블록체인 적용 사례 *48*

비트코인으로 부자가 된 사람들 2 *62*

비트코인으로 부자가 된 사람들 3 *89*

199원이던 코인이 하루 만에 26배 폭등, 페이코인 *140*

비트멕스 이야기, 선물·마진 거래가 위험한 이유 *190*

기회가 온다면 꼭 한번 잡아볼 만한 이평선 매매법 *222*

놀라운 코인 이야기, 미스릴의 전설 *255*

초보들을 위한 코인 투자 매뉴얼 *294*

머리말

필자가 비트코인을 제대로 접하게 된 건 2017년 중반이었습니다. 커리어의 대부분을 마케팅 쪽에서 쌓아 왔는데, 이직을 알아보던 중에 비트코인과 관련된 일이 눈에 들어왔습니다. 어릴 때부터 컴퓨터 다루는 걸 좋아하고, IT 분야에 관심도 많았었기에 비트코인이라는 단어가 상당히 매력적으로 다가왔습니다. 그렇게 이직의 방향을 결정한 후 국내 최대의 비트코인 커뮤니티인 비트맨의 시작을 함께하게 되었고 그 인연이 지속되어 지금까지 비트맨을 관리 및 운영하고 있습니다.

이제 와 돌이켜보면 2017년은 한국 비트코인 역사에서 큰 의미를 갖는 시점이 아닐 수 없습니다. 2017년 초 100만 원 정도에 불과했던 비트코인은 그해 중반 쯤 200만 원대를 넘어섰고, 계속해서 하루가 다르게 오르고 또 오르다 2018년 1월 초에는 국내 거래소인 업비트 기준 2800만 원을 넘겼습니다.

1년 만에 28배가 오르는 투자자산이라니, 이런 기적 같은 기회는 사실 쉽게 찾아볼 수 없는 것이기에 비트코인을 아는 사람들은 모두 이 비트코인 투자에 광적으로 빠져들었습니다. 그때는 많은 사람들이 비트코인과 블록체인이 세상을 바꾸는 게임체인저라고 생각했으며 비트코인을 알고 거기에 투자한다는 건 세상을 앞서 나가는 것이라고 믿었습니다. 그들에게 비트코인은 달콤한 인생이었고 행복한 꿈이었습니다. 해외에서는 기존의 다른 블록체인을 기반으로 코인을 발행하고 투자금을 유치하는 ICO 열풍이 일어났고, 그로 인해 셀 수 없이 많은 코인들이 복사하듯 생겨났으며, 국내 역시 많은 코인 거래소들과 프로젝트들이 생겨났습니다. 2017년은 한마디로 '코인 르네상스'라고 부를 수 있을 만한 시기였습니다.

'비트맨'은 그런 흐름 속에서 폭발적인 성장을 했고 네이버에 있는 셀 수 없이 많은 카페들 중 2위에 랭크되었으며 하루에 글이 만 개 이상, 일 조회 수는 천만 번 이상 나올 만큼 대단한 커뮤니티가 되었습니다. 필자 역시 폭풍 같은 코인 르네상스 시대에 누구 못지않게 코인이라는 늪에 깊이 빠져 들었고 눈앞에 있는 크나큰 기회를 잡아야만 한다는 생각을 했었습니다. 아마 그 당시 대부분의 코인 투자자들이 그랬을 것입니다. 당시 코인시장은 그렇게 끓어오르는 마그마처럼 뜨거웠고 폭발하는 화산과도 같았습니다.

그러나 과유불급이라는 옛 사자성어는 어찌 그리 찰떡같이 맞아떨어지는지... 많은 이들에게 꿈과 미래였던 코인시장도 지나치게 과열되면서 결국은 과유불급의 결과를 초래했습니다. 셀 수 없이 생겨나던 수많은 코인들은 자기 정체성 없이 카피하듯이 쏟아져 나왔고 모든 코인들이 그럴듯한 꿈과 비전을 내세우며 마치 블록체인이 세상의 모든 일들을 바꿔나갈 것처럼 말했지만, 정말 진실성 있게 자신들이 밝힌 포부를 실현해 나가는 코인은 찾아보기 어려웠습니다. 더불어 수많은 코인 거래소들이 생겨났지만 회원을 유치하기 위해 시세를 조작하고 정체도 알 수 없는 코인들을 마구 상장시켰으며, 그중 많은 거래소들은 얼마 못 가 문을 닫고 사라졌습니다.

화산은 결국 폭발했고, 끓어오르던 마그마는 재앙으로 변하고 말았습니다.

비트코인이 정부가 발행한 법정화폐를 대신할 것이라는 얘기들이 불편했던 것일까요? 대한민국 정부 관계자들은 비트코인이라는 화산을 내내 눈엣가시처럼 여겼고, 당시 법무부장관이었던 박상기 장관은 비트코인은 도박과 다를 바 없다며 코인 거래 금지와 거래소 폐쇄를 검토한다고 발표했습니다. 국내에 비트코인 투기가 과열되었고 이 거품이 터지게 되면 그 피해는 걷잡을 수 없다는 이유에서였습니다. 그러나 아이러니하게도 거품이 터지게 될 때를 걱정했던 장관은 이 발표 때문에 거품을 터뜨리는 장본인이 되었습니다. 이때를 비트코인 투자자들은 '박상기의 난'이라고 부릅니다.

이렇게 정부 관계자들의 강경한 반대 덕분에 2800만 원을 넘어섰던 비트코인은 2018년 1월 초, 불과 며칠 만에 반토막이 되어 1400만 원대까지 내려앉았고, 한 달 쯤 되었을 때는 거기서 또다시 반토막이 되어 700만 원대까지 내려왔습니다. 4분의 1, 그러니까 1000만 원이 있었다면 750만 원이 날아가고 250만 원만 남게 되는 재앙을 맞보게 된 것입니다.

필자가 책의 서두에서부터 2017년 이후의 상황을 이렇게 자세히 이야기하는 것은 이 책이 아직 비트코인을 잘 모르는 초보자들을 위한 책이기 때문입니다. 필자는 이런 폭풍 같은 시간들을 업계 최전선에서 봐왔고 얼마나 많은 사람들이 꿈과 희망에 가득 찼었는지, 또 얼마나 절망했었는지를 똑똑히 보았습니다. 이런 시간들 속에서 필자는 과연 '비트코인과 코인시장을 어떻게 바라보는 것이 올바른 관점일까?'라는 고민을 해왔으며, 이 책을 통해 그 고민의 결과물들을 조금이라도 올바르게 전달할 수 있게 되기를 바랍니다.

또한 필자는 오랜 시간 동안 블록체인과 각종 코인들에 대한 정보를 비트맨 회원들에게 전달해 주던 입장이었고, 항상 어떻게 하면 이 어렵고 새로운 것들을 최대한 쉽게 이야기할 수 있을까 고민하며 일해 왔습니다. 그렇기 때문에 이제 비트코인에 입문하려는 여러분에게 누구보다 쉽게 비트코인을 설명해 줄 수 있지 않을까 생각합니다.

아직도 많은 사람들은 '코인이 과연 가치가 있는 것인가, 아무 가치도 없는 사기 아닌가'에 대한 논쟁을 벌이곤 합니다. 그리고 세계 각국의 정부들 역시 코인을 강경하게 반대하는 곳도 있고 국가가 나서서 투자하는 곳도 있습니다. 그런 걸 보면 아직도 비트코인 시장은 초기 시장이며 과도기 단계라는 생각을 하게 됩니다. 아직도 이렇게 갈피를 잡기 어려운 이 시장에 들어와서 기회를 찾으려는 여러분에게 부디 이 책이 필히 알아 두어야 할 정보들을 알게 해주고 비트코인 세계에 들어오기 전 가져야 할 올바른 시선을 갖게 해주는 좋은 입문서가 되었으면 하는 마음입니다.

개인적으로는 처음으로 책을 집필하면서 책을 쓰는 게 정말 쉽지 않은 일이라는 걸 많이 느끼는 시간이었습니다. 본업에 충실하면서 책에도 집중한다는 게 생각만큼 쉽지 않았지만 그동안 이 책에 쏟은 노력들이 독자 분들에게 수익과 행복으로 돌아갈 수 있으면 좋겠다는 마음으로 달려왔습니다. 부디 코인 투자를 희망하는 여러분에게 유익한 교과서가 되기를 바랍니다.

이런 기회를 제안해 주신 동양북스의 김귀찬 부장님이 아니었다면 아마도 이 책을 끝내지 못했을 것 같습니다. 이 책에 대한 열정과 확신이 넘치는 부장님의 모습을 보면서 기운을 얻고 집필에 정성을 쏟을 수 있었습니다. 언제나 좋은 말들과 칭찬으로 저를 북돋워 주셔서 정말 고맙습니다. 또한 부족하기만한 저를 이끌어 주신 유난영 편집자님과 표지를 멋지게 그려 주신 김동호 작가님, 그리고 예쁜 디자인으로 이 책이 돋보일 수 있게 해주신 장선숙 디자이너님께도 감사드립니다. 마지막으로 함께 고생하는 모든 비트맨 식구들과 대표님께도 감사를 표합니다.

01 비트코인은 대체 뭘까?

02 비트코인은 누가 만들었나?

03 비트코인은 왜 만들었을까?

제1강

비트코인이란?

익명의 개발자가 만든 암호학 기반의 **P2P**금융 시스템이 비트코인이라는 이름으로 어느 날 세상에 나타났습니다. 그는 대체 어떤 생각으로 비트코인을 만들었던 걸까요? 그리고 과연 예상했을까요? 혹은 꿈꾸었을까요? 자기가 만든 비트코인이 자신분만 아니라 수많은 사람의 인생을 바꾸는 모습을 말이죠. 비트코인은 어느새 개당 몇천만 원의 가치까지 치솟았고, 세계 각국 정부들이 경계하고 걱정할 만한 존재가 되었습니다. 대체 비트코인은 뭘까요? 누가, 왜 만들었을까요?

01 비트코인은 대체 뭘까?

비트코인에 투자해보고 싶은 마음이 들었다면 가장 먼저 짚고 넘어가야 할 물음은 '그래서 비트코인이 대체 뭔데?'가 아닐까 싶습니다. 많은 사람들이 비트코인이 뭔지도 모르면서 많이 오르고 크게 돈을 벌었다는 얘기만 듣고 무작정 비트코인 투자에 뛰어들곤 합니다. 많든 적든 돈을 들여 투자하는 건데 그러면 안 되겠지요. 그래서 필자는 여러분에게 먼저 비트코인이 뭔지 되도록 쉽게 정리를 해주고 자세한 이야기를 이어가려고 합니다.

| 화폐의 진화

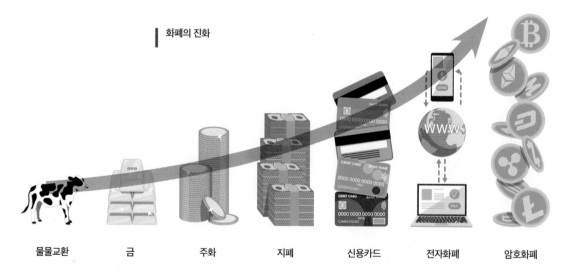

물물교환　　　금　　　주화　　　지폐　　　신용카드　　　전자화폐　　　암호화폐

● 비트코인의 출발점, 제네시스 블록

비트코인은 사토시 나카모토라는 가명을 쓴 한 개발자가 2008년 10월 31일 은행과 정부 같은 중앙 기구가 없더라도 사람들의 참여를 통해 스스로 작동하는 블록체인 기반의 새로운 화폐 시스템, 일명 '비트코인'의 백서를 발표하고, 이듬해인 2009년 1월 3일 비트코인의 첫 시작인 제네시스 블록을 작동하면서 세상에 나오게 되었습니다.

　　비트코인은 그렇게 익명의 한 개발자를 통해 은행이나 정부 같은 중앙 관리에서 벗어난 '탈중앙화' 통화 시스템의 목적을 가지고 태어났고, 이때부터 블록체인을 기반으로 한 탈중앙화 프로젝트들, 쉽게 말하면 우리가 알고 있는 암호화폐, 즉 코인들의 시대가 시작되었습니다. (현재 정부와 미디어에서는 비트코인과 같은 코인들을 가상자산, 디지털자산, 가상통화 등의 명칭으로 다양하게 부르고 있으나, 이 책에서는 좀 더 쉽고 익숙한 단어인 코인 또는 암호화폐라고 이야기하려 합니다.)

Bitcoin: A Peer-to-Peer Electronic Cash System

Satoshi Nakamoto
satoshin@gmx.com
www.bitcoin.org

Abstract. A purely peer-to-peer version of electronic cash would allow online payments to be sent directly from one party to another without going through a financial institution. Digital signatures provide part of the solution, but the main benefits are lost if a trusted third party is still required to prevent double-spending. We propose a solution to the double-spending problem using a peer-to-peer network. The network timestamps transactions by hashing them into an ongoing chain of hash-based proof-of-work, forming a record that cannot be changed without redoing the proof-of-work. The longest chain not only serves as proof of the sequence of events witnessed, but proof that it came from the largest pool of CPU power. As long

사토시 나카모토가 작성한 백서의 첫 부분

POINT | 비트코인은 익명의 개발자가 블록체인 기술과 암호학을 기반으로 만들어낸 중개자가 필요 없는 금융 시스템

● 비트코인의 특성

비트코인이 무엇인지 이해하기 위해 먼저 비트코인의 특성에 대해 알아볼까요? 비트코인의 특성을 설명하자면 이렇습니다.

채굴 → p.50

　　비트코인은 많은 컴퓨터들이 암호화된 수학 문제를 풀고 보상으로 정해진 양의 비트코인을 받는, 일명 '채굴'이라는 형태를 통해서 시스템이 유지됩니다. 채굴에 참여한 모든 컴퓨터들은 다 같이 네트워크에 입력되는 거래 데이터들을 검증하고 처리하는 역할을 하게 됩니다. 그리고 암호화된 문제를 풀어서 새로운 데이터 패키지라 할 수 있는 블록을 생성합니다. 이 과정을 통해서 비트코인이 발행되는데, 비트코인의 기반이 되는 이런 네트워크 시스템을 블록체인이라고 합니다.

암호화된 수학 문제란?

비트코인의 채굴 과정에는 SHA-256이라는 해시함수가 사용됩니다. 해시함수는 어떤 숫자나 텍스트를 입력하면 모든 메시지를 일정한 크기로 암호화해주는 알고리즘입니다. 비트코인 네트워크는 이 SHA-256 함수로 이루어진 값을 채굴에 참여하는 컴퓨터들에게 문제로 내주는데요. 각 컴퓨터들은 주어진 문제에 여러 가지 값을 대입해 보면서 문제로 주어진 값보다 낮은 (또는 작은) 해시값을 찾아내면 채굴에 성공하는 겁니다. 그리고 채굴에 대한 보상으로 비트코인을 받는 거죠.

비트코인 채굴 프로그램의 한 장면

● 잘 짜인 비트코인 시스템

사토시 나카모토는 애초에 공급 과잉에 의한 화폐 가치의 하락을 막기 위해 비트코인의 총 발행량을 2100만 개로 정해 놓았고, 시간이 갈수록 비트코인이 발행되는 속도가 줄어들게 설계해 놓았습니다. 비트코인은 약 4년 주기로 발행되는 양이 반으로 줄어들게 되는데, 이것을 '비트코인 반감기'라고 합니다. 그리고 이런 과정을 거쳐서 2100만 개가 전부 발행되면 비트코인은 더 이상 발행되지 않습니다.

제한된 공급량을 가진 것뿐만 아니라 갈수록 더 갖기 어려운 돈이라니, 사람들이 비트코인을 사들이고 비트코인 가격이 몇 천만 원까지 오르게 된 것은 이렇게 잘 짜인 시스템 덕분이 아닐까 생각합니다. 비트코인은 2021년 기준 이미 88% 이상 발행되었고, 시간이 갈수록 발행량은 더욱 줄어들게 되어 희소성을 높여가고 있습니다.

'비트코인 반감기'에 대해 알아봅시다!

비트코인 초기에 채굴자들에게 주어지는 보상은 약 10분 당 비트코인 50개였습니다. 그러나 과잉 공급을 막고 가치를 유지하기 위해 비트코인의 블록체인은 블록이 21만 개 만들어질 때마다 보상의 양을 반으로 줄이도록 설계되었습니다. 이것을 '비트코인 반감기'라고 합니다. 반감기는 지금까지 2012년 11월, 2016년 7월, 2020년 5월까지 약 4년 주기로 총 세 차례 있었습니다.
그렇다면 비트코인의 공급이 반으로 줄어드는 이 반감기가 코인의 가치에 영향을 미쳤을까요?
2012년 첫 반감기 때 비트코인의 가치는 겨우 10달러가 조금 넘었지만, 2013년 말에는 1000달러를 넘기며 100배에 가까운 놀라운 상승을 했습니다. 2016년 4월 두 번째 반감기를 두 달 정도 앞두었던 때 비트코인의 가격은 50만 원 정도였으나 6월 중순에 90만 원까지 올랐고, 반감기 이후 잠시 주춤했지만 2017년 3월에는 150만 원까지 상승했습니다. 그리고 세 번째 반감기였던 2020년 5월, 비트코인 가격은 1000만 원대에서 머물렀고 7월까지는 큰 반응이 없었지만, 7월 말부터 상승세를 꾸준히 이어가며 2020년 연말에는 3천만 원을 넘겼습니다.

이런 시세 상승이 꼭 반감기 때문만은 아니겠지만 지금까지는 '반감기가 지나면 오른다'라는 기대감은 항상 충족되어 왔습니다.

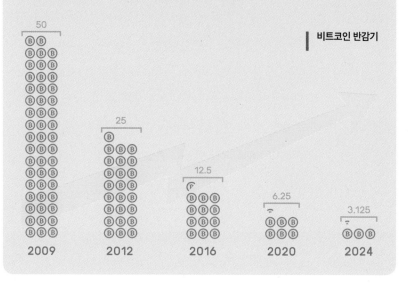

비트코인 반감기

● 비트코인의 단위

비트코인의 단위 심볼은 BTC이며 1BTC는 1비트코인을 뜻합니다. 그러나 한 개에 몇 천만 원 단위의 화폐라니! 이렇게 큰돈은 쓰기도 어렵고 거슬러 받기도 어렵습니다. 그렇기 때문에 비트코인은 소수점 8자리 단위까지 잘게 쪼개어서 쓰이는데, 가장 최소 단위인 0.00000001BTC를 개발자인 사토시의 이름을 따서 부르기 쉽게 1사토시라고 부릅니다. 예를 들면 0.00010000BTC이면 1만 사토시인 것이고, 1억 사토시는 곧 1BTC인 것입니다.

10만 원으로 비트코인을 사는 방법

비트코인이 5천만 원이라고 해서 꼭 5천만 원이 있어야만 비트코인을 살 수 있는 것은 아닙니다. 비트코인은 소수점 8자리까지 쪼개서 거래가 가능하기 때문에 만약 1BTC가 5천만 원일 때 내가 10만 원 어치만 사고 싶다면 거래소에서 0.002BTC만 구매하는 것도 얼마든지 가능합니다.

● 비트코인 작동 시스템

또한 앞에서 설명했던 비트코인 채굴자들에게 주어지는 암호화된 문제는 일명 해시(hash)값이라고 하며, 이 문제를 풀어내기 위해 많은 컴퓨터들이 채굴에 참여하고 있습니다.

암호화된 수학 문제 → p.16

비트코인 시스템을 유지시켜 주는 시스템 구조의 이름은 Proof of Work, 줄여서 PoW라고 하는데요. 우리말로 하면 '작업증명'이라는 알고리즘입니다. 작업증명 알고리즘을 쉽게 얘기하자면 채굴에 참여한 컴퓨터가 열심히 여러 가지 값들을 대입해서 주어진 문제에 대해 적당한 값을 찾아내고, 블록체인에 새로운 블록이 생성되도록 작업했다는 것을 말합니다. 또한 이런 행위를 완수했을 때 해당 컴퓨터는 비트코인을 보상으로 받게 됩니다.

이러한 비트코인의 작동 시스템은 모든 채굴 참여자가 함께 비트코인 네트워크에서 발생하는 거래 데이터들을 검증하기에 높은 신뢰성을 지닙니다. 하지만 참여자가 많아질수록 난이도도 올라가기 때문에 더욱 고성능의 컴퓨터 작업을 요하게 되고, 이는 많은 소모 전력을 필요로 한다는 단점을 지니기도 합니다.

그러나 비트코인은 이러한 특성들 덕분에 누구나 비트코인을 발행하는 과정에 참여하고 비트코인을 얻을 수 있습니다. 또한 국가가 발행하는 화폐처럼 발행권을 누군가가 독점하고 관리하는 화폐 시스템이 아니기 때문에 비트코인은 모든 사람들에게 공평한 탈중앙화 화폐 시스템이라고 할 수 있습니다.

비트코인 총 발행량 _ 2100만 개
채굴 _ 컴퓨터를 이용해 암호화된 수학문제를 풀고 보상으로 비트코인을 받는 행위
코인을 칭하는 용어 _ 암호화폐, 가상화폐, 가상통화, 가상자산, 디지털자산
비트코인의 단위 _ BTC (0.00000001BTC = 1사토시)
PoW(Proof of Work) _ 작업증명 알고리즘

비트코인의 장점 8가지

1. 중개자 없는 거래

온라인으로 물건을 사거나 송금을 하려면 항상 결제회사, 신용카드사, 은행 등을 통해야 하지만 비트코인은 개인과 개인 간의 직거래가 가능합니다.

2. 프라이버시 보호

개인 간의 직거래가 가능하기 때문에 내 개인정보를 굳이 은행이나 카드사에 등록하지 않아도 됩니다. 내 개인정보가 새어나갈 일이 없고, 카드사나 은행의 광고전화? 광고문자? 그런 걸 받을 일이 없습니다.

3. 익명 거래

비트코인은 지갑 주소만으로 거래가 이루어지기 때문에 돈을 보낸 사람과 받은 사람의 이름이나 전화번호 같은 정보를 남이 알 수 없습니다. 내가 뭘 샀는지, 내가 누구인지 타인이 알게 되는 기분 나쁜 일은 없습니다.

4. 해킹 불가

내 비트코인을 개인 지갑에 잘 넣어놓고 아주 복잡한 프라이빗키만 잃어버리지 않는다면 누구도 내 비트코인을 훔쳐갈 수는 없을 겁니다. 천문학적인 가격의 양자컴퓨터를 동원해서 풀어내지 않는다면 말이죠.

5. 인플레이션 탈피

비트코인의 총 발행량은 2100만 개로 제한되어 있고 시간이 갈수록 공급량도 줄어들게 설계되어 있습니다. 세계의 각 정부들이 원하면 마음대로 찍어낼 수 있는 법정화폐와는 달리 비트코인은 공급 과잉에 의한 인플레이션을 겪을 우려가 없습니다.

6. 누구나 발행 가능

채굴기만 있다면 누구나 비트코인을 얻을 수 있습니다. 내가 직접 비트코인 시스템을 유지하는 참여자가 되고 비트코인의 발행자가 될 수 있는 겁니다.

7. 국경 없는 거래

비트코인은 국경을 상관하지 않습니다. 세계의 누구와도 비트코인 지갑만 있다면 비트코인을 송금하거나 입금 받을 수 있습니다. 비트코인 ATM이 있는 해외로 여행을 간다면 굳이 환전해갈 필요가 없습니다.

8. 매력 있는 투자자산

비트코인이 매력 넘치는 투자자산임은 분명합니다. 공급이 한정적이고 가치의 변동성이 매우 큽니다. 변동성이 크다는 건 위험하다는 뜻도 되지만, 그만큼 큰 수익을 안겨준다는 뜻도 됩니다. 이런 양날의 검과 같은 매력이 바로 비트코인의 가치를 몇 천만 원까지 이끌어 온 원동력입니다.

비트코인은 누가 만들었나?

● 비트코인 개발자

비트코인은 이미 언급한 대로 사토시 나카모토라는 가명을 쓴 익명의 개발자가 만들었습니다. 그는 왜 이런 기발한 아이디어를 개발하고도 가명을 쓰고 뒤편에 숨어 있었을까요?

필자는 아마도 비트코인이 정부가 발행하고 관리하는 화폐와 금융 시스템에 대한 도전이 될 수 있기 때문에 이 부분을 염려한 것이 아닐까 생각합니다.

사람들은 비트코인이 유명해질수록 이것을 '만든 사람이 과연 누구인가?'라는 의문에 대해 더욱 관심을 기울였고, 많은 추측과 후보인물들이 있었으며, 실제로 그중 몇 명에게는 기자와 경찰이 들이닥치기도 했었습니다. 사토시는 이런 부분을 염려해서 가명을 쓰고 숨었던 것이 아닐까 추측해 봅니다.

그렇다면 과연 비트코인을 만든 사토시 나카모토는 누구일까요?

비트코인이 만들어지고 10년이 넘는 시간이 흘렀지만 사토시 나카모토가 누구인지는 아직 정확히 밝혀지지 않았습니다. 그러나 그동안 유력한 후보들과 사토시 나카모토를 자칭한 사람들은 꽤 있었는데요. 그들에 대해서 알아보겠습니다.

● 할 피니(Hal Finney)

할 피니는 평소 암호학 분야에 관심이 많았던 개발자로 실제로 자기만의 암호화폐를 설계해 보기도 했던 사람입니다. 그는 사토시 나카모토가 처음 비트코인에 대해 발표했을 때 부정적 반응을 보인 많은 사람들과는 달리 큰 관심을 보였고, 자신이 사토시를 제외하고는 가장 먼저 비트코인을 채굴해 본 사람일 것이라고 이야기 했습니다.

할 피니는 사토시로부터 직접 10비트코인을 이체 받았었고, 그것이 최초의 비트코인 이체 기록이었습니다. 그는 비트코인의 버그를 발견하여 사토시에게 메일을 보내고 사토시는 그것을 수정했었다고 합니다.

사람들은 이런 그가 사실은 사토시가 아닌가 하는 의문을 품었지만 할 피니는 2014년 루게릭병으로 세상을 떠났고, 사망 전에 남긴 편지에서 자신이 사토시를 알게 된 상황들을 구체적으로 이야기했습니다. 상식적으로 생각해 보아도 굳이 마지막 편지까지 거짓으로 작성할 이유는 없기 때문에 그가 사토시라는 의혹은 이제 사실이 아닌 쪽으로 기울었습니다.

● 도리안 사토시 나카모토(Dorian Satoshi Nakamoto)

사토시 나카모토와 이름이 비슷한 이 사람은 2014년 미국의 뉴스위크라는 언론에서 집까지 찾아가 취재하게 되어 이름을 알리게 된 인물입니다.

뉴스위크 취재진은 이 사람의 이름에 사토시 나카모토가 들어간다는 점과, 일본계 미국인이라는 점, 그리고 컴퓨터 엔지니어로 일했었다는 점을 들어 유력한 후보로 꼽았고, 두 달에 걸친 조사를 한 뒤 경찰과 함께 집까지 찾아가 인터뷰를 하기도 했습니다.

도리안은 갑자기 들이닥친 경찰과 취재진이 다짜고짜 비트코인에 대해 묻자, "더 이상 프로젝트에 참여하고 있지 않다. 이제는 다른 사람들이 맡고 있다."라고 답했고, 기자는 이 때문에 이 사람이 진짜 사토시 나카모토라고 믿게 되었습니다.

이후 도리안은 기자회견을 통해 자신은 그저 엔지니어일 뿐 비트코인과는 전혀 상관이 없는 사람이라고 해명했습니다. 그런데 진짜 사토시로 추정되는 인물이 온라인상에 "도리안은 진짜가 아니다."라는 글을 남기는 일이 일어났습니다. 이 글을 근거로 도리안이 뉴스위크지를 고소하게 되면서 도리안은 진짜 사토시가 아닌 것으로 마무리되었습니다.

● 닉 재보(Nick Szabo)

닉 재보는 비트코인이 나오기 훨씬 전인 1998년에 이미 비트골드라는, 비트코인과 개념이 아주 흡사한 전자화폐 시스템을 고안한 사람입니다.

비트골드는 실제로 나오지는 않았지만 비트코인의 개념과 상당히 유사했고, 2011년 한 기사에서 닉 재보가 "자신과 웨이 다이 그리고 할 피니만이 사토시 나카모토의 아이디어를 공감하고 좋아하는 유일한 사람들이었다."라고 말했던 것 때문에 닉은 사토시 나카모토로 의심받게 되었습니다. 그러나 그 역시 자신은 사토시가 아니라고 부인했습니다.

● 크레이그 스티븐 라이트(Craig Steven Wright)

호주의 사업가이자 컴퓨터 공학자인 크레이그 스티븐 라이트는 자신이 사토시 나카모토라고 주장하는 사람 중 한 명입니다.

그가 사토시로 의심 받게 됐던 이유는 한 해커가 크레이그의 이메일을 해킹했는데, 거기에 비트코인 개발과 관련된 내용이 있었다는 겁니다.

크레이그는 그로부터 몇 개월 뒤 자신이 사토시 나카모토라고 주장했고, 영국 BBC 방송에서 직접 인터뷰를 하며 밝히기도 했습니다. 그는 비트코인의 첫 번째 블록인 제네시스 블록에 전자서명을 해서 자신이 사토시인 걸 증명하겠다고 했는데요. 비트코인 재단의 개발자인 개빈 안드레센도 "크레이그가 사토시라고 믿는다."라고 이야기하면서 진짜 사토시를 찾은 걸로만 여겨졌습니다. 그러나 이를 부정하는 사람들은 많은 반박 글을 온라인에 게시했고, 크레이그가 주장한 증거들은 이미 공개되어 있는 것들이라서 누구든지 복사하여 붙여넣기만 하면 되는 것들이라고 논박했습니다.

이런 주장들이 나타나자 애초에 제네시스 블록에 서명해서 자신을 증명하겠다던 크레이그는 도리어 기술적 증명을 하지 않겠다고 선언하며 익명성을 깰 용기가 없다는 납득되지 않는 해명을 내놓았습니다. 이로 인해 크레이그는 거짓말쟁이로 낙인이 찍혔고, 업계는 그를 믿는 사람들과 믿지 않는 사람들로 나뉘게 되었습니다.

크레이그는 이후에도 사토시 나카모토를 자처하며 많은 활동을 펼쳤습니다. 2018년 11월에는 비트코인캐시에서 블록체인을 분리하여 비트코인SV(Bitcoin Satoshi Vision)라는 새로운 코인을 출시했으며, 이 과정 중에 700만 원대에 있던 비트코인을 300만 원대까지 폭락시키는 원인을 제공하기도 했습니다.

● 데이브 클라이먼(Dave Kleiman)

데이브 클라이먼은 정보 보안 분야 전문가로 미국 정부에서 사용하는 윈도우 암호화 도구를 개발한 인물입니다. 그는 애석하게도 2013년에 세상을 떠났는데, 그가 사토시일지도 모른다고 여겨지는 이유는 바로 앞서 말한 크레이그 라이트와의 연관성 때문입니다.

데이브의 형인 아이라 클라이먼의 주장에 의하면 크레이그 라이트는 비트코인 개발 이전부터 데이브와 함께 일했으며 이후 비트코인 초기에 둘은 공동으로 110만 개의 비트코인을 채굴하고 관리해 왔다고 합니다. 또한 아이라는 데이브가 사망하자 크레이그가 데이브의 비트코인과 비트코인 특허를 훔쳤다고 주장하여 크레이그와 아이라는 법정 소송을 하게 되었습니다.

데이브가 사토시일 거라고 추정하는 사람들은 비트코인의 초기 개발에 관여한 사람들이 "사토시는 팀이었다."라고 말한 것과 핵심 인물은 죽었다고 말했다는 것, 그리고 데이브가 Metzdowd.com이라는 사이트의 장기 멤버였는데 이 사이트는 사토시가 처음으로 비트코인을 공개했던 곳이었다는 것을 근거로 제시하며 데이브 클라이먼이 사토시 나카모토일 것이라고 주장했습니다.

● 렌 새써맨(Len Sassaman)

유명 암호 및 보안 전문가이자 사이버펑크 커뮤니티 활동가인 렌 새써맨이 비트코인을 개발한 사토시 나카모토라는 주장도 있습니다.

해외 암호화폐 전문 뉴스 미디어인 데일리호들(https://dailyhodl.com/)에 따르면 글로벌 SNS인 미디엄의 'Leung'이라는 이용자가 다음과 같은 근거를 들어 렌 새써맨이 사토시일 것이라고 주장했다고 알렸습니다.

그 주장에 따르면 렌 새써맨은 2011년 7월 3일 사망했고, 비트코인 개발자인 사토시 나카모토가 마지막으로 커뮤니티와 소통한 것은 그가 사망하기 두 달 전입니다. 그리고 렌은 PGP 암호 개발을 진행할 때 위에 설명했던 할 피니와 협력했었습니다.

게다가 렌 새써맨은 유명한 암호학자이자 개인 정보 보호론자였다는 점에서 사토시와 닮아 있습니다. 뿐만 아니라 비트코인 개발 진행 시점에 렌 새써맨은 벨기에에 머물고 있었는데, 같은 시점에 사토시도 유럽에 거주했던 것으로 추정된다고 합니다. 그러나 렌은 이미 세상을 떠났기 때문에 더 이상의 확인은 어렵습니다.

이렇게 많은 사토시 나카모토의 후보들이 있지만 사토시는 아직도 가명 속에 숨어 있는 익명의 인물일 뿐입니다. 재미있는 사실은 2009년 1월 3일에 만들어진 비트코인 최초의 지갑에는 사토시 나카모토가 제네시스 블록을 만들고 받은 50개의 비트코인이 있었는데, 이 50개의 비트코인은 10년이 지나도록 움직이지 않고 그대로 보존되어 있었습니다. 그 때문에 사토시 나카모토가 사망한 것이 아니냐는 설도 제기되었지만 2020년 5월 20일, 갑자기 이 비트코인 50개가 다른 곳으로 이동하는 일이 벌어졌고, 이 사건의 주인공이 누구인지는 아직 밝혀지지 않고 있습니다.

비트코인 개발자 _ 사토시 나카모토

사토시 나카모토는 비트코인의 개발자로 알려진 익명의 인물입니다. 그는 2009년에 세계 최초의 암호화폐인 비트코인을 개발했습니다. 사토시에 대한 정보는 P2P 관련 웹사이트에 자신의 정보를 1975년 4월 5일생, 일본 거주로 등록해 놓았다는 것뿐이지만 이것 역시 진위를 알 수 없습니다.

자칭 사토시, 크레이그 라이트에 대한 이야기

사토시로 추정되는 후보 중에 이슈가 많아 가장 시끄러운 인물을 꼽자면 크레이그 라이트일 겁니다. 이메일 해킹이라는 우연한 사건을 통해 이 사람이 비트코인 개발자인 사토시가 아닐까 하는 주목을 받았고, 영국 BBC 방송에 나와서 자신이 사토시라고 이야기하기도 했지요. 그러나 정작 자신이 뱉은 말을 증명할 결정적인 증거는 내놓지 못하면서 업계 한편에서는 사기꾼으로 취급받기도 했습니다. 그가 정말 사토시인지는 알 수 없지만 주목받기 시작한 이후 그는 세계 각국의 비트코인 행사들을 다니며 사토시 행세를 했고, 업계의 관계자들은 그를 진짜 사토시로 믿는 사람들과 그렇지 않은 사람들로 나뉘었습니다.

비트코인 재단의 유명 개발자인 개빈 안드레센(Gavin Andresen)은 크레이그와 비밀리에 만나 얘기를 나눈 뒤 그가 사토시인 걸 믿게 됐다고 밝혔던 반면, 이더리움 개발자인 비탈릭 부테린(Vitalik Buterin)은 "도대체 이렇게 입만 열면 말도 안 되는 소리만 늘어놓는 사기꾼을 이런 컨퍼런스에 초대하는 이유가 뭔지 모르겠다."라고 혹평했고, 라이트코인 개발자인 찰리 리(Charlie Lee)는 "크레이그 라이트의 발표나 글을 보면 그냥 자기도 무슨 말인지 모르는 그럴싸한 단어들을 적당히 늘어놓는 수준에 불과하다. 사토시 나카모토가 자신이라는 주장은 거짓말로 밝혀졌다. 그는 사기꾼이다. 암호화폐 커뮤니티는 왜 아직도 이런 사람을 받아 주는 것인가?"라고 폄하했습니다.

크레이그 라이트는 자신이 비트코인 개발자인 사토시 나카모토라고 주장하면서도 2017년 12월에 갑자기 "2018년은 비트코인캐시의 해가 될 것이다."라며 비트코인의 대항마로 여겨지던 비트코인캐시를 칭찬하기도 한 전력이 있습니다. 게다가 자신이 만든 '비트코인SV'를 출시하기 전 비트코인캐시 측과 큰 마찰이 있었는데, 그때 '많은 양의 비트코인을 팔겠다'고 협박하여 비트코인의 가치를 폭락시켰고, 이전에 "비트코인캐시의 분열은 없을 것이다."라고 본인 입으로 수차례 말해 놓고도 결국 비트코인캐시에서 분열된 비트코인SV를 만들어내는 등 신뢰하기 힘든 행보를 보이고 말썽을 일으켜 온 인물입니다.

비트코인은 왜 만들었을까?

사토시 나카모토는 비트코인을 왜 만든 것일까요?

그것에 대해 설명하려면 비트코인을 만들게 될 때쯤의 시대적 배경을 알아야만 합니다.

● 미국발 세계 금융위기

비트코인에 대한 이야기는 2008년, 세계 경제 최강대국인 미국이 맞은 대규모 금융위기에서부터 시작됩니다.

2000년대 들어 미국은 지속적인 금융완화 정책을 펼쳐 왔고, 사람들은 쉽게 대출을 받을 수 있었습니다. 쉽게 대출을 받을 수 있으니 쉽게 집을 살 수 있었고, 그렇게 당시 미국의 부동산 가격은 고공행진을 계속했습니다. 쉽게 돈을 빌려 쉽게 집을 살 수 있고, 집을 사면 집값이 오르니 빌린 돈도 쉽게 갚을 수 있고, 다시 또 다른 집을 쉽게 살 수 있었던 거죠. 그러나 이런 꿈같은 일이 언제까지나 이어질 수는 없었습니다. 결국 끝없이 오르던 부동산 가격은 2007년쯤부터 내려가기 시작했고, 내려가는 집값 때문에 대출을 갚지 못하는 사람들이 늘어나기 시작했습니다. 그리고 빌려준 돈을 회수하지 못한 금융사들은 결국 버티지 못하고

파산을 맞이하며 미국의 경제는 큰 위기에 빠지게 되었습니다.

● 금융위기가 잉태한 비트코인

2008년 미국이 겪은 경제위기는 제2차 세계대전 이후 가장 큰 위기였습니다. 미국 정부는 이 위기를 막기 위해 막대한 양의 돈을 계속해서 찍어냈습니다. 대형 금융사들의 파산을 막기 위해서 몇백조 단위의 자본을 투입한 것입니다.

이런 대규모 금융위기와 일방적인 정부의 대처에 환멸을 느낀 것일까요? 사토시 나카모토라는 가명을 쓴 개발자는 2008년 10월 31일 은행이나 정부 같은 중앙기구가 없더라도 사람들의 참여를 통해 스스로 작동하는 블록체인 기반의 새로운 화폐 시스템, 일명 '비트코인'의 백서를 발표하고, 이듬해인 2009년 1월 3일 비트코인의 첫 시작인 제네시스 블록을 작동했습니다.

사토시가 발표한 비트코인 백서의 제목은 '비트코인: 개인 간 전자 사토시는 기존 금융 시스템의 구조적인 문제를 개선하고 싶었던 것이 아닐까…

화폐 시스템'입니다. 백서는 '개인과 개인 간의 전자화폐는 한 집단에서 다른 곳으로 금융기관을 거치지 않고 직접 온라인 지불을 가능하게 할 것이다.'라는 문장으로 시작합니다. 이를 보면 앞에서 설명한 시대적 배경과 그로 인해 생겨난 기존 금융 시스템의 문제점을 개선하기 위해 비트코인을 만든 것이라고 유추할 수 있습니다.

또한 사토시는 백서의 서론에서 기존의 온라인 결제 시스템에 대해 제삼자인 금융기관을 거쳐서 거래가 이루어지기 때문에 불필요하게 거래 수수료가 발생하고 거래를 위해 많은 정보를 제공해야 하는 문제점을 지적했습니다. 쉽게 말하자면 우리가 중고 거래를 할 때 직접 만나서 거래를 하면 물건을 보고 직접 현금을 주면 끝인데, 온라인으로 거래를 하게 되면 중간에 안전결제 등의 제삼자를 거쳐야 하기 때문에 수수료를 물어야 하고 개인정보를 입력해야 하는 불편함이 발생합니다. 사토시는 이러한 문제점을 지적한 것이라고 볼 수 있습니다.

그는 암호화 기술에 기반한 전자지불 시스템을 이용하면 제삼자인 신용기관 없이도 직접적인 당사자 간의 거래를 할 수 있을 것이라고 이야기했고, 그 시스템의 이름이 바로 '비트코인'이었습니다.

비트코인 백서

사토시 나카모토가 2008년 10월 31일 발표한, '비트코인'이라는 새로운 온라인 지불 시스템을 설명하는 9페이지 분량의 논문.

Cryptography mailing list에 등재된 암호학 관련인들에게 배포됨.

배포 메일의 원본 링크는

https://www.mail-archive.com/cryptography@metzdowd.com/msg09959.html

비트코인: 개인 간 전자화폐 시스템

비트코인 백서 초록

P2P(개인 간) 전자화폐 시스템은 금융기관을 거치지 않고 개인에서 개인으로 직접 전달되는 온라인 결제(payments)를 가능하게 한다. 전자 서명이 부분적인 솔루션이 될 수 있지만, 이중 지불 문제를 해결하기 위해 신뢰할 만한 제삼자가 개입되는 것은 많은 이점을 잃어버리는 결과를 초래한다. 우리는 이중 지불 문제를 해결하기 위해 P2P 네트워크 방식을 제안한다. 이 네트워크는 암호화 작업증명(Proof of Work) 체인에 네트워크 타임스탬프 및 거래를 암호화 방법으로 기록한다. 이렇게 진행하게 될 경우 작업증명을 되풀이하지 않는 이상 기록된 데이터는 변경되지 않는다. 가장 긴 체인은 각 사건의 순서를 증명할 뿐 아니라, 가장 큰 CPU파워(연산 능력)을 보여주기도 한다. 노드들에 의해서 다수의 CPU파워 네트워크를 공격하는 데 협조하지 않는 한, 가장 긴 체인을 만들어서 공격자를 능가하게 될 것이다. 이러한 네트워크는 최소한의 구조를 필요로 한다. 메시지는 최선의 방법으로 전파된다. 노드들은 자발적으로 네트워크를 떠나거나 다시 합류할 수 있다. 네트워크를 떠난 후 다시 합류했을 때 네트워크 작업들을 증명하려면 가장 긴 작업증명 체인을 수락하면 된다.

우지한

거대 채굴기업인 비트메인의 대표이자 비트코인캐시를 만든 우지한은 중국 베이징 대학에서 경제학과 심리학을 전공하고 이후 사모펀드 회사에서 재무 전문가로 일했습니다. 그런 그가 2011년 우연히 블로그를 통해 비트코인을 처음 알게 된 후 사토시 나카모토가 쓴 백서를 중국어로 번역까지 하게 되며 이름을 알리기 시작했는데요. 그는 같은 해에 당시 1달러 정도에 불과했던 비트코인에 자신의 재산을 올인했습니다.

시간이 지날수록 비트코인의 가치는 올라갔고, 그가 1달러에 사들였던 비트코인은 2013년 초에 약 20달러까지 올랐으며, 그해 말에는 900달러까지 폭등했습니다. 2년 만에 900배가 오른 거죠. 2011년 우지한의 전 재산이 얼마나 있었는지는 모르겠지만, 천만 원어치만 샀어도 2년 만에 90억이 되는 기적이 일어난 것입니다.

우지한은 이후 비트코인 투자보다는 채굴에 관심을 가졌고, 비트코인 전용 채굴 기계를 만들기 위해 자신에게 자금 모금에 대한 조언을 구한 적이 있었던 반도체 디자인 전문가 잔커퇀과 손을 잡고 비트메인을 설립했습니다.

그렇게 비트메인은 2013년 11월 첫 번째 채굴 전용 장비인 Antminer S1을 만들어냈고 이때부터 본격적인 채굴 사업을 시작했습니다. 사업 초기인 2014년에는 당시 세계 최대 비트코인 거래소였던 마운트곡스의 해킹 사태 때문에 비트코인의 시세가 폭락하여 위기를 겪었지만, 이후 점차 사람들의 비트코인에 대한 관심과 채굴에 대한 관심이 높아져 갔고, 비트메인은 새로운 버전의 채굴기를 지속적으로 출시했습니다. 그리고 비트메인은 매년 수십만 대의 채굴기를 판매한다고 이야기할 만큼 승승가도를 밟아 나갔습니다.

비트코인 채굴기

비트코인캐시

이렇게 비트코인으로 인생이 바뀐 우지한은 비트코인의 적은 처리 용량과 느린 전송 속도를 개선하기 위해 비트코인 개발자들과 오랜 시간 논의했지만, 개발자들은 채굴자들의 영향력 축소를 원했기 때문에, 논의는 순조롭지 못했습니다. 결국 우지한은 비트코인에서 쪼개져 나온 '비트코인캐시'라는 새로운 코인을 만들어냈습니다.

비트코인을 통해 막대한 부를 얻었던 우지한은 이로써 비트코인캐시라는 또 다른 부의 수단을 얻게 되었고, 비트코인캐시는 2021년 4월 시가총액 17조에 달하는 어마어마한 가치를 구가하고 있습니다.

01 거래방식의 혁명, 블록체인

02 채굴과 스테이킹

제 2강

블록체인과 채굴

우리는 이제 4차 산업혁명의 시대에 살고 있습니다. 생소한 단어일 수 있지만 블록체인은 빅데이터, 인공지능, 사물인터넷 등과 함께 4차 산업혁명의 주요한 기술로 꼽히고 있습니다. 그렇다면 과연 블록체인이란 무엇이기에 혁명이라고 말하는 것일까요? 여러분은 은행 없이 송금을 하고 카드사나 결제업체를 거치지 않고 디지털 결제를 하는 세상을 생각해 보신 적이 있나요? 블록체인이 그런 세상을 가능하게 합니다. 그리고 블록체인의 세계에서는 채굴 또는 스테이킹이라는 행위를 통해 누구나 코인을 발행하는 과정에 참여할 수 있습니다. 제삼자의 개입이 없고 누구나 주인이 될 수 있는 탈중앙화의 세상으로 여러분을 초대합니다.

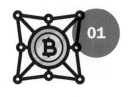

거래방식의 혁명, 블록체인

비트코인을 기술적으로 제대로 이해하기 위해서는 블록체인에 대해서도 알아야 할 필요가 있습니다. 비트코인 이후로 수없이 많은 블록체인 프로젝트들이 쏟아져 나왔고, 저마다 자신들이 구현하는 블록체인이 더 낫다고 이야기할 만큼 블록체인을 세부적으로 들여다보면 아주 다양할 뿐 아니라 기술적으로 전부 이해하기도 쉽지 않습니다. 그렇기 때문에 여기에서는 너무 자세하고 깊숙한 기술적인 이야기를 하기보다는 최대한 입문자들이 이해하기 쉽게 설명해 보려고 합니다.

● 블록이란

블록체인에서 블록이란 하나의 '데이터 세트'라고 볼 수 있습니다. 블록은 여러 개의 거래정보들과 메타정보들로 구성되어 있는데요. 먼저 거래정보는 누가, 누구에게, 언제, 어떤 정보를 보냈는지에 대한 기록입니다. 메타정보는 블록 헤더라고 불리는 블록에 대한 식별 정보들, 이 블록 헤더를 일관된 규칙(비트코인은 SHA-256 해시 함수를 기반으로 한다)으로 암호화하고 요약해서 표기하는 해시값, 그리고 이전 블록의 해시값 등이 담겨 있습니다.

우리가 은행을 통해 인터넷 송금을 하면 내가 누구에게, 몇 날 몇 시에, 얼마의 금액을 보냈는지에 대한 정보가 당연히 발생하지요. 은행은 이런 데이터를 하나하나 개별 처리합니다. 하지만 블록체인은 다릅니다. 블록체인은 여러 개의 정보들을 하나의 묶음으로 만들고, 이 묶음에 대한 식별 정보들을 표기한 다음, 다시 이 정보들을 해시함수를 통해 암호화해서 묶음의 포장 위에 표기하는 방식입니다. 그것이 하나의 블록이라고 볼 수 있습니다.

▌**블록체인의 거래 방식**(자료: 과학기술정보통신부)

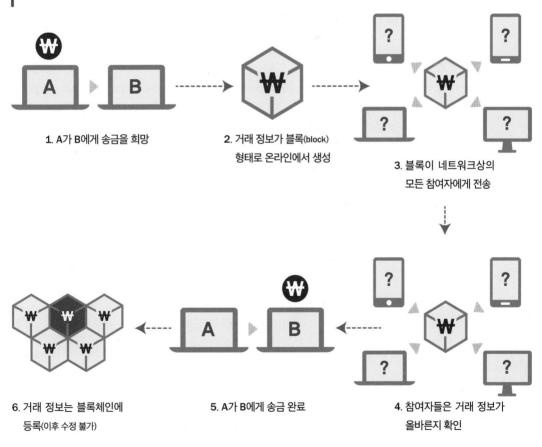

1. A가 B에게 송금을 희망

2. 거래 정보가 블록(block) 형태로 온라인에서 생성

3. 블록이 네트워크상의 모든 참여자에게 전송

6. 거래 정보는 블록체인에 등록(이후 수정 불가)

5. A가 B에게 송금 완료

4. 참여자들은 거래 정보가 올바른지 확인

● 블록체인이란

그렇다면 블록체인이란 무엇일까? 위에 말한 블록들이 해시값을 바탕으로 서로 줄줄이 체인처럼 연결되어 지속적으로 네트워크를 유지하기 때문에 블록체인이라는 이름으로 불리는 것입니다. 좀 더 쉽게 말하자면 우리는 사실 중앙처리 시스템에 익숙해져서 살고 있습니다. 무슨 말인가 하면 국가 행정은 정부가 중심이 되어 서비스를 하고 모든 국민이 그 서비스를 이용합니다. 또한 금융은 은행이 서비스를 하고 많은 사람들이 그것을 이용하며, 인터넷은 포털 사이트가 중심이 되어 서비스를 하고 우리는 그것을 이용합니다. 우리는 이미 이러한 구조에 익숙해져 있습니다. 수많은 사람들이 각기 특정한 서비스를 이용하려고 하면 중앙 서비스를 하는 누군가가 그것을 확인하고 처리하는 것입니다. 그러나 블록체인의 방식은 다릅니다.

● 중앙 집중식에서 탈피한 블록체인 방식

블록체인 방식은 마치 공장에서 레일을 타고 상품이 줄줄이 이어져 나오면 수많은 노동자들이 다 같이 상품에 문제가 없는지 확인하는 것과 유사합니다. 누군가에게는 상당히 비효율적인 방식으로 생각될 수도 있습니다. 일을 한 사람이 처리하고 확인하면 되지 왜 수많은 사람들이 다 같이 확인을 해야 하나 싶겠지만, 사실은 이렇게 비효율적으로 보이는 듯한 부분이 바로 블록체인의 최대 장점이라고 할 수 있습니다.

앞서 설명한, 우리가 익숙해져 있는 중앙처리 시스템은 사실 상당한 위험성을 안고 있습니다. 중앙처리 시스템은 많은 사람들의 정보를 한 곳에서 처리하는 시스템인데, 만약 이 중앙 관리자가 나쁜 마음을 먹고 사람들의 정보를 조작하고 속여서 뒤로 이득을 취하려 한다고 생각해 보세요. 이런 경우 모든 정보를 중앙 관리자가 도맡아 처리해 왔기 때문에 사람들은 부정행위를 알아채기 어렵습니다. 예를 들어 금융회사 한 곳이 고객들의 돈을 빼돌려 이득을 취하다가 갑자기 잠적하여 자취를 감춘다면, 그 회사에 돈을 맡긴 고객들은 모두 피해를 보게 될 위험성이 존재하는 것이 바로 중앙처리 시스템입니다.

반면에 블록체인은 일렬로 줄줄이 나오는 정보들에 잘못된 부분은 없는지 모든 블록체인 참여자들이 확인하기 때문에 누구 한 명이 조작하거나 위조하여 몰래 이득을 취하기 어렵습니다. 설령 누군가 조작을 시도하더라도 다수의 참여자들이 그것을 바로잡을 수 있기 때문입니다. 실제로 많은 블록체인은 타인의 거래 내역조차도 투명하게 공개되기 때문에 그 블록체인을 만든 사람조차도 마음대로 코인을 사용하거나 빼돌

〈현재〉 중앙집중식		〈미래〉 블록체인
거래 시 개인정보 필수	익명성	거래 시 개인정보 불필요
거래 정보 미공개	투명성	허가 대상에게 거래 정보 공개
한 곳에 데이터가 집중되어 있어 해킹 위험 존재	보안성	동일 데이터가 분산되어 있어 해킹에 안전, 위·변조 불가
데이터 수정, 삭제 가능	가역성	데이터 수정, 삭제 불가능

리기 어렵습니다. 이런 장점 때문에 블록체인은 정보를 주고받는 데 있어서 중개자가 없더라도 믿을 수 있고, 정보 조작의 위험성이 없습니다. 그래서 블록체인을 '신뢰의 인터넷'이라고도 부른답니다.

POINT

블록체인의 정의
1. 블록체인은 분산 데이터 저장 기술의 한 형태
2. 블록은 여러 데이터가 기록되는 하나의 묶음
3. 블록체인을 '공공 거래 장부' 또는 '분산 거래 장부'라고도 함.

그럼에도 여전히 블록체인의 장점이 크게 와 닿지 않는 사람들이 있을 수 있습니다. 그렇지만 중앙 집중적인 시스템에서 벗어날 수 있다는 발상은 사실 대단히 혁신적입니다. 인터넷을 통한 쇼핑을 가정해 보죠.

우리가 인터넷을 통해 상품을 하나 사려면 보통 대형 인터넷 쇼핑몰에 내 개인정보를 입력하고 회원 가입을 한 다음 상품을 골라 구매를 결정하고 결제를 하게 됩니다. 내 결제 정보는 먼저 온라인 결제 회사 시스템을 통과하게 되고, 결제 회사는 그 정보를 각종 신용카드사와 은행에 보내 처리하게 됩니다. 결제가 승인되면 쇼핑몰은 고객의 배송 정보를 택배사에 보내고, 그 정보를 통해 택배가 배송됩니다.

그러나 여기에 블록체인 시스템을 도입하면 비용 지불 절차가 간소해집니다. 블록체인을 이용하면 결제 과정에서 결제 회사나 카드사, 은행 등을 거치지 않아도 되기 때문에 중간 수수료가 그만큼 사라지게 되고, 더 저렴한 가격의 상품 거래가 가능해지며, 쇼핑몰을 만들 때 불필요하게 큰 비용과 수수료를 물어가며 결제 시스템을 구축하지 않아도 되는 것입니다.

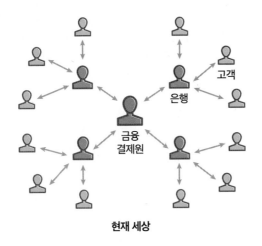

현재 세상

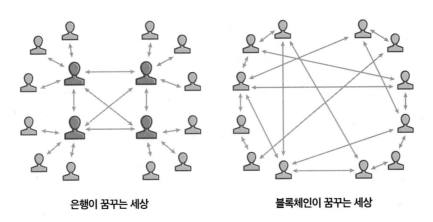

은행이 꿈꾸는 세상   블록체인이 꿈꾸는 세상

　해외로 송금을 하는 경우도 마찬가지입니다. 해외로 송금하려면 송금할 국가와의 환율을 고려한 뒤에 은행을 통해 송금 수수료를 내고 보내야 합니다. 그러나 블록체인은 같은 블록체인 내에서라면 국가나 장소에 구애받지 않고 어디로든 송금할 수 있기 때문에 은행이나 각 국가 화폐로의 전환 등을 생각하지 않아도 되며, 어느 누구든 송금하고 싶을 때 자유롭게 송금할 수 있게 됩니다.

블록체인의 장점

1. 개인정보를 요구하지 않음. 은행계좌, 신용카드 등 기존 지급 수단에 비해 높은 익명성 제공.
2. 공인된 제삼자(은행 등) 없이 P2P 방식으로 거래 가능. 불필요한 수수료 절감.
3. 공개된 소스에 의해 쉽게 구축·연결·확장 가능. IT 구축 비용 절감.
4. 모든 거래에 공개적 접근 가능. 거래 양성화 및 규제 비용 절감.
5. 장부를 공동 소유(무결성)하기 때문에 보안 관련 비용 절감.
6. 일부 참가 시스템에 오류 또는 성능 저하 발생 시 전체 네트워크가 받는 영향 미미.

블록체인의 단점

1. 문제 발생 시 책임 소재 모호.
2. 한번 성립된 결제는 취소 불가.
3. 거래의 익명성으로 인한 범죄 위험성 존재.
4. 공적인(퍼블릭) 블록체인의 경우 네트워크 참여자에 대한 보상과 수수료 필요.
5. 사적인(프라이빗) 블록체인의 경우 네트워크 독점 우려가 있음.
6. 아직은 실시간, 대용량 처리 어려움.

이런 식으로 블록체인을 다양한 생활 분야와 산업에 적용시키면 정보의 검증이 필요한 많은 중간 과정들을 간소화할 수 있게 되며 불필요한 중간 과정의 간소화는 곧 큰 비용 절감으로 이어지게 됩니다. 바로 이러한 점들 때문에 많은 기업들이 블록체인에 관심을 갖고 연구 개발을 해 나가는 것입니다.

블록체인에 뛰어든 기업들은?

국내외 기업 암호화폐 투자 및 사업 현황 (자료: 각 회사 및 관련 업계)

회사명	투자·사업 내역
테슬라	15억 달러 규모 비트코인 구매, 차량 구매 대금 결제에 비트코인 연동 계획
마이크로 스트래티지	10억 달러 이상 비트코인 구매, 비트코인 9만여 개 확보
스퀘어	1억 7000만 달러 비트코인 구매
라인	암호화폐 '링크' 발행, 일본 거래소 비트맥스, 미국 거래소 비트프론트 운영
카카오	자회사를 통해 블록체인 플랫폼 '클레이튼' 출시
넥슨	국내 거래소 코빗 및 유럽 거래소 비트스탬프 인수
다날	암호화폐 '페이코인' 발행, 편의점·이마트·CGV 등 결제 지원

눈여겨볼 만한 블록체인 적용 사례

1. 온라인 중고 거래 플랫폼

코로나19의 확산으로 '언택트' 시대로 접어들면서 중고 거래 플랫폼은 꾸준히 거래액을 늘려 오고 있습니다.

기존의 온라인 중고 거래는 판매자와 구매자의 신뢰를 토대로 거래가 이루어졌습니다. 하지만 송금 후 물품을 받지 못하거나, 반대로 물품을 보낸 후 돈을 받지 못하는 당황스러운 상황이 빈번히 발생하곤 합니다. 이후 거래의 안전성을 확보하기 위해 에스크로 서비스(escrow service)가 출범했습니다. 에스크로 서비스란 상거래 시에, 판매자와 구매자 사이의 신뢰할 수 있는 제삼자가 금전 또는 물품을 안전하게 거래할 수 있도록 중개하는 서비스입니다.

이러한 시스템을 사용함으로써 인터넷을 통한 개인 간 비대면 직거래(P2P)뿐만 아니라 거액의 계약 이행 거래에도 대금 지급을 안전하게 처리할 수 있게 되었지만, 현재까지 에스크로 서비스는 높은 수수료로 인해 사용률이 저조합니다. (0.5%~2.0% 수수료 부과)

이에 대한 해결 방안으로 최근엔 블록체인 기반 중고 거래 플랫폼이 많은 관심을 받고 있습니다. 판매자와 구매자의 신원 정보, 그리고 거래 내역 등을 블록체인 원장에 저장함으로써 안전성이 보장되기 때문입니다. 이렇게 모든 거래 내용이 블록체인에 기록되고, 이를 통해 범죄 입증과 예방이 가능하다는 것 자체만으로도 중고 거래의 특성을 활용해 사기를 치려고 하는 사람들이 줄어들 것이며, 결과적으로 플랫폼 내에서 이루어지는 거래에 대한 신뢰가 형성될 것으로 전망됩니다.

2. 포인트 통합 시스템

누구나 한 번쯤은 항공권과 호텔 예약 후 적립된 마일리지나 포인트가 만료되어 소멸한 경험이 있을 겁니다. 적립된 포인트를 막상 쓰려고 하면 일정한 금액 이상을 소비해야 사용 가능하거나, 반대로 일정량의 포인트가 모였을 때 사용 가능한 경우가 많죠.

밀크(MIL.K)는 블록체인 기반 라이프스타일 마일리지 포인트 통합 플랫폼입니다. 밀크 얼라이언스는 야놀자를 중심으로 각종 여가활동 관련 기업이 가입되어 있습니다. 사용자는 밀크 플랫폼을 통해 밀크 얼라이언스에 가입된 모든 기업의 포인트 시스템을 통합시켜 포인트를 한곳에 모아서 볼 수 있으며, 밀크 토큰(MLK token)을 발행해 얼라이언스 내 기업의 포인트를 서로 교환할 수 있습니다. 예를 들어 야놀자에서 적립된 포인트를 MLK 토큰으로 교환 후, MLK 토큰을 신세계 포인트로 바꿀 수 있습니다. 또한, 보유한 MLK 토큰은 MLK 토큰이 상장되어 있는 암호화폐 거래소에서 언제든 현금화할 수 있다는 장점이 있습니다.

신세계 포인트

MLK 토큰　　　　야놀자 포인트

채굴과 스테이킹

● 블록체인 알고리즘

블록체인을 기반으로 한 코인 프로젝트들은 전부 고유의 시스템 구조라고 할 수 있는 저마다의 알고리즘을 가지고 있습니다. 좀 더 쉽게 말하자면 블록체인이라고 해서 다 같은 것이 아니라 프로젝트마다 조금씩은 다른 기능들과 특징들이 있고 그런 고유의 특징을 지닌 블록체인을 작동하고 유지시키기 위한 원리들도 다르기 마련인데, 그런 부분을 보통 알고리즘이라고 부릅니다. 대표적인 알고리즘으로는 앞서 비트코인을 설명하면서 이야기한 작업증명 방식(PoW)과 지분증명 방식(PoS)이 있습니다.

비트코인 작동 시스템 → p.19

● 작업증명 방식, 채굴

먼저 PoW(Proof of Work)는 앞서 비트코인에 대해 이야기할 때 설명했던 것처럼 블록체인 네트워크에서 지속적으로 내주는 수학문제와 같은 해시값을 컴퓨터들이 풀어내면서 이런 행위를 통해 블록을 생성하고 네트워크상의 데이터들을 검증 및 처리하며 이에 대한 보상으로 코인을 받는 방식입니다. 그리고 우리는 이런 시스템을 마치 광부가 굴을 파다가

광물을 얻어내는 것과 비슷하다고 해서 '채굴'이라고 부릅니다.

채굴은 컴퓨터의 **CPU**나 **GPU**의 연산 성능을 활용하게 되는데, 이런 연산 성능이 뛰어날수록 더 빠르게 많은 문제를 풀게 되고 그만큼 보상도 많이 가져갈 수 있게 됩니다.

그래서 사람들은 컴퓨터에서 다른 기능은 다 간소화하고 높은 **GPU** 성능을 지닌 그래픽카드만 6개씩 이어 붙여서 만든 컴퓨터, 일명 '채굴기'를 만들기도 했고 비트코인 채굴에 특화되어 성능이 더욱 업그레이드된 **ASIC**(에이식, application-specific integrated circuit, 특정 용도용 집적 회로)이라는 전용 채굴기를 개발하여 판매하는 전문 회사가 생겨나기도 했습니다. 이 때문에 2017년 코인 활황기에는 국내뿐만 아니라 전 세계적으로도 그래픽카드의 가격이 계속해서 올라가고 품귀현상이 빚어지게 되어 **PC**방 사장님들과 게이머들이 코인 채굴하는 사람들을 미워하고 욕하게 되는 웃지 못 할 풍경도 생겨났었습니다.

ASIC 채굴기

그래픽카드 채굴기

채굴 방식의 블록체인은 이처럼 자연스럽게 경쟁을 유발하게 되는데요. 이것은 마치 '광부들이 보석을 캐러 갱에 들어갔을 때 어떤 광부는 곡괭이질을 하는데 어떤 광부는 드릴을 사용해서 훨씬 빠른 속도로 파내다 보니 자연스럽게 더 많은 보석을 캘 수 있게 되고, 이를 본 다른 광부들도 결국 곡괭이를 버리고 더 좋은 드릴을 들고 오게 되었다'라는 이야기와 같습니다. 결국 남들보다 더 성능이 좋은 컴퓨터를 가진 사람이 보상도 더 많이 가져갈 수 있는 것이지요.

이렇게 채굴에 뛰어드는 참여자들이 많이 생겨날수록 당연히 경쟁은 치열해지게 되고, 그만큼 블록체인의 네트워크 활동은 원활하게 유지됩니다. 그러나 경쟁이 치열해져서 블록체인의 암호화된 문제들이 너무 빨리 풀리게 되면 코인이 발행되는 속도 역시 빨라지기 때문에 비트코인과 같은 블록체인들은 대부분 이런 경우에 자동으로 문제의 난이도를 더 높이도록 설정되어 있습니다. 그리고 반대로 참여자가 적어져서 경쟁이 느슨해지면 그만큼 코인이 발행되는 속도도 느려지고 네트워크에 쌓인 데이터들을 처리하는 속도에도 문제가 생길 수 있기 때문에 이런 때에는 문제의 난이도를 낮추도록 설정되어 있습니다. 컴퓨터들의 경쟁이 높아지는 걸 '해시파워'가 높아졌다고 하며, 이로 인해 문제의 난이도를 높이는 걸 보통 '채굴 난이도'가 높아졌다고 합니다.

● 비트코인 채굴기

이런 독특한 시스템 덕분에 많은 파생효과들이 생겨나게 됐는데 대표적인 케이스가 바로 앞서 이야기한 '채굴기'입니다.

더 많은 비트코인을 얻기 위해 채굴기를 전문으로 만드는 기업들이 생겨나게 됐고, 개인들은 컴퓨터를 개조해서 높은 성능의 그래픽카드만 따로 연결시켜서 채굴기를 만들어냈습니다. 비트코인은 앞서 설명했듯이 중앙 관리자가 없고, 수많은 채굴자들과 자발적으로 참여한 비트코인 개발자들에 의해서 운영되고 유지됩니다. 이것은 마치 민주주의가 원칙적으로는 국민 개개인이 주인인 사상이지만 결국은 마음 맞는 사람들이 뭉쳐서 힘 있는 정당을 만들어내는 것과 같습니다.

마찬가지로 비트코인도 결국은 운영 방향을 자신들에게 더 유리한 쪽으로 이끌기 위해 힘을 합치는 집단들이 생겨나게 되었고, 더 많은 해시파워를 발휘하는 집단이 큰 영향력을 발휘하게 되었습니다. 이렇게 채굴자들이 뭉쳐서 하나의 집단을 이루는 걸 '채굴풀' 또는 '마이닝풀(Mining Pool)'이라고 합니다.

비트코인 채굴기를 만드는 기업 중에 가장 대표적인 기업은 비트메인(Bitmain)이라는 중국 기업이며, 이 업체는 세계에서 가장 큰 영향력을 지닌 채굴풀들을 운영하고 있습니다. 이 기업의 대표였던 우지한이라는 인물은 비트코인 업계에서 막대한 영향력을 행사할 뿐만 아니라 한때 비트코인의 대항마로 떠올랐던 '비트코인캐시(BCH)'를 만들어 큰 이슈를 일으키기도 했었습니다.

채굴이라는 시스템의 장점은 사실 애초에 컴퓨터만 있으면 누구나 비트메인 전경 —

블록체인에 참여가 가능하고 보상을 받을 수 있다는 것이었습니다. 그러나 시간이 지날수록 경쟁이 치열해지고 채굴의 대형화, 기업화가 이루어지면서 지금은 비트코인을 채굴하려면 고가의 ASIC 채굴기 하나쯤은 있어야 가능하게 되었습니다. 그럼에도 불구하고 코인들의 가격이 오르면 오를수록 채굴의 수익도 극대화되기 때문에 여전히 채굴에 뛰어드는 사람들이 많습니다.

채굴 가능한 코인들의 종류도 비트코인 뿐만 아니라 이더리움(ETH), 라이트코인(Litecoin), 시아코인(SC), 모네로(XMR), 이더리움클래식(ETC), 비트코인캐시(BCH), 비트코인골드(BTG) 등 너무나 다양하기 때문에 수익 가능성 있는 코인을 찾아서 채굴을 통해 수익을 추구하는 것도 하나의 좋은 투자 방법이 될 수 있습니다.

수익 가능성 있는 코인이란?

채굴을 시작하기 전에 반드시 선행되어야 하는 과정이 채굴 수익성을 따져보는 겁니다. 채굴기를 구매하거나 만드는 비용, 그리고 채굴기를 계속해서 돌릴 때 드는 전기세, 채굴기를 설치할 공간의 임대료 등 부대비용 대비 얻어낼 수 있는 월 수익이 얼마일지를 계산해 보는 거죠. 채굴로 수익을 내기 위해선 되도록 향후 가치 전망이 좋은 코인을 골라야 하는데, 사실 이 부분이 누구도 예측하기 어렵다고 할 만큼 쉽지 않기 때문에, 대부분의 사람들은 메이저 코인인 이더리움을 선택하거나 아직 가격이 많이 오르지 않은 신규 채굴 코인은 없는지를 찾아서 병행 채굴합니다.

2021년 초에는 이더리움의 가치가 크게 상승하여 고성능 노트북 하나를 사서 한 달만 채굴하면 구매한 노트북 비용이 나온다고 할 정도였기 때문에 중국에서는 고성능 노트북 사재기가 일어나기도 했습니다. 결국은 채굴도 전체적인 시장의 흐름을 잘 파악한 후에 뛰어드는 것이 중요합니다.

필자의 개인적인 생각이지만, 어쩌면 코인 채굴은 세상에서 돈을 버는 방법 중에 가장 환상적인 방법일 수도 있습니다. 세팅하고 작동만 시켜 놓으면 수많은 컴퓨터들이 불평 한마디 없이 쉬지 않고 일하면서 내 지갑에 차곡차곡 코인을 쌓아 준다니, 이보다 더 멋진 일이 어디 있을까요? 단순하게 생각하면 '채굴'은 이렇게 로망 같은 일이지만 현실은 그렇게 쉽지만은 않습니다.

더 많은 코인을 더 빠르게 채굴하기 위해서는 남들보다 더 성능 좋은 컴퓨터가 필요하고, 그렇게 성능 좋은 컴퓨터를 쉬지 않고 풀가동시키면 그만큼 전기세도 많이 나옵니다. 만약 고가의 채굴기를 구매했고, 쉬지 않고 채굴기를 돌려서 전기세는 많이 나오는데, 내가 채굴하는 코인의 가격이 자꾸 떨어지기만 한다면 결국 적자만 보게 되는 것입니다.

반대로 내가 저렴하게 전기를 이용할 수 있는 환경에서 고가의 채굴기를 여러 대 구매했는데 코인의 가격까지 올라준다면, 생각보다 빠르게 투자금을 회수하고 수익을 볼 수 있게 되겠지요. 그러니 채굴을 시작하려면 내 투자금과 유지비용 대비 코인의 전망을 반드시 고려해야 합니다.

POINT

1. **채굴** _ 컴퓨터의 연산 처리 능력을 활용하여 블록체인의 함수를 풀어내고 거래 데이터를 검증하는 행위. 보상으로 코인을 얻게 됨.
2. **채굴이라 부르는 이유?** _ 광부가 광산에 들어가서 굴을 파다 보면 보석을 캐내는 것과 비슷하다고 하여 채굴이라고 부르게 되었음.

코인부자님의 다양하고 자세한 채굴 칼럼들

☐	186872	Gigabyte RX 580 8G Gaming Hynix memory로 이더리움 채굴시 해시 속도를 높이기 위한 그래픽 카드 롬 플래싱 도전 두번째 ☺ [6]	2017.07.25.	1,140
☐	186026	마이닝풀허브 자동 환전 ☺ [5]	2017.07.21.	2,378
☐	186013	마이닝풀허브 알고리즘 스위치 채굴 ☺ [3]	2017.07.21.	1,618
☐	185848	AMD 계열의 그래픽 카드로 이더리움 채굴시 해시 속도를 높이기 위한 그래픽 카드 롬 플래싱 도전 ☺ [5]	2017.07.21.	1,888
☐	185185	가상화폐 투자를 생각하시는 분들을 위해 유의사항 몇자 적었습니다 [108]	2017.07.18.	2,710
☐	185171	NVIDIA GTX660으로 제트캐시(Zcash) 채굴하기 ☺ [4]	2017.07.18.	1,328
☐	185166	이더리움 채굴 Ethminer 최신버전 GTX 1060 hashrate상승 ☺ [5]	2017.07.18.	408
☐	185049	Zotac GTX 1060 6GB 그래픽 카드로 마이너게이트의 라이트코인 풀을 이용한 라이트코인 채굴 도전 ☺ [2]	2017.07.18.	169
☐	184741	개발 수수료 없는 Ethminer 이더리움 채굴 프로그램 📎 [12]	2017.07.15.	1,538
☐	184740	윈도우에서 수수료 없는 Ethminer로 가상화폐 이더리움 채굴하기 ☺ [3]	2017.07.15.	680
☐	184698	비트코인 이더리움등 가상화폐에 처음 입문하시는 분들을 위한 블록체인 개념 동영상 [101]	2017.07.15.	2,621
☐	184695	초보자분들을 위한 폴로닉스(Poloniex) 챠트 설명입니다 ☺ [53]	2017.07.15.	2,574
☐	184694	비트코인에서 소프트 포크(Soft fork)와 하드 포크(Hard fork)개념 ☺☺ [71]	2017.07.15.	2,153
☐	184688	Claymore dual miner 이더리움 채굴용 최신 프로그램 📎 [2]	2017.07.15.	1,048

만약 독자 여러분 중에 채굴을 한번 직접 해보고 싶은 분이 있다면, 채굴 세팅법은 코인마다 다르고 생각보다 방대하기 때문에 초보자를 위한 이 책에서 다루기보다는, 비트맨에서 '코인부자'라는 회원의 글들을 검색해서 참고하시기 바랍니다. 이더리움 채굴뿐만 아니라 다양한 코인들의 채굴 방법을 상세하게 설명해 놓은 좋은 글들을 찾을 수 있을 것입니다.

● 지분증명 방식, 스테이킹

이제 두 번째로, 블록체인의 대표적인 알고리즘 중 하나인 PoS에 대해서 알아보겠습니다. 아마도 이 글을 읽는 분들 중에는 '코인에 투자해서 돈 좀 벌어볼까 했는데 PoW, PoS라니 뭐가 이렇게 어려운 거야? 이런 건 왜 알아야 하는 거지?' 하는 분들이 계실 수도 있습니다. 그러나 내가 투자하는 코인이 작동되는 구조를 어느 정도는 이해할 수 있어야지만 코인이 공급되는 원리와 수급 상황을 이해할 수 있고 그걸 통해서 돈을 벌 수 있기 때문에, PoW와 PoS 정도는 기본적으로 알고 시작하는 게 좋습니다.

PoS는 앞서 말한 대로 Proof of Staking의 약자이며 우리말로는 '지분증명'이라고 할 수 있습니다. PoW에서 자세하게 설명했던 구조들과 기본적인 틀은 유사하기 때문에 PoW 알고리즘과 비교해서 간략하게 설명해 보려고 합니다.

PoW 알고리즘은 컴퓨터 파워를 통해 암호화된 문제를 풀어야 보상을 받는 구조인 반면, PoS는 그런 복잡한 문제나 고성능의 컴퓨터는 필요 없고 그저 코인 지갑에 내가 가진 코인만 넣어 놓으면 보상을 받을 수 있는 시스템입니다.

모든 블록체인 기반의 코인들은 대부분 고유한 형태의 지갑에서만 보관하고 이동할 수 있습니다. 무슨 이야기인가 하면, 우리의 실생활에

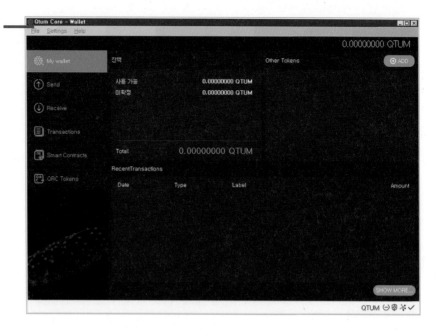

대표적 PoS 코인 중 하나인
퀀텀의 지갑 화면

서 'A은행'이라는 곳이 있다고 하면 그 A은행을 이용하는 고객들은 자기 돈을 주로 A은행의 계좌에 넣어두고 A은행의 다른 사람들이나 다른 은행 이용자들에게 송금을 하기도 합니다. 블록체인에서는 이런 계좌의 개념을 '지갑'이라고 합니다. 아직 대부분의 블록체인들은 다른 블록체인들과 호환되지 않기 때문에, A블록체인 이용자는 같은 A블록체인 지갑에만 코인을 넣어 둘 수 있고, A블록체인 이용자에게만 코인을 전송할 수 있습니다.

　PoS 알고리즘의 '스테이킹'이란 내가 가진 코인의 블록체인 지갑에 코인을 넣고 잠금 버튼을 눌러 지갑을 잠가버리면 지갑이 잠가져 있는 기간 동안 그 코인의 블록체인 시스템 유지에 참여할 수 있고, 그 대가로 보상을 받을 수 있는 것을 의미합니다. 내가 받는 보상은 내가 지갑에 얼마나 많은 코인을 넣는지에 따라 달라지는데, 결국은 해당 블록체인에서 내가 넣어 놓은 코인의 지분에 따라 보상을 받게 되는 것이기에 '지분증명'이라고 하는 것입니다.

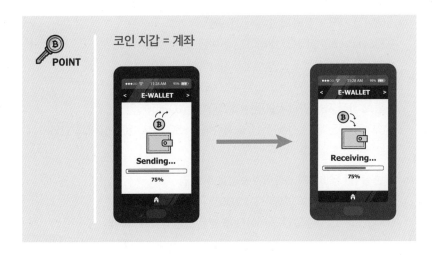

스테이킹이 채굴에 비해서 뛰어난 장점은 고가의 채굴기나 고성능의 컴퓨터가 없어도 되고, 전기세를 많이 먹지도 않는다는 것입니다. 스테이킹은 컴퓨터 뿐 아니라 휴대폰으로도 할 수 있고, 지갑에 코인을 넣고 잠가버린 후에 컴퓨터나 휴대폰에서 스테이킹을 끄지 않고 유지만 하면 됩니다. 또한 딱히 고성능의 연산 능력을 필요로 하지도 않습니다. 이런 장점 덕분에 더 많은 개인들이 손쉽게 블록체인에 참여할 수 있게 됩니다.

　스테이킹도 채굴과 마찬가지로 내가 스테이킹 하려는 코인의 전망을 잘 고려해야 합니다. 만약 내가 스테이킹을 위해서 코인을 잠가놓는 동안 코인의 가치가 하락한다면 스테이킹 보상을 받게 되더라도 손해를 볼 수 있고, 반대로 내가 스테이킹을 하는 동안 코인의 가치가 상승한다면 스테이킹 보상도 받고 코인의 가치도 올라가서 양쪽으로 이득을 보는 상황도 생길 수 있습니다.

1. 수익 (한 달 15%의 스테이킹 보상을 주는 경우)

스테이킹 시작 시점의 코인 시세 100원

1000개의 코인 한 달간 스테이킹 후 받은 코인의 개수 150개

스테이킹 종료 시점의 코인 시세가 하락하여 90원일 경우

→ 시작 시점 자산 가치 = 100원 × 1000개 = 100,000원

→ 종료 시점 자산 가치 = 90원 × 1150개 = 103,500원

스테이킹 하는 동안 시세가 10% 하락해도 스테이킹으로 150개를 받았기 때문에 3.5% 수익!

2. 손실 (한 달 5%의 스테이킹 보상을 주는 경우)

스테이킹 시작 시점의 코인 시세 100원

1000개의 코인 한 달간 스테이킹 후 받은 코인의 개수 50개

스테이킹 종료 시점의 코인 시세가 하락하여 90원일 경우

→ 시작 시점 자산 가치 = 100원 × 1000개 = 100,000원

→ 종료 시점 자산 가치 = 90원 × 1050개 = 94,500원

스테이킹 하는 동안 시세가 10% 하락하여 스테이킹으로 50개를 받았다 해도 5.5% 손실!

그리고 명심해야 할 한 가지! 코인의 세계에서는 항상 그러한데, 내 코인이 있는 지갑의 접속 방법과 비밀번호는 잘 기억하고 관리해 두어야 합니다. 스테이킹을 오랫동안 해놓고 나중에 지갑에 접속하지 못하는 일이 생기면 누구도 그걸 찾아줄 수가 없기 때문입니다.

스테이킹을 하려는데 지갑은 어디서 받나요?

스테이킹을 하려면 각 코인 개발사에서 공식적으로 배포한 지갑을 다운 받아 실행해야 하는데요. 지갑은 각 코인의 홈페이지에서 다운 받을 수 있습니다.

퀀텀 지갑 받는 곳 : https://qtumeco.io/wallet
네오 지갑 받는 곳 : https://neo.org/neogas#wallets
스트라티스 지갑 받는 곳 : https://www.stratisplatform.com/wallets/
테조스 지갑 받는 곳 : https://tezos.com/docs/learn/store-and-use

PoS 알고리즘의 코인에는 퀀텀(QTUM), 네오(NEO), 스트라티스(Stratis), 테조스(XTZ), 코스모스(Cosmos) 등이 있으며, 이밖에도 블록체인의 또 다른 알고리즘에는 DPoS(Delegated PoS), LPoS(Leased PoS), BFT(Byzantine Fault Tolerance) 등 다채로운 저마다의 시스템들이 있습니다. 그러나 일반적인 코인 투자자라면 PoW와 PoS 정도만 이해하고 있어도 무방합니다.

비트코인으로 부자가 된 사람들 2

윙클보스 형제 (Cameron & Tyler Winklevoss)

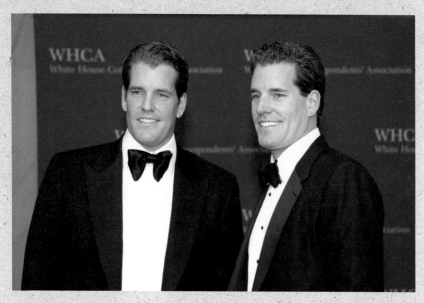

비트코인으로 돈을 번 사람들을 얘기할 때 빼놓을 수 없는 쌍둥이 형제가 있습니다. 사실 이들은 비트코인으로 돈을 벌기 전에도 이미 부자였지만 비트코인을 선택한 뒤로 더욱 어마어마한 부자가 되었습니다.

미국 사우스 햄튼에서 태어난 타일러 윙클보스, 캐머론 윙클보스 형제는 2000년에 하버드대학교에 동시에 입학했습니다. 이들은 대학 시절 하버드대 커뮤니티 사이트인 '커넥트유(ConnectU)'를 만들었는데, 이 커넥트유는 현재 세계 최대의 SNS 서비스인 페이스북과 닮은 점이 많은 사이트였습니다. 서로 친구 추가를 할 수 있고, 친구에게 메시지를 보낼 수 있고, 자신의 업데이트를 친구들에게 알릴 수 있었습니다.

윙클보스 형제는 2008년에 마크 주커버그가 만든 페이스북이 자신들이 만든 커넥트유와 너무 닮았고 자신들의 아이디어를 훔쳐서 만들었다고 소송을 제기했으며, 마크 주커버그는 2011년 이 형제들에게 소송을 취하하는 조건으로 약 480억 정도의 합의금을 지불했습니다. 윙클보스 형제는 이 합의금을 페이스북 주식으로 받았고, 2012년 페이스북이 거래소에 상장하면서, 합의금으로 받은 주식의 가치가 8~9배 정도까지 상승했습니다.

막대한 부를 얻은 윙클보스 형제는 이때부터 비트코인으로 눈을 돌렸고 2012년 말부터 1개에 1만 원에 불과했던 비트코인을 12만 개나 사들였습니다. 이들 역시 2014년 마운트곡스 해킹 사태 때문에 비트코인 가격이 폭락하면서 힘든 시기를 보내긴 했으나 오히려 이더리움과 같은 다른 암호화폐를 사들였습니다.

또한 2015년에 미국 뉴욕에 위치한 제미니(Gemini)라는 암호화폐 거래소를 오픈하여 아직까지 운영하고 있으며, 이 거래소는 2021년 4월 현재 하루 2700억 가량의 거래금을 처리하고 있습니다.

뉴욕타임스에 따르면 2020년 12월 기준 이 형제가 보유한 비트코인의 가치는 1조 4000억에 달하며 그 외 알트코인의 가치는 3700억에 달한다고 합니다.

그럼에도 캐머런 윙클보스는 오래된 SUV 차량을 몰고, 타일러 윙클보스는 차가 없다고 알려져 있으며, 미국 CNBC 방송에 출연해 "장기적으로 수십억 달러 규모의 자산을 불리기 위해 기꺼이 인내할 것이다."라고 말한 바 있습니다.

정말 똑똑하고 어떻게 보면 독하기도 한 형제입니다.

01 첫 채굴

02 피자데이

03 키프로스 사태

04 마운트곡스[Mt. Gox] 파산

05 ICO 광풍

06 주요 인물들의 배신

07 세계 정부들의 철퇴

08 비트코인 네버다이

제 3 강

비트코인이
지나온 길

비트코인은 이제 경제적인 후진국에서도 통용될 만큼 세계적으로 널리 알려진 슈퍼스타입니다. 이 슈퍼스타는 대체 어떤 행보를 보여 왔길래 이만큼이나 유명해진 것일까요? 그리고 어떻게 개당 몇천만 원이라는 높은 몸값을 기록하게 된 것일까요? 모든 성공 신화에는 수많은 실패담이 숨어 있듯이 비트코인이 걸어 온 길도 그리 쉽지만은 않았습니다. 때로는 찬물을 맞기도 하고 때로는 박수를 받기도 했던 비트코인의 여정을 되짚어 봅시다.

첫 채굴

비트코인의 개발자 사토시 나카모토는 2008년 10월 31일 백서를 작성하여 공개하고 2009년 1월 3일 최초의 비트코인 블록인 제네시스 블록을 생성했습니다. 그리고 1주일이 지난 1월 10일에는 C++라는 프로그래밍 언어로 만든 비트코인의 소스코드를 누구나 열람하고 수정할 수 있도록 이메일로 무료 배포했습니다.

비트코인 모형 —

그달에 사토시는 본인의 컴퓨터를 이용하여 처음으로 50비트코인을 채굴했으며 앞서 사토시로 추정되는 인물 중 한 명이었던 할 피니에게 10비트코인을 전송했고, 할 피니는 본인의 컴퓨터에서 비트코인을 채굴했습니다. 할 피니가 처음 채굴을 할 때 당시의 블록 생성 번호는 70번대였는데요. 할 피니는 사토시를 제외한 최초의 채굴자가 되었습니다. 그러나 그때만 해도 비트코인은 가치를 논하는 것조차 아직 불가능한 상태였습니다.

할 피니 → p.24

블록 생성 번호란?

블록체인은 블록체인 상에서 이루어지는 거래 정보들을 블록이라는 하나의 묶음으로 만들고, 이 블록들이 줄지어 연결되면서 데이터의 정상 여부가 검증되고 처리되는 시스템입니다. 블록 생성 번호는 이 블록들이 생성된 순서를 나타내며, 할 피니는 사토시가 초기에 어느 정도 테스트를 거친 뒤 70번대 블록이 생성될 때쯤에 채굴을 시작했던 걸로 알려져 있습니다.

피자데이

비트코인의 역사를 말하는 데 있어서 빼놓을 수 없는 가장 흥미로운 사건이 있다면 바로 이 '피자데이' 사건일 것입니다. 미국 플로리다의 라스즐로 핸예츠(Laszlo Hanyecz)는 비트코인 초기 개발자 중 한 명이었으며 자신의 컴퓨터를 이용해 약 1만 4천 개의 비트코인을 채굴했습니다. 그렇게 모은 비트코인이 정말 가치가 있는지 시험해 보고 싶었던 것일까요? 그는 2010년 5월 18일 인터넷 커뮤니티에 피자 두 판을 배달시켜 주면 10,000비트코인을 지불하겠다는 글을 올렸습니다. 그리고 4일 뒤인 5월 22일, 그 글을 본 어떤 이가 실제로 그에게 피자를 주문해서 전달해 주었고, 라스즐로는 약속대로 그 사람에게 1만 개의 비트코인을 전송해 주었습니다. 그때 그가 받았던 피자와 기념으로 자녀들과 찍은 사진을 아직도 인터넷에서 쉽게 찾아볼 수 있습니다.

피자데이(2010년 5월 22일)
비트코인을 사용해서 피자 두 판을 구매한 날.
최초로 비트코인을 사용하여 현물 거래를 한 날이라는 의미가 있음.

비트코인 1만 개로 피자 두 판을 사 먹은 이 일화는 아직도 매년 기념될 만큼 여러 면에서 특별한 의미를 지니는데요. 비트코인이 돈을 대신한 대표적인 사례이자 비트코인의 가치를 구체적으로 환산할 수 있는 대표적인 일화이기 때문입니다.

당시 피자 두 판의 가격은 약 40달러였고, 비트코인 1만 개를 지불했기 때문에 라스즐로는 비트코인 한 개당 약 0.004달러, 우리나라 돈으로 치면 한 개당 약 4.4원(환율 1100원일 경우) 정도의 가치로 비트코인을 넘기고 피자를 사 먹었다고 볼 수 있습니다.

또 다른 의미에서 이 '피자데이'가 매년 기념되고 아직도 회자되는 이유가 있습니다. 그건 바로 그때에 비하면 날이 갈수록 비트코인의 가격이 폭등했기 때문입니다.

그가 피자를 시켜 먹은 2010년만 해도 비트코인의 최고가가 0.5달러에 달했고, 1년 뒤인 2011년에는 비트코인 1개로도 피자 한 판 정도는 시켜 먹을 수 있을 만한 가격인 31.9달러를 갱신했습니다. 그리고 필자가 책을 쓰고 있는 2021년 비트코인 가격은 국내 거래소 기준으로 한 개당 6500만 원 이상으로 폭등했습니다. 라스즐로가 피자 두 판과 바꾼 비트코인 1만 개의 가치는 10년 후 6500억까지 오른 것입니다.

이런 이유로 그가 비트코인 1만 개를 피자 두 판과 바꾼 것이 사람들 사이에 매년 회자되며, 그에게 그 일을 후회하지 않는지 종종 물어 보곤 합니다. 2018년 한 인터뷰에서 그는 "이렇게 가치가 오를 줄 누가 알았겠나? 당시 결정을 후회하지 않는다."라며 "당시 적지 않은 양의 비트

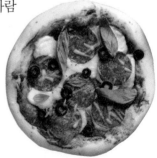

코인을 채굴했지만, 아무도 쓰지 않았고 어떻게 써야 할지도 몰랐다. 단지 비트코인의 가치를 증명하고 싶었다."라고 대답했습니다.

비트코인 피자데이

비트코인 피자데이는 매년 5월 22일로 비트코인과 알트코인 투자자 및 지지자들에게는 재미있는 인증을 하는 날들 중 하루입니다.

매년 피자데이에는 트위터와 여러 SNS에서 피자를 구매하는 사진, 먹는 사진 등 다양한 인증 사진들을 올립니다.

예: 업비트 비트코인 피자데이 기념 이벤트

03 키프로스 사태

2012년만 해도 15달러 정도였던 비트코인이 세상에서 크게 주목받으며 가치가 천정부지로 오르게 된 계기가 있습니다. 그건 바로 유럽의 섬나라 '키프로스'의 구제금융 위기입니다.

키프로스는 터키의 남쪽에 위치한 지중해의 섬나라로 사이프러스라고 불리기도 합니다. 2010년대에 이 나라는 금융과 경제적인 부분을 그리스에 의존하고 있었는데 2008년 미국 발 금융위기는 그리스까지 휘청이게 만들었고, 그 여파는 결국 키프로스까지 번졌습니다.

키프로스의 위치

2013년 키프로스는 IMF, EU 등에 구제금융을 신청했는데, 구제금융 협상이 난항을 겪으면서 2013년 3월 키프로스의 은행들은 잠시 문을 닫기까지 했습니다. 키프로스가 구제금융을 받는 조건에는 키프로스 내 은행 예금의 9.9%를 세금으로 부과하는 조건이 포함되었고, 2차 구제금융에는 세금 부과금을 최대 40%까지도 높일 수 있는 조건이 붙기도 했습니다. 은행에 넣은 내 돈이 절반 가까이 세금으로 날아가게 된 것입니다. 당연히 키프로스 국민 모두가 은행에서 돈을 빼고 싶어 했고, 키프로스 정부는 해외로의 자금 유출을 막기 위해 강력한 규제를 단행했습니다.

이런 답답한 상황 속에서 사람들은 자연스레 탈출구를 찾아 나섰습니다. 당시 비트코인은 국가가 규제할 법조차도 없고 은행을 거치지 않고도 빠르게 해외로 송금할 수 있다는 이유 때문에 키프로스에 묶인 자금의 탈출 수단으로 떠올랐습니다. 은행에 돈을 넣으면 내 돈이 마이너스가 되고 마음대로 인출할 수도 없는데, 비트코인을 사면 몇 배씩 오르는 상황이 된 것입니다.

그렇게 키프로스의 금융위기는 비트코인의 폭등으로 이어지게 되었습니다. 결과적으로 키프로스의 금융위기가 세상에 비트코인의 가치를 제대로 증명한 가장 큰 계기가 된 것입니다. 그해 비트코인의 시세는 1240달러까지 치솟았습니다.

POINT

러시아와 유럽계 자금의 세금 도피처 역할을 하던 키프로스가 금융위기로 인해 은행 예금에 최고 40%의 과세를 단행한 일을 계기로 비트코인이 대체 화폐로 주목받게 되었다.

04 마운트곡스(Mt. Gox) 파산

마운트곡스는 수많은 알트코인 중 메이저로 인정받는 리플(XRP)의 공동 개발자이자 스텔라루멘(XLM)을 만든 제드 맥캘럽(Jed McCaleb)이 개설한 비트코인 거래소입니다.

제드는 한때 세계적인 파일 공유 프로그램 당나귀(eDonkey)를 만든 것으로도 유명한데요. 그는 2007년에 Magic: The Gathering이라는 게임의 온라인 카드 거래 사이트를 만들기 위해 Mtgox.com 도메인을 구입했으나, 2010년에 비트코인을 거래할 수 있는 거래 사이트로 재편

성했습니다. 그렇게 세계 최초의 암호화폐 거래소인 마운트곡스가 생겨나게 되었습니다. 그러나 제드는 불과 1년 만에 마운트곡스를 프랑스 출신의 사업가 마크 카펠레스(Mark Karpelès)에게 넘겼고, 본인은 블록체인 기반 해외 송금에 비전을 둔 리플 개발에 뛰어들었습니다.

경영을 넘겨받은 마크는 빠르게 성장하는 비트코인의 가치와 함께 마운트곡스를 세계 최대의 비트코인 거래소로 성장시켰습니다. 마운트곡스는 한때 세계 비트코인 거래량의 75%를 차지할 만큼 거대한 거래소가 되었습니다. 그렇게 승승장구하던 마운트곡스였지만 고인 물은 역시 썩기 마련인 걸까요? 세계의 비트코인들이 고여 있던 마운트곡스는 사실 2011년부터 이미 썩어 있었다고 볼 수 있습니다. 2011년 마운트곡스는 자산들을 담아 놓았던 거래소 지갑의 비밀번호, 즉 프라이빗키를 도난당했고 2011년 상반기부터 85만 개에 달하는 비트코인이 해킹을 당했습니다. 이 상황은 2014년이 되어서야 수면 위로 드러났고, 마크 카펠레스는 2014년 2월 마운트곡스의 파산을 신청했습니다.

마크는 이 사건이 마운트곡스 거래소의 문제가 아니라 비트코인 자체의 기술적인 결함 때문이라고 주장했는데, 그로 인해 비트코인에 대한 불안감이 퍼져 비트코인 시세는 곤두박질치기 시작했습니다. 실제로 이전까지는 계속해서 상승해 왔던 비트코인의 가치가 마운트곡스의 파산 사태로 인해 몇 년간 긴 하락세를 맞게 되었습니다.

그러나 결국 이 사태는 비트코인의 결함 때문이 아닌 앞에서 얘기했던 거래소 지갑의 도난 때문으로 밝혀졌습니다. 이로 인해 수많은 피해자들이 생겨났고, 거래소 대표인 마크 카펠레스는 2015년 일본 경찰에 체포되어(당시 마운트곡스의 본사가 도쿄 시부야에 있었다) 1년 넘게 구속되었습니다.

마운트곡스 사태의 근황은?

마운트곡스 해킹 사태 이후 분실된 비트코인 중 4분의 1인 20만 비트코인을 회수할 수 있었습니다. 그리고 도쿄 파산 법원은 채권자들의 마운트곡스 회생 절차 신청을 받아들여 비트코인을 현금화해서 채권자들에게 돌려주는 것을 승인했습니다. 처음에는 피해 보상 방법이 당시의 비트코인 가격 기준으로 현금을 지급해주는 것이었지만, 갈수록 비트코인의 가격이 폭등하면서 2020년 3월 제4회 채권자 회의를 거쳐 비트코인과 비트코인캐시에 한해서는 고객이 요청한 형태로 보상을 지급하기로 결정했습니다.

마운트곡스의 신탁 관리인인 노부아키 고바야시는 피해자들에게 보상하기 위해 2017년 12월 약 4470억 규모의 암호화폐를 매각했고, 2019년에도 3500억 정도의 물량을 매각한 것으로 알려졌으며, 그때마다 마운트곡스의 물량 매도는 비트코인 시장의 큰 악재 중 하나로 여겨졌습니다.

아직도 배상으로 지급하기 위한 비트코인은 약 14만 개가량 남아 있으며, 배상 과정과 일정에 대한 구체적인 협의는 2021년 4월 기준 아직도 진행 중에 있습니다.

05 ICO 광풍

마운트곡스 파산 사태로 인한 폭락 이후 조금씩 반등해 오던 비트코인의 가치는 비트코인이 아닌 다른 코인의 부흥으로 인해서 새로운 국면을 맞게 됩니다.

아직 열아홉밖에 되지 않은 러시아 태생의 캐나다 소년 비탈릭 부테린(Vitalik Buterin)은 비트코인에 영감을 받아 2013년 이더리움이라는 이름의 암호화폐 백서를 작성하였고, 2014년 7월 이더리움 재단을 만들어 투자자들을 모집했습니다. 투자금은 돈이 아닌 비트코인으로 받았고 투자한 사람들에게는 투자한 비트코인의 양만큼 이더리움을 나누어

주었습니다. 이런 투자 방식을 바로 Initial Coin Offering, 줄여서 ICO 라고 부릅니다.

이제 막 스무 살이 된 비탈릭 부테린은 ICO를 통해 31000개의 비트코인을 개발 자금으로 모았습니다. 2014년 7월 당시 비트코인의 가격은 대략 60만 원대였는데, 비트코인 31000개는 약 180억에 달하는 어마어마한 금액이었습니다. 이런 막대한 자금을 바탕으로 2015년 7월 이더리움이 가동을 시작했습니다.

이렇게 성공적인 시작을 했던 이더리움이 비트코인과 가장 다른 부분 중 하나는 이더리움을 기반으로 누구든지 다른 암호화폐를 발행하고 개발할 수 있다는 것입니다. 이런 장점 덕분에 수많은 암호화폐 프로젝트가 더 쉽게 세상에 나올 수 있었고, 이더리움의 성공 덕분에 ICO라는 새로운 자금 모집 방식을 모두가 따라 하기 시작했습니다.

POINT

이더리움의 장점
1. 빠른 코인 전송 속도 (10~15초)
2. 플랫폼 기능 (이더리움을 기반으로 다른 토큰 발행 및 개발 가능)
3. 공개된 개발자의 지속적인 업데이트

보통 다른 블록체인을 기반으로 한 암호화폐는 토큰이라고 하고 자기 고유의 블록체인을 가진 암호화폐를 코인이라고 하는데, 블록체인 개발자들은 이더리움을 기반으로 쉽게 토큰을 만들어내고 투자자들은 신규 토큰에 투자해서 초창기 가격으로 암호화폐를 지급 받았습니다. 이후 그 토큰이 시중의 거래소에 풀리면 투자한 초기 가격에 비해 가격이 몇 배씩 뛰어 올랐기 때문에 이런 방식은 시간이 가면 갈수록 뜨겁게 달아

올랐습니다. ICO를 통해 개발자들은 쉽게 거액의 돈을 모을 수 있고 투자자들은 몇 배씩 돈을 벌 수 있으니 이런 환상적인 돈벌이가 또 어디 있겠습니까?

2017년, ICO 가격 대비 이더리움의 수익률은 10만%를 넘어섰습니다. 중국의 이더리움이라 불리던 네오는 11만%, 젤루리다 재단의 코인인 NXT는 한때 65만%의 수익률을 기록하기도 했습니다. 이런 미친 수준의 수익률과 함께 시장도 과열되었습니다. 개발자들은 별다른 실체도 없는 프로젝트까지 마구 만들어서 투자금을 모았고, 분별없이 ICO에 돈부터 넣고 보는 사람들도 많아졌습니다. 이런 과정 속에서 코인시장은 급속도로 규모를 키워 나갔고, 그 광풍은 한국에도 아주 뜨겁게 불어왔습니다. ICO의 주요 투자수단으로 쓰였던 비트코인의 시세 역시 계속해서 상승했고, 2018년 1월 초 비트코인의 가격은 2800만 원을 넘어서게 되었습니다.

ICO(Initial Coin Offering) _ 초기 코인 공개 또는 암호화폐 공개
블록체인 기술을 기반으로 새로운 암호화폐를 만들기 위해 불특정 다수의 투자자들로부터 초기 개발 자금을 모집하고 그 대가로 코인을 나눠 주는 행위

06 주요 인물들의 배신

비트코인이 이렇게 전 세계적으로 퍼져 나가고 가치를 키워 나갈 수 있었던 것은 비트코인에 인생을 걸 정도의 신봉자들이 있었기 때문입니다. 누군가는 비트코인 개발에 전력을 다하고, 누군가는 비트코인 거래소를 만들어서 운영하고, 누군가는 비트코인 채굴에 전념하고, 또 다른 누군가는 비트코인을 세상에 알리는 일에 뛰어들었기 때문에 비트코인이 몸집을 불려 나갈 수 있었던 것입니다.

비트코인캐시(BCH)

그러나 세상 모든 일이 그렇듯 잘나가는 1등이 있으면 그걸 모방하고 따라 하고 때로는 견제하는 아류들이 생겨나기 마련이지요. 비트코인도 너무 가파른 상승세와 유명세를 탄 덕분에 수많은 모방품이 생겨났습니다. 그 모방품들은 저마다 "내가 진짜 비트코인이다!"라고 외치며 세상에 나왔고, 그중에는 비트코인이 세상 전부인 것처럼 지내 오던 주요 인물들의 배신으로 생겨난 것들도 있었습니다. 가장 대표적인 사례는 비트코인캐시(BCH)의 출현일 것입니다.

우지한 → p.36, p.53

앞서 채굴에 대해서 설명할 때 언급한 적이 있던 중국의 채굴기업 비트메인의 대표 우지한은 비트코인 업계에서 가장 큰 영향력을 발휘하는 인물 중 하나였습니다. 그가 운영하는 채굴풀들은 전체 비트코인 채굴에서 70%가 넘는 압도적인 비중을 차지했습니다. 그렇기 때문에 우지한이 비트코인 채굴을 중단하면 비트코인 시스템에도 문제가 생길 정도였고, 또 그만큼 소유하고 있는 비트코인의 양도 막대했습니다.

비트코인 채굴을 통해 막대한 부를 축적했던 우지한은 그의 독점적인 위치 때문인지 비트코인 개발자들과 자주 마찰을 빚어 왔습니다.

2017년 당시 비트코인의 오래된 성능을 개선하기 위한 방법으로 개발자들은 비트코인의 데이터 처리 구조를 변경하는 세그윗(Segwit)이라는 방식을 제안했고, 우지한을 비롯한 채굴자들은 대부분 이에 반대하여 블록당 1MB밖에 안 되는 처리 용량을 늘리는 방식의 업그레이드를 주장했습니다. 그도 그럴 것이 우지한의 비트메인은 비트코인 채굴에 특화된 ASIC이라는 기술을 통해 더 빠르게 비트코인을 채굴할 수 있는데, 개발자들이 제안한 세그윗에 의해 구조가 변경되면 이 ASIC 기술을 더 이상 쓸 수 없게 되기 때문에 채굴자들의 입장에서 세그윗 업그레이드는 받아들일 수 없는 제안이었던 것입니다.

이런 갈등과 더불어 갈수록 높아지는 비트코인의 채굴 난이도 상승 등으로 인해 새로운 사업 수단이 필요했던 우지한은 결국 비트코인을 배신하고 비트코인에 대적할 새로운 코인을 2017년 8월 1일 만들어냅니다. 그것이 바로 BCH, 비트코인캐시입니다.

우지한은 비트코인캐시를 출범하며 국내의 한 암호화폐 거래소와 가진 인터뷰에서 "향후엔 비트코인캐시(BCH)가 비트코인보다 가치 있을 것"이라고 말했습니다. 이는 사람들에게 비트코인캐시가 비트코인의 대항마가 될 것이라는 의미로 받아들여졌습니다. 이후 실제로 비트코인캐시의 가격이 오르면 비트코인의 가격이 내려가고 비트코인의 가격이 오르면 비트코인캐시의 가격이 내려가는 현상이 나타났고, 비트코인캐시의 가격이 계속해서 오르면서 정말 비트코인을 이기는 것 아니냐는 이야기도 나오기 시작했습니다.

비트코인캐시

이름	비트코인캐시
코인기호	BCH
발행일	2017년 8월 1일
창시자	우지한
최대 발행량	2100만 개
블록 처리 용량	32MB
특징	비트코인에서 하드포크 된 코인으로, 비트코인과 거의 비슷하지만, 블록 용량이 비트코인의 용량인 1~4MB 대비 크다는 장점이 있음.

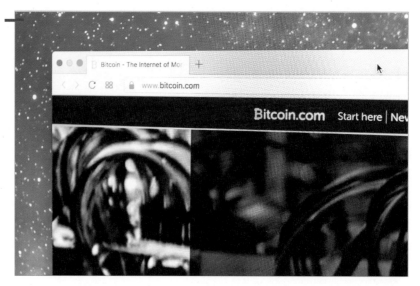

로저 버가 도메인을 사서 운영한 Bitcoin.com 사이트

비트코인캐시의 흥행에는 우지한 뿐만 아니라 또 다른 비트코인 신봉자의 배신도 한몫했습니다. 그건 바로 '비트코인 예수'라 불릴 정도로 비트코인을 알리는 데 여념이 없었던 미국 출신의 유명한 비트코인 투자자 로저 버(Roger Keith Ver)의 배신이었습니다.

로저 버는 2011년 초부터 비트코인의 매력에 빠져 비트코인 초기 투자자가 된 것으로 알려져 있습니다. 그는 비트코인과 비트코인 스타트업 기업들에 수백만 달러를 투자했고 그중에는 유명 암호화폐인 리플(Ripple), 대형 거래소 크라켄(Kraken), 블록체인 정보 및 지갑 사이트인 블록체인인포(Blockchain.info) 등이 포함되어 있었습니다.

Bitcoin.com이라는 도메인을 사들이고 사이트를 운영할 만큼 비트코인을 알리는 데 힘썼던 로저 버였지만, 그 역시도 비트코인 개발자들이 제시하는 비트코인의 발전 방향에 대해 답답함을 느꼈던 것일까요. 때마침 같은 편에 서 있는 우지한의 비트코인캐시가 마음에 들었는지 언젠가부터 비트코인에서 등을 돌리고 비트코인캐시 쪽으로 완전히 사업 방향을 틀었습니다. 그리하여 '비트코인 예수'는 어느새 예수를 배반한 유다가 되어 '비트코인 유다'라는 별명을 가진 사람으로 변해버렸습니다.

로저 버의 흑역사

로저 버는 젊은 시절 이베이(eBay)에 폭발물을 올려서 10개월의 감옥 생활을 한 바 있습니다. 그러나 수감 생활을 하는 동안 교도소 안에서 담배와 같은 물건들이 돈처럼 사용되는 걸 보면서 비트코인의 가치를 깨달았다고 합니다.

이후 비트코인 투자에 성공하며 비트코인을 극찬한 그였지만 나중에는 비트코인을 버리고 비트코인캐시에 올인하면서 "비트코인캐시가 진짜 비트코인이다."와 같은 극단적인 홍보를 감행했습니다.

그가 비트코인을 등지고 비트코인캐시를 지나치게 선전하는 모습을 보면서 사람들은 그를 '비트코인 유다', '배신자'라고 조롱했고 비트코인캐시를 'Bcash'라고 부르며 급 낮은 돈인 것처럼 폄하했습니다. 로저버는 이런 비난과 폄하에 스트레스가 극에 달했었는지 2017년 11월 한 유튜버의 인터뷰에서는 화를 참지 못하고 손가락 욕을 해서 화제가 되기도 했습니다.

그러나 로저 버는 이런 굴욕에도 굴하지 않고 꾸준히 비트코인캐시를 홍보했습니다. 비트코인캐시의 가치가 500배나 1000배는 더 오를 것이라고 말하거나, 2019년 11월에는 페이스북 친구들에게 5달러의 BCH를 보내면서 "이 5달러어치의 BCH는 머지않아 5000달러가 될 것"이라고 말하기도 했습니다.

하지만 이런 과정에서 결국 잦은 구설수로 인해 비트코인닷컴의 대표 자리에서 물러나기도 했고, 2020년 4월에는 비트코인캐시 채굴의 손실이 커져서 로저 버의 채굴풀조차도 채굴을 거의 중단했다는 소식이 들려오는 등 로저 버는 이래저래 순탄치 않은 길을 걸어오고 있습니다.

07 세계 정부들의 철퇴

이미 설명했듯이 비트코인의 탄생 동기는 사실 어떠한 국가 정부도 반가울 리 없는 것이었습니다. 국가에서 발행하고 관리하는 통화를 대체한다니, 정부의 개입을 벗어난 탈중앙화라니. 이런 것들은 이미 수십 년간 정착되어 온 금융 시스템에 혼란을 일으키기 때문에 비트코인이 규

중국, ICO 전면 금지

China has banned ICOs

Jon Russell @jonrussell / 5:00 PM GMT+9 · September 4, 2017   Comment

Image Credits: Crystal51 / Shutterstock

모를 키워갈수록 세계 각국의 정부들은 우려를 표했습니다.

ICO 광풍이 불던 2017년 9월, 코인 업계에서 가장 큰 비중을 차지하던 중국에서 ICO를 전면 금지시켰고, 중국 내 거래소 폐쇄조치까지 이야기가 나오기 시작했습니다. 이로 인해 중국계 코인들뿐만 아니라 업계 전반이 얼어붙었습니다. 550만 원을 넘기던 비트코인의 가격은 330만 원까지 떨어졌습니다.

미국과 일본도 ICO를 금지하기 시작했습니다. 그러나 뜨거운 열기는 쉽게 식지 않았고, 잠시 주춤했던 비트코인은 다시 신고가를 갱신하고 또 갱신하며 계속 날아올랐습니다. 비트코인의 가격은 어느새 2천만원을 넘겼고, 국내에서는 비트코인 때문에 사람들이 주식을 안 한다는 말이 나올 정도였습니다.

결국 우리나라 정부도 비트코인에 대해 날카로운 경계심을 드러냈고 2018년 1월 11일, 당시 법무부장관이었던 박상기 장관은 공개적으로 암호화폐 거래 금지법을 준비 중이며 거래소 폐쇄를 목표로 한다는 발표를 합니다. 이 발표로 인해 1월 10일 아침만 해도 2100만 원대였던 비트코인의 가격은 발표 당일인 11일 1400만 원대까지 폭락했고, 이후 5일 뒤인 16일에는 1100만 원대까지 내려앉았습니다. 대부분의 투자자들이 순식간에 투자금의 절반 이상을 날린 것입니다.

이때 당시 비트맨을 포함한 각종 비트코인 관련 커뮤니티에는 화를 참지 못해 컴퓨터를 부수고, 방문을 부수는 등의 사진들이 올라올 정도로 투자자들의 절망과 분노는 극에 달했습니다. 사람들은 이때를 기억하며 '박상기의 난'이라고 부르곤 합니다. 이후에도 세계 정부들의 계속되는 규제와 날선 공격들 속에 비트코인은 2018년 후반 300만 원대까지 떨어지며 긴 하락세를 이어갔습니다.

박상기의 난 당시 업비트 화면 (좌), 그 이후 하락장을 맞은 한 투자자의 투자 잔고 (우)

POINT

2018년 하락장을 이끈 주요 국가의 규제 내용

중국 _ 2017년 9월 ICO 전면 금지 이후 거래소 폐쇄 및 거래 금지

미국 _ 2018년 1월 암호화폐 관련 불법행위 단속 강화 및 ICO 사실상 규제

한국 _ 2018년 1월 암호화폐 거래소 폐쇄 검토 발언

08 비트코인 네버다이

비트코인은 이제 죽은 것만 같았습니다. ICO 광풍과 함께 나타났던 많은 코인들은 대부분 -90% 이상의 하락 상태를 벗어나지 못했고, 상장폐지 되어 사라지기도 했으며, 우후죽순 생겨나던 거래소들도 어느새 문을 닫고 자취를 감췄습니다. 그 모든 피해는 고스란히 투자자들의 몫이었습니다. 가진 돈을 모두 털어 코인에 투자한 사람도 많았고, 대출까지 끌어와서 투자한 사람들도 많았습니다. 1년이 넘도록 코인들은 오를 생각

이 없어 보였고, 거짓말 같은 일이 일어나지 않는 이상 비트코인은 예전 처럼 오르지 않을 것만 같았습니다. 그런데 그런 거짓말 같은 일이, 거짓 말 같은 날에 일어나기 시작했습니다.

2019년 4월 2일, 우리나라의 만우절 다음 날이자 미국의 만우절 인 그날, 아침까지만 해도 470만 원이던 비트코인이 550만 원까지 올 랐습니다. 하루에 무려 17%가 오른 것입니다. 긴 하락세에 지쳐서 별다 른 기대도 하지 못하던 사람들에게는 정말 거짓말 같은 상승이 아닐 수 없었습니다. 이때를 기점으로 비트코인은 엄청난 상승세를 이어가더니 2019년 6월 26일에는 1680만 원까지(업비트 기준) 오르게 됐습니다. 죽 은 줄 알았던 비트코인이 다시 살아난 것입니다.

이후 2019년 말까지는 비트코인 가격이 다시 하락세를 나타냈습니 다. 급기야 2020년 3월에는 코로나 쇼크로 인해 세계경제와 함께 급격 한 하락을 겪기도 했습니다. 하지만 다시 조금씩 상승세를 이어가더니, 2020년 연말부터는 급격한 상승세를 타면서 다시 2000만 원을 돌파하 고, 2021년 2월에는 6500만 원까지 돌파하면서 비트코인은 결코 죽지 않는다는 존재감을 세계에 알리게 되었습니다.

장난삼아 만든 코인에 투자해 10억 수익, 글라우버 코테소토

개발자가 장난삼아 만든 코인인 도지코인에 투자한 미국의 개인 투자자 글라우버 코테소토라는 사람이 있습니다.

그는 2021년 2월부터 도지코인을 매수하기 시작했는데, 그때 당시 도지코인의 시세는 아직 0.045달러에 불과했습니다. 그러나 2월 11일 미국의 전기차 기업인 테슬라의 CEO 일론 머스크가 "아들을 위해 도지코인을 샀다."라는 트윗을 올린 이후 도지코인의 가격은 0.08달러까지 치솟았습니다. 머스크는 그 이후에도 "도지코인의 대량 매도가 있을 경우 전폭 지원할 것", "달을 향해 짖는 도지" 등의 트윗을 올렸고, 그때마다 시장이 반응하며 도지코인의 가격이 크게 올랐습니다.

머스크의 트윗을 보며 2월부터 도지코인 매입을 시작했던 코테소토는 모두 13만 5224달러(약 1억 5000만 원)를 투자했고 테슬라 CEO를 등에 업은 도지코인은 두 달 만에 10배인 0.45달러까지 치솟았습니다. 코테소토의 잔고 역시 그만큼 불어났고 수익만 94만 6217달러(약 10억 5700만 원)에 달했습니다.

코테소토는 여기서 그치지 않고 수익이 1000만 달러를 달성하면 10%를 현금화할 계획이라고 밝혔으며, 일론 머스크의 도지코인을 언급한 트윗이 진지한지 확실하지는 않지만 일론 머스크가 천재라고 생각한다고 말한 바 있습니다.

도지코인은 시바견을 심볼로 하는 코인으로, 이름 역시 Dog(개)에서 변형된 Doge, 그러니까 우리말로 하면 강아지코인입니다. 이 코인의 개발자인 빌리 마커스(Billy Markus)는 2013년 12월 장난삼아 도지코인을 개발할 계획을 올렸는데, 여기에 마케팅 전문가인 잭슨 팔머(Jackson Palmer)가 합류하여 실제로 도지코인이 만들어졌습니다.

01 알트코인이란?

02 알트코인의 종류

03 비트코인과 알트코인의 오묘한 관계

제 4 강
알트코인

사람들의 관심이 집중되는 주인공이 있다면 그를 추종하거나 모방하는 조연들도 있기 마련입니다. 그들 중에는 주인공의 자리를 뺏기 위해 애쓰는 자도 있고, 주인공은 갖추지 못한 능력을 뽐내는 자들도 있습니다. 이처럼 비트코인이라는 주인공이 세상의 주목을 한꺼번에 받으면서 수많은 아류작들과 대체품들이 세상에 나왔습니다. 덕분에 비트코인이 개척한 코인이라는 세계는 더욱 방대해지고 더 구체적, 전문적으로 세분화되었습니다. 비트코인 외에, 저마다 각각의 개성과 특징을 가진 코인들, 어떤 것들이 있을까요?

알트코인이란?

● 알트코인의 정의

알트코인(Alt Coin)은 비트코인을 제외한 다른 모든 코인을 말합니다. 비트코인을 시작으로 다른 모든 코인들이 생겨났기 때문에 비트코인을 제외한 다른 코인들을 알트코인이라고 부릅니다. 입문자들이 코인 거래소를 보면 알 수 없는 이름의 코인들이 가득할 텐데, 그런 막막함을 해소할 수 있도록 웬만한 알트코인들에 대한 정보를 간략하게 정리해 보려고 합니다.

알트코인 _ 비트코인을 제외한 나머지 모든 가상화폐. 간단히 '알트'라고도 함.

● 코인마켓캡 활용하기

만약 코인들의 시가총액이나 그에 따른 순위, 그리고 발행량과 유통량 등에 대한 정보가 궁금하다면, 전통적으로 거의 모든 코인들의 정보를 리스트화해서 알려주는 코인마켓캡(https://coinmarketcap.com/)이라는

코인마켓캡 사이트 화면

# ▲	이름		가격	24h %	7d %	시가총액 ⓘ	거래량 (24시간) ⓘ	유통 공급량 ⓘ
☆ 1	Bitcoin BTC	구매하기	₩60,553,792.18	▼0.44%	▼1.54%	₩1,131,088,322,673,279	₩51,884,142,801,232 857,487 BTC	ⓘ 18,693,450 BTC
☆ 2	Ethereum ETH	구매하기	₩2,925,954.11	▲3.38%	▲15.19%	₩338,031,036,727,608	₩35,314,705,231,720 12,082,480 ETH	115,653,049 ETH
☆ 3	Binance Coin BNB	구매하기	₩617,299.12	▼1.47%	▼3.52%	₩94,588,097,833,171	₩4,727,398,188,592 7,668,390 BNB	ⓘ 153,432,897 BNB
☆ 4	XRP XRP		₩1,495.77	▼5.33%	▲0.44%	₩67,659,355,814,736	₩12,053,150,472,699 8,088,483,591 XRP	ⓘ 45,404,028,640 XRP
☆ 5	Tether USDT	구매하기	₩1,114.14	▼0.00%	▼0.01%	₩56,734,026,322,222	₩117,129,441,019,905 105,139,063,841 USDT	50,926,243,338 USDT
☆ 6	Dogecoin DOGE		₩364.40	▲19.38%	▲3.55%	₩46,848,636,198,729	₩11,502,462,515,572 31,764,889,410 DOGE	129,375,926,748 DOGE
☆ 7	Cardano ADA		₩1,422.94	▼1.43%	▼2.36%	₩45,272,765,847,598	₩3,473,378,444,824 2,451,110,889 ADA	ⓘ 31,948,309,441 ADA
☆ 8	Polkadot DOT		₩37,113.01	▼3.59%	▼2.21%	₩34,586,110,832,466	₩2,195,732,135,616 59,254,168 DOT	933,342,998 DOT

코인에 대한 간략한 설명

LINK 라이브 가격 데이터

체인링크는 무엇인가요?

체인링크(LINK)는 스마트 계약을 실제 세계의 데이터와 연결하는 것을 목표로 하는 탈중앙화 오라클 네트워크입니다. 체인링크는 세르게이 나자르로프(Sergey Nazaro)가 스티브 엘리스(Steve Ellis)와 함께 공동 설립했습니다. 2017년 9월 ICO를 개최하여 3,200만 달러를 모금했으며 총 10억 개의 LINK 토큰을 공급했습니다.

체인링크 탈중앙화 오라클 네트워크의 네이티브 암호화폐인 LINK는 노드 운영자들에게 비용을 지불하는 데 사용됩니다. 체인링크 네트워크에는 평판 시스템이 있기 때문에 많은 양의 LINK가 있는 노드 제공자는 더 많은 계약으로 보상을 받을 수 있지만, 정확한 정보를 전달하는 데 실패하면 토큰을 공제받기도 합니다. 개발자들은 LINK를 "추가적인 ERC 223 '전송 및 호출' 전송 기능(주소, unit256, bytes)을 갖추고, 단일 트랜잭션 내에서 계약에 의해 토큰을 수신하고 처리할 수 있는 ERC20 토큰"이라고 설명합니다.

더 읽기 ∨

사이트를 참고하면 좋습니다.

코인마켓캡은 코인 투자자라면 꼭 이용하는 사이트 중 한 곳으로, 관심 있는 코인의 시가총액 랭킹이 궁금하거나, 그 코인을 사고파는 거래소가 어디인지 궁금할 때 이용하면 편리한 사이트입니다.

위의 이미지와 같이 첫 화면에서 코인들의 시가총액 랭킹을 보기 쉽게 리스트화해주고 각 코인의 현재 시세, 오늘의 시세 변동률, 24시간 동안의 거래량, 시중 유통량, 그동안의 시세 변화를 알려줍니다. 한마디로 코인마켓캡 상위에 오른다면 현재 코인시장에서 가장 잘나가는 코인

코인이 상장된 거래소 목록(예시: 체인링크) - 코인마켓캡 사이트 화면

#▲	소스	쌍	가격	+2% 깊이	-2% 깊이	거래량	거래량 %
1	Binance	LINK/USDT	₩39,700.39	₩1,443,482,953	₩1,660,123,794	₩237,498,226,160	12.82%
2	Huobi Global	LINK/USDT	₩39,711.86	₩2,267,453,960	₩1,160,943,436	₩128,601,259,883	6.94%
3	Coinbase Pro	LINK/USD	₩39,763.34	₩1,129,719,398	₩642,797,121	₩92,769,235,755	5.01%
4	Binance	LINK/BTC	₩39,715.26	₩466,981,629	₩750,538,340	₩55,371,589,275	2.99%
5	Gate.io	LINK/USDT	₩39,708.18		₩545,282,388	₩22,184,690,003	1.20%
6	Binance	LINK/BUSD	₩39,725.84	₩480,162,390	₩700,159,781	₩16,599,983,462	0.90%
7	Kraken	LINK/USD	₩39,712.85	₩1,369,874,921	₩1,400,674,380	₩13,656,069,540	0.74%
8	Bithumb	LINK/KRW	₩41,772.83	₩272,059,644	₩283,638,928	₩13,118,320,217	0.71%
9	FTX	LINK/USD	₩39,747.03	-	-	₩11,768,625,363	0.64%
10	Uniswap (V2)	LINK/WETH	₩39,788.28	-	-	₩11,399,127,076	0.62%
11	Binance	LINK/ETH	₩39,697.55	₩136,396,802	₩290,365,943	₩10,130,592,446	0.55%
12	KuCoin	LINK/USDT	₩39,700.50	₩704,899,807	₩509,502,224	₩10,036,770,800	0.54%
13	Bitstamp	LINK/USD	₩39,720.85	₩507,924,397	₩568,233,794	₩8,331,838,532	0.45%
14	Binance.US	LINK/USD	₩39,666.03	₩153,753,799	₩396,787,849	₩6,892,680,879	0.37%
15	Coinbase Pro	LINK/BTC	₩39,697.11	₩121,152,889	₩276,222,922	₩6,418,724,120	0.35%

이라고 할 수 있는 것입니다.

이뿐만 아니라 원하는 코인을 클릭하면 그 코인에 대한 간략한 소개와 공식 홈페이지, 백서까지 연결되어 있습니다.

또한 위와 같이 해당 코인이 어느 거래소에서 거래되고 있는지, 각 거래소별 시세는 어떻게 다른지, 거래량이 가장 많은 거래소는 어디인지까지 알 수 있습니다.

이런 데이터를 잘 활용하면 거래소별 시세차익을 이용해 수익을 노릴 수도 있고, 어떤 거래소에서 가장 거래가 빈번한지도 알 수 있기 때문에 투자에 많은 도움을 받을 수 있습니다.

 **알트코인의 종류**

알트코인의 종류는 사실 무수히 많기 때문에 가짓수를 세기 어려울 정도입니다. 아마 지금 이 순간에도 누군가 또 다른 코인을 만들어 내고 있을 테니까요.

모든 알트코인을 알기는 어렵지만, 적어도 내가 주로 이용하는 거래소의 알트코인들에 대해서는 어느 정도 파악해 놓는 것이 필요합니다.

만약 정부에서 어느 날 갑자기 "블록체인 결제 시스템을 육성하겠다"라는 발표를 한다고 가정해 봅시다. 그런 때에 미리 국내 결제 관련 코인이 뭐가 있는지 알고 있는 사람이라면, 생각할 필요도 없이, 바로 페이코인과 같은 코인을 매수했을 것입니다. 그러나 알트코인에 대한 지식이 없는 사람이라면, '뭘 사야 좋지?' 하면서 검색 등의 방법을 통해 정보를 찾느라 시간을 소비하여 좋은 매수 기회를 놓치게 되겠죠.

그래서 이번 단락에서는 많은 분들이 이용 중인 거래소, 업비트에 있는 알트코인들 중 주요 코인들에 대한 정보를 알아보려고 합니다.

이더리움

● 이더리움은 현재까지도 꾸준한 개발과 발전을 이어가고 있으며, 얼마 전 이더리움 2.0을 출시하고 블록체인의 새로운 페이즈(발달 단계)를 준비하고 있습니다.

이더리움은 러시아 출신의 캐나다 개발자인 비탈릭 부테린이 개발한 코인으로, 알트코인 가운데 가장 대표 격입니다. 아직 열아홉에 불과했던 비탈릭은 2013년 이더리움 백서를 발간하고 2014년 에이다의 개발자인 찰스 호스킨슨(Charles Hoskinson)도 속해 있던 이더리움 재단을 설립했습니다. 재단 설립 후 ICO를 통해 3만여 개의 비트코인을 모은 이더리움은 비트코인이 단순히 탈중앙화 결제 수단의 목적을 띄었던 것과는 다르게 블록체인을 통해 다양한 기능을 구현하려고 시도했습니다.

이더리움은 우선 스마트 컨트랙트 기술(서면으로 이루어지던 계약을 코드로 구현하고 특정 조건이 충족되었을 때 해당 계약이 자동으로 이행되게 하는 기술)을 통해 블록체인을 통한 자동화 시스템을 구축할 수 있게 했습니다. 또한 다른 신규 코인들을 쉽게 개발할 수 있는 플랫폼의 역할을 할 수 있게 만들었습니다. 그 결과 이더리움을 기반으로 셀 수 없이 많은 탈중앙화 어플들과 코인들이 만들어졌으며, 이로 인해 이더리움은 암호화폐 시장이 지금까지 성장하는 데 아주 큰 역할을 하게 되었습니다.

리플

리플은 2013년 크리스 라슨(Chris Larsen)과 스텔라루멘의 개발자이기도 한 제드 맥케일럽(Jed McCaleb)이 공동 개발한 암호화폐입니다. 리플은 세계 국가 간의 장벽 없이 빠른 송금을 목적으로 개발되었으며, 실시간에 가까운 빠른 전송과 낮은 수수료를 장점으로 하는 코인입니다. 현재 브래드 갈링하우스가 CEO를 맡고 있는 리플랩스(Ripple Labs)라는 회사에서 리플을 관리하고 있습니다.

리플의 개발 이후 뱅크오브아메리카(Bank of America), HSBC 등 전 세계 수십 개 은행들이 은행 간 결제와 송금에 리플을 사용하기 시작했고, 2016년 일본 최대 은행인 MUFG를 비롯한 약 80% 이상의 일본 은행들이 리플 사용에 합류했다고 알려져 있습니다.

리플의 또 다른 특징으로는 전체 발행량이 1000억 개로 다른 코인에 비해 많은 편이며, 탈중앙화된 코인이 아니라 리플랩스에서 관리하고 조절하는 코인이라는 것입니다. 리플은 비트코인이나 이더리움처럼 채굴에 의해 발행되는 것이 아니라 관계자들의 합의에 의해 발행되고 운영됩니다.

스텔라루멘

● 하드포크

포크의 몸통에서는 한줄기
였는데, 포크의 끝부분이 갈
라져 서로 다른 길을 가게 되
면 결별한다고 해서 하드포
크라고 합니다. 대표적인 하
드포크의 사례로 비트코인
과 비트코인캐시가 갈라진
것을 들 수 있습니다. 거래
속도를 빠르게 한다는 명분
으로 비트코인캐시가 떨어
져 나갔는데, 채굴업자나 개
발자들의 이해 충돌 때문에
그랬다는 분석이 많았습니
다.

스텔라루멘은 리플에서 분리된 국제 송금용 코인입니다. 간단
히 줄여서 스텔라(Stellar)라고 합니다. 스텔라루멘의 화폐 단위
는 XLM으로 2014년 리플의 공동 개발자인 제드 맥케일럽이 기
존 리플에서 하드포크 하여 개발했습니다. C와 C++ 언어를 사
용하여 개발됐으며 채굴 없이 스텔라 합의 프로토콜(SCP, Stellar
Consensus Protocol)을 따라 신규 코인이 발행됩니다.

리플이 프라이빗 블록체인 방식으로 운영되는 것과 달리, 스
텔라루멘은 누구나 참여할 수 있는 퍼블릭 블록체인 방식으로 운
영됩니다.

스텔라루멘의 거래 속도는 리플과 마찬가지로 2~5초로 매우
짧으며, 2017년 10월 IBM이 스텔라루멘과 제휴를 맺고 국제적
으로 통용되는 금융 솔루션을 공동 개발하기로 한 바 있습니다.

스텔라루멘의 발행량 역시 리플과 마찬가지로 1000억 개입
니다.

이오스

이오스는 미국 콜로라도 출신의 댄 라리머(Dan Larimer)가 블록원(Block.one)이라는 회사를 공동 설립하여 2017년에 만들었습니다.

댄 라리머는 어린 시절 경제적으로 열악한 환경에서 자랐으나, 비트코인이 5센트이던 시절 20달러어치의 비트코인을 구매하게 되면서 블록체인과 비트코인을 연구하게 되었고, 2014년 7월 에이다의 개발자인 찰스 호스킨슨과 함께 그의 첫 블록체인 프로젝트인 비트셰어(BitShares)를 개발하게 됩니다. 이후 2016년에는 블록체인 기반 SNS인 스팀잇(Steemit)을 만들기도 했습니다.

이오스는 위임지분 증명방식, 영어로는 DPoS 방식의 알고리즘으로 운영되는 블록체인으로, 이더리움의 느린 처리 속도와 높은 수수료 문제를 해결하기 위한 대안으로 등장하였기에 '이더리움 킬러'라는 별명을 얻기도 했습니다.

이오스의 총 발행량은 10억2천여만 개 정도이며 이더리움처럼 블록체인 플랫폼 역할을 합니다. 대표적인 DApp으로는 에브리피디아(Everipedia)가 있으며, 빠른 속도와 거래 수수료가 무료라는 장점을 가지고 있습니다.

● **DApp**(디앱)
Decentralized Application의 약자로, 블록체인을 기반으로 만들어진 프로그램 또는 서비스를 말합니다.

라이트코인은 사실상 비트코인과 유사한, 형제와 같은 형식의 코인으로 2011년 10월 매사추세츠 공과대학(MIT)을 졸업한 구글 출신 개발자 찰리 리(Charlie Lee)에 의해 개발되었습니다.

비트코인의 최대 채굴량이 약 2100만 개인 것에 반하여 라이트코인은 '약 8400만 개'로 4배가 많습니다. 또한 라이트코인은 간편한 채굴이 가장 큰 장점이며, 비트코인과는 다르게, GPU로도 채굴이 가능합니다. 그렇지만 비트코인과 마찬가지로 전용 ASIC 채굴기가 나와 있는 상태이며 GPU 채굴의 채산성은 매우 떨어집니다.

라이트코인의 평균적인 처리 속도는 약 2분 30초로, 10분 정도 걸리는 비트코인보다 4배가 빠른 것으로 알려져 있습니다.

라이트코인은 2017년 12월 개발자인 찰리 리가 고점에서 전량 매도했던 사건으로 유명합니다.

에이다

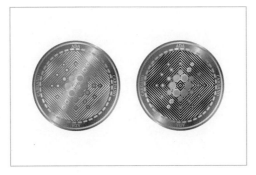

에이다는 카르다노(Cardano)라는 블록체인을 기반으로 한 코인으로, 이오스의 개발자인 댄 라리머와 일했었고 한때 이더리움의 CEO이기도 했던 찰스 호스킨슨이 만든 블록체인 플랫폼의 코인 이름입니다.

　에이다는 고차원의 암호화를 통해 안전성이 보장되며 빠르고 직접적인 전송이 가능하다는 장점이 있습니다. 카르다노는 전 세계의 개인, 조직 및 정부에 의해 현재 매일 사용되는 금융 어플리케이션을 실행할 수 있는 기술 플랫폼이며, 기존 암호화폐들의 설계 및 개발 방식을 바꾸려는 노력의 일환으로 2015년에 시작된 프로젝트입니다.

　카르다노는 탈중앙화를 추구하는 시스템뿐만 아니라 사용자의 많은 요구를 더욱 잘 고려하여, 보다 균형 있고 지속 가능한 생태계를 제공하려는 목표를 가지고 있습니다. 또한 카르다노는 퍼블릭 블록체인으로서 완전한 오픈소스이며, 채굴 없이 우로보로스 지분증명(Ouroboros PoS)이라는 방식으로 신규 코인이 발행됩니다. 총 발행량은 450억 개입니다.

트론은 2017년 8월에 나타난 블록체인 플랫폼으로, 중국의 음성 채팅 앱인 페이워(Peiwo)의 설립자 저스틴 선(Justin Sun)이 만들었습니다. 저스틴은 유명 경제잡지인 포브스에서 아시아를 움직이는 주목할 만한 30대 이하의 창업가 30인에 뽑힌 적이 있으며, 비트코인캐시의 우지한과는 베이징대학 선후배 사이로 알려져 있습니다.

트론은 탈중앙화된 콘텐츠, 엔터테인먼트 시스템을 구축하기 위해 설계된 플랫폼인데요. 트론에서 문서, 사진, 비디오 등의 콘텐츠를 저장 및 배포할 수 있습니다. 트론은 이에 필요한 인프라를 제공하여 중간 유통 없이 콘텐츠를 직거래하여 거래 비용을 절감하고 콘텐츠 플랫폼의 독점을 완화시키는 목적을 가지고 태어났습니다. 트론은 초기에 코인네스트라는 한국 거래소에서 1원에 불과했으나 이후 급격한 상승으로 275원까지 오르며 유명세를 떨쳤던 일화가 있습니다.

저스트

저스트는 트론의 저스틴 선이 만든 트론 기반의 탈중앙화 금융, 즉 디파이 프로젝트입니다. 저스트 토큰은 트론 기반의 스테이블 코인 프로젝트에서 사용되는 거버넌스 토큰으로, 거버넌스 토큰이란 블록체인을 운용해 나가는 데 있어서 주요 의사 결정을 할 수 있는 권리를 갖게 해주는 토큰입니다. 사용자는 저스트를 통해 투표권을 얻게 되고 운영에 영향력을 행사할 수 있습니다.

● **스테이블 코인**(Stable Coin) 코인의 시세 변동이 거의 없고 일정한 가치를 유지하는 코인을 뜻합니다. 대표적인 스테이블 코인으로는 1달러의 가치를 유지하는 **USDT**가 있습니다.

비트토렌트

비트토렌트 역시 트론의 저스틴 선이 출시한 토큰으로 트론을 통해 성공한 저스틴이 세계적인 파일 공유 프로그램인 비트토렌트를 인수하면서 발행한 토큰입니다. 토렌트는 활성 유저만 1억7천만 명에 달한다고 알려진 파일 공유 프로그램입니다.

비트토렌트 토큰은 토렌트 상에서 파일 공유를 유지하거나 희소성 있는 자료를 공유할 때 보상으로 주어지는 구조를 목적으로 하고 있습니다.

총 발행량은 9900억 개입니다.

네오 - 가스

네오는 중국의 앤트쉐어라는 코인이 이름을 바꾼 것이며, 한때 중국의 이더리움이라고 불리기도 했던 코인입니다. 중국 정부가 인정하는 블록체인이라고 평가 받기도 했지만, 2017년 중국 정부가 암호화폐에 철퇴를 내리면서 그런 높은 평가는 많이 잠잠해졌습니다. 네오의 기술적인 특징을 보면 왜 중국의 이더리움이라고 불리는지 알 수 있는데, 이더리움처럼 전송 수수료 형태로 쓰이는 가스라는 개념이 있고 스마트 컨트랙트 기술을 지원합니다. 또한 이더리움처럼 플랫폼 시스템을 갖춰서 네오를 기반으로 여러 응용 프로그램들을 개발할 수 있습니다.

　네오의 총 발행량은 1억 개입니다.

● **가스**
말 그대로 '연료'를 의미하며, 블록체인 상에서 코인을 전송하기 위한 수수료의 개념으로 사용됩니다. 전송할 때 더 많은 가스비를 책정해서 보낼수록 내 전송이 좀 더 우선순위를 갖게 된다는 혜택이 있습니다.

퀀텀

퀀텀은 네오와 더불어 대표적인 중국계 코인으로, 비트코인과 이더리움의 장점을 결합한 블록체인 플랫폼이 모토입니다. 비즈니스 친화적인 블록체인을 추구하는 퀀텀은 금융업, 제조업, 모바일 텔레콤을 비롯한 여러 시장에 진출하는 것을 목표로 하며, 전체 발행량은 1억 782만 2406개입니다. 업비트 기준으로 2018년 1월에 최고가인 12만 7천 원까지 오른 적이 있으며, 그해 2월에는 스페이스체인과 협력하여 소규모 위성을 하늘에 쏘아 올려 이슈가 된 바 있습니다.

크립토닷컴체인

크립토닷컴체인은 2016년 모나코라는 이름으로 만들어진 결제 전용 블록체인입니다. 2018년 7월에 크립토닷컴으로 이름을 바꾸었으며, 비자카드와 협력하여 암호화폐로 결제가 가능한 선불카드를 출시한 바 있습니다. 그 결과 전 세계 비자카드 가맹점에서 크립토닷컴 카드의 사용이 가능하게 되었고, 암호화폐 결제의 세계적인 확장을 이끌어가고 있습니다.

또한 2019년 후반에는 자체적인 거래소도 설립하여 운영 중이며, 암호화폐 결제뿐만 아니라 대출 등의 다양한 금융 서비스를 준비해 나가고 있습니다.

CRO의 총 발행량은 1000억 개입니다.

앵커

앵커는 블록체인을 기반으로 한 클라우드 컴퓨팅 플랫폼입니다. 클라우드 컴퓨팅이란 서버에서 여러 개의 컴퓨터 환경을 구성하고, 인터넷을 통해 그 컴퓨터에 접속하여 사용할 수 있도록 하는 것을 말합니다.

클라우드 컴퓨팅의 단점은 중앙 시스템인 서버가 공격 받으면 서비스 하고 있는 모든 컴퓨터들이 위험에 빠진다는 점인데, 앵커는 이런 부분을 블록체인 기반으로 구성하기 때문에 해킹의 위험에서 벗어날 수 있습니다. 또한 서버 구축과 관리에 들어가는 비용을 절감하여 더욱 저렴한 가격으로 클라우드 환경을 제공합니다.

앵커의 총 발행량은 100억 개입니다.

펀디엑스

펀디엑스(Pundi X)는 싱가포르의 잭 체아(Zac Cheah)가 2017년 초에 만든 결제 전용 블록체인입니다. 일상 속에서 흔히 사용되는 ○○페이처럼 암호화폐를 통해 손쉽게 어디서나 구매하고 결제할 수 있게 하는 것이 목표입니다. 이를 위해 전용 결제기기를 만들어 출시하고 카드를 발행하는 등 실용화를 위한 여러 시도들을 하며 사업을 확장해 나가고 있습니다.

스와이프

스와이프는 전용 비자카드와 다수의 자산을 취급하는 탈중앙 금융 앱을 통해 암호화폐 전환 서비스와 결제 서비스를 제공하는 블록체인 기반 금융 플랫폼입니다.

2020년 중순에 세계적인 거래소 바이낸스가 스와이프를 인수한 바 있으며, 이후 바이낸스는 스와이프를 기반으로 한 직불카드를 출시하기도 했습니다.

스와이프는 바이낸스를 등에 업고 더 활발하게 사업을 진행하여 디파이 플랫폼, NFT 마켓을 만드는 등 다양한 서비스를 출시 및 준비하고 있으며 점차적인 코인 소각 계획도 가지고 있습니다.

스와이프의 코인 발행량은 약 3억 개이며 점차적인 소각을 통해 1억 개까지 낮출 계획이라고 합니다.

스와이프 코인의 기호는 SXP입니다.

보라

보라는 블록체인 기반의 디지털 콘텐츠 플랫폼입니다. 이중 네트워크와 이중 토큰 구성으로 메인넷과는 별도의 프라이빗 네트워크를 두어 역할을 분담하여 빠른 처리 속도와 확장성을 제공하려 합니다.

보라 토큰은 디지털 아이템을 구매하거나 콘텐츠를 구매하는 데 사용할 수 있으며, 2020년 12월 국내의 대형 게임 기업인 카카오게임즈가 보라의 개발회사인 웨이투빗의 최대주주가 되면서 화제가 된 바 있습니다.

보라의 총 발행량은 12억 575만 개입니다.

아르고

아르고는 폐쇄적인 블록체인인 프라이빗 블록체인을 공개적인 블록체인인 퍼블릭 블록체인에 연결하고 싶어 하는 기업들을 위해 해결 방안을 제시하는 블록체인입니다.

아르고는 국내 유수의 기업들에게 블록체인 서비스를 제공하고 있는 블로코라는 기업에서 만든 프로젝트로, 퍼블릭 블록체인과 프라이빗 블록체인의 장점을 결합하여 기업들이 사용하기 편하고 호환성이 높은 블록체인을 제공합니다.

아르고의 총 발행량은 5억 개입니다.

모스코인

모스코인은 현실의 부동산을 기반으로 한 증강현실 모바일 게임 서비스인 모스랜드에서 재산이나 액세서리를 구매하거나 P2P 광고를 집행할 때 사용할 수 있는 암호화폐입니다.

총 발행량은 5억 개이며 리얼리티 리플렉션이라는 회사가 2018년 1월에 발행한 국내 블록체인 프로젝트입니다.

엠블

엠블은 자동차와 관련된 각종 서비스 및 요소들, 예를 들면 운송, 정비, 중고차 거래, 교통사고 등에서 해결되지 않고 있는 문제들을 블록체인을 기반으로 해결해 나가기 위한 블록체인 프로젝트입니다.

자동차의 주행 이력, 사고 이력과 같은 데이터들을 신뢰할 수 있는 블록체인 상에 기록하고, 운전자와 운전 관련 종사자, 딜러, 보험, 정비 등의 데이터들을 엠블이라는 블록체인으로 통합시켜 관리하는 서비스를 구축하려 하고 있습니다.

엠블의 총 발행량은 300억 개입니다.

칠리즈

칠리즈는 세계 최초의 팬 참여 및 보상 플랫폼인 소시오스닷컴 (socios.com)에서 사용하기 위한 토큰입니다. 소시오스닷컴에서 칠리즈를 통해 자신이 좋아하는 스포츠 구단의 팬 토큰을 구매할 수 있고, 이를 통해 팀 설문에 투표하거나 리워드를 받을 수 있습니다.

칠리즈는 세계 유명 축구 구단인 FC바르셀로나와 유벤투스, 그리고 세계적인 격투기 대회 협회인 UFC와 파트너십을 맺은 바 있고, 2021년 3월에는 NFT 열풍의 주역이 되어 1600%의 상승을 기록한 바 있습니다.

그로스톨코인

그로스톨은 블록체인이 데이터를 처리할 때 블록 내에서 서명 데이터를 따로 분리하는 것을 세그윗이라고 하는데, 이 세그윗을 활성화한 최초의 코인으로 불립니다.

세그윗이 되면 블록 내의 데이터 공간에 더 여유가 생기기 때문에 상대적으로 더 많은 양의 거래 데이터 처리가 가능합니다.

그로스톨은 미국 표준기술연구소인 NIST가 발표한 암호화 해시 알고리즘으로 설계되었으며, 2014년 덴마크의 기술 대학교 DTU와 TU그라즈의 암호화 팀에 의해서 만들어졌습니다.

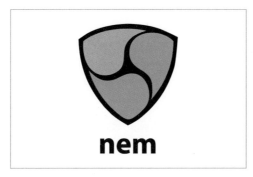

싱가포르에 본사를 둔 넴(NEM)은 뉴 이코노미 무브먼트(New Economy Movement)의 약자로 2015년 3월에 론칭했습니다. 비트코인 토크 포럼이라는 곳에서 유토피안퓨처(UtopianFuture)라는 닉네임의 사용자가 엔엑스티(NXT)를 하드포크 하기 위한 목적으로 시작했으나, 중간에 계획을 바꿔 넴이라는 새로운 플랫폼으로 탄생했습니다.

총 발행량은 90억 개로 제한되어 있고, 블록체인을 세계 최초로 자바 프로그래밍 언어로 개발했습니다.

넴의 기술은 금융기관 및 소셜미디어, 교육, 헬스케어, 의료보건, 증강현실, 게임 등 다양한 분야에서 활용되고 있습니다.

메디블록

메디블록은 분산되어 있는 의료 데이터들을 블록체인을 통해 개인이 안전하게 관리할 수 있는 시스템입니다. 현재의 의료 시스템은 각 개인의 의료정보가 개별 의료기관 중심으로 관리되고 있기 때문에 환자들이 병원이나 보험 등의 각 기관마다 자신의 의료정보를 따로 알아봐야 하는 불편함이 있고, 불필요한 검사나 진료를 반복하게 되어 비용과 시간이 낭비됩니다. 메디블록은 이런 문제점을 해결하여 환자 개인이 주체가 되어 의료정보를 관리할 수 있도록 하기 위해 만들어진 프로젝트입니다.

메디블록의 공동 창립자인 고우균, 이은솔 대표는 서울과학고 출신으로 의사와 컴퓨터공학자라는 두 가지의 이력을 모두 가지고 있으며, 2017년 12월 메디블록 ICO가 성공적으로 완료되어 300억 원의 투자 자금을 조달했습니다.

최근에는 블록체인 기반의 백신 인증서인 백신패스를 출시한다고 밝혀서 주목을 받고 있습니다.

스토리지

스토리지는 블록체인 기반의 클라우드 저장 플랫폼입니다. 스토리지 사용자는 플랫폼을 통해 다른 컴퓨터들의 남는 하드디스크 공간을 활용해서 파일을 저장하고 열람할 수 있습니다. 이런 구조로 남는 저장 공간을 필요로 하는 사람들에게 빌려주고 보상을 받을 수 있도록 설계되었습니다.

스토리지와 비슷한 암호화폐로는 시아코인, 골렘, 파일코인 등이 있습니다.

스토리지는 2017년 7월 2일, 미국 애틀랜타에서 최초로 발행되었으며 총 발행량은 4억 2천만 개입니다.

스톰엑스

스톰엑스는 한때 세계 최대의 대형 거래소였던 미국의 비트렉스 거래소 대표 빌 시하라(Bill Shihara)가 어드바이저로 참여해 화제를 모았던 코인입니다.

스톰엑스의 창업자는 한국계 미국인인 사이먼 유이며 미국 시애틀 출신입니다.

스톰엑스 팀은 쉽게 암호화폐를 적립할 수 있는 스톰플레이라는 어플을 운영하고 있으며, 사용자는 이 어플에서 새로운 게임이나 제품을 구매하고 암호화폐를 적립할 수 있습니다.

스톰엑스의 총 발행량은 100억 개입니다.

쎄타토큰 - 쎄타퓨엘

쎄타토큰은 발행량 10억 개의 코인으로, 블록체인을 기반으로 한 비디오 전송 네트워크인 쎄타네트워크의 코인입니다.

쎄타네트워크는 블록체인을 통해 스트리밍 대역폭을 공유하고 콘텐츠 제공자들에게는 수익 창출을, 유저들에게는 참여의 기회를 제공합니다.

쎄타퓨엘은 쎄타 블록체인에서 소액 결제 및 스마트 컨트랙트 배포를 위한 역할을 하며 사용이 완료된 쎄타퓨엘은 소각됩니다.

메인프레임

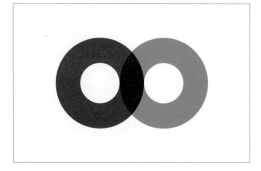

메인프레임은 블록체인 기반의 메신저 서비스를 위한 암호화폐입니다.

블록체인 기반의 암호화와 P2P 방식으로 당사자 외에는 메신저 내용을 열람할 수 없도록 하여 뛰어난 보안과 프라이버시 보호가 장점입니다.

창시자는 믹 헤이건(Mick Hagen)이며, 발행량은 100억 개입니다.

메인프레임은 2021년 2월 하이파이 파이낸스라는 이름과 새로운 로고로 리브랜딩 했으며, 이제는 디파이 플랫폼의 길을 시작하고 있습니다.

무비블록

무비블록은 국내 동영상 플레이어 프로그램인 KMPlayer 사와 영상 콘텐츠 플랫폼인 판도라TV가 합작하여 만든 블록체인 영상 콘텐츠 공유 플랫폼입니다.

무비블록의 홈페이지는 현재 단편영화와 독립영화들을 스트리밍 하는 플랫폼으로 구성되어 있으며, 무비블록 토큰은 우수한 콘텐츠에 투표하는 것과 투표에 대한 상금 등에 쓰이고 있습니다.

무비블록의 총 발행량은 300억 개입니다.

METADIUM

메타디움은 블록체인을 이용한 신원 인증 플랫폼으로 사용자가
메타 ID를 이용해 스스로 개인정보의 모든 권한을 갖고 관리할
수 있게 해주는 것을 목표로 합니다.

블록체인을 통한 신원 증명을 Decentralized Identity, 줄여
서 DID라고 하는데, 이것도 하나의 메타가 되고 있으며, 메타디
움은 DID 메타의 대장 격으로 평가받고 있습니다.

부산광역시의 지원을 받아 부산 블록체인 체험 앱을 출시
하였고, DID 기술을 통해 코인 전송 시 개인정보를 보호하는
TXRule이라는 서비스를 출시하기도 하였습니다.

메타디움의 총 발행량은 20억 개입니다.

밀크

MiL.k

밀크는 우리나라의 유명한 여행, 숙박 어플인 야놀자와 신세계면세점, 업비트 운영사인 두나무의 블록체인 연구소 람다256 등과 파트너십을 맺은 블록체인 프로젝트로, 여행, 여가, 쇼핑 등 다양한 분야의 마일리지나 포인트 적립을 블록체인을 활용해 통합하는 것을 목표로 합니다.

　밀크를 통해 각자 다른 회사의 서비스를 이용했다고 하더라도 포인트 교환이나 사용은 자유롭게 할 수 있으며, 이를 통해 포인트 사용을 더 쉽게 하고, 기업은 포인트를 활용한 마케팅을 더 폭넓게 할 수 있도록 하는 것입니다.

스테이터스네트워크토큰

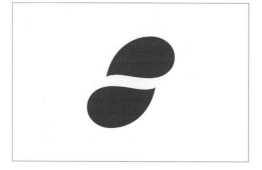

스테이터스네트워크토큰, 줄여서 SNT는 블록체인 기반의 메시지 플랫폼으로, 이더리움의 다른 DAPP들과 연결된 모바일 서비스입니다.

SNT는 2017년 6월에 출시했으며, 긴 이름으로 인해 국내에서는 '슨트'라는 이름으로 많이 불립니다.

SNT의 총 발행량은 68억 487만 174개입니다.

샌드박스

아르헨티나의 블록체인 게임 개발사 더샌드박스가 만든 샌드 토큰은 더샌드박스 생태계에서 사용할 수 있는 암호화폐입니다.

더샌드박스 사는 같은 이름의 게임을 개발하였고, 이 게임은 세계적으로 유명한 마인크래프트와 같은 복셀 게임입니다.

사용자들은 게임 내에서 아이템과 캐릭터 등을 직접 만들 수 있고 이것을 마켓 플레이스에서 거래할 수 있으며, 아이템들을 활용해 게임을 만들 수도 있습니다.

샌드박스 역시 NFT 관련된 프로젝트로, NFT 메타가 대세일 때 많은 주목을 받았습니다.

카이버네트워크

카이버네트워크는 2017년에 싱가포르의 로이 루(Loi Luu)가 만든 암호화폐 프로젝트입니다.

카이버네트워크는 여러 가지 암호화폐들을 간편하게 교환할 수 있는 블록체인 기반의 탈중앙화 거래소, 일명 **DEX**를 구현한 프로젝트로 코인 기호는 **KNC**입니다.

카이버네트워크는 2017년 코인 세일 당시 이더리움의 창시 자인 비탈릭 부테린이 어드바이저로 참여했다는 사실 때문에 큰 주목을 받았으며, 그 덕분에 5200만 달러를 모금하고 성공적인 출발을 했습니다.

이후 2018년 2월 메인넷을 출시했고, 4월에 정식으로 탈중 앙화 거래소 서비스를 출시하였습니다.

KNC의 총 발행량은 2억 개입니다.

체인링크

체인링크는 블록체인 중간자 역할을 수행하여 블록체인의 스마트 컨트랙트를 외부 시스템이나 API에 쉽게 연결할 수 있도록 해 줍니다.

스마트 컨트랙트는 뛰어난 보안성과 신뢰성을 지닌 조건 충족부 자동 계약이라는 점에서 혁신적인 기술이지만, 블록체인 외적인 요소들과 결합하기 어렵다는 문제가 있습니다. 체인링크는 이런 문제를 해결하기 위해 만들어진 탈중앙화 오라클 솔루션입니다.

2017년 9월에 발행된 체인링크는 미국에서 다양한 창업을 하던 세르게이 나자로프(Sergey Nazarov)가 만들었으며, SWIFT(국제 은행 간 통신 협정) 사와 사업적 파트너십을 맺고 있습니다.

체인링크의 총 발행량은 10억 개입니다.

폴카닷은 이더리움의 초기 공동 개발자인 개빈 우드(Gavin Wood)가 만들어 주목받은 블록체인으로, 서로 다른 블록체인을 연결하는 인터체인 프로젝트입니다.

폴카닷은 릴레이체인(relay chain), 파라체인(parachain)으로 구성되는데, 이중 릴레이체인은 거래 여부를 결정하는 중앙 관리자의 역할을, 파라체인은 거래를 수집하고 처리하는 보조적 체인 역할을 합니다.

폴카닷의 총 발행량은 9억 8796만 4778개입니다.

엔진코인

엔진코인은 엔진이라는 회사가 게임 아이템 거래를 위해 만든 암호화폐 프로젝트입니다.

엔진코인은 기존 게임 아이템 거래 시장에 존재했던 결제 사기, 높은 수수료와 느린 거래, 소유권과 희소성 부족 등의 문제를 블록체인을 통해 풀어 나가기 위해 만들어졌습니다.

엔진코인 사용자들은 엔진 마켓플레이스에서 게임 아이템뿐만 아니라 다양한 NFT 작품들을 사고 팔 수 있습니다.

엔진코인은 2017년 7월에 출시했으며, 총 발행량은 10억 개입니다.

웨이브

웨이브는 2016년 6월에 나온 블록체인 플랫폼으로, 다양한 거래 시스템과 크라우드펀딩을 블록체인화 하기 위해 개발되었습니다.

웨이브는 러시아의 이더리움으로도 불리는데, 웨이브 플랫폼 위에서 새로운 코인을 개발할 수 있으며, 지갑을 이용해 쉽게 전송할 수 있고 탈중앙화 거래소의 역할을 수행할 수도 있습니다.

● 크라우드펀딩

미국과 유럽을 중심으로 몇 년 전부터 생겨나기 시작한 크라우드펀딩은 은행과 같은 기존 금융이 해결하지 못하는 다양한 영역에 새로운 금융 통로로 작용하는 '대안 금융'입니다.

사업을 시작하고 성장시키기 위해 필요한 자금을 은행에서 대출하거나 엔젤 투자를 받는 것이 기존 금융 방식이라면, 크라우드펀딩은 온라인 공간에서 필요 자금을 수많은 사람들에게 소액씩 모집하는 방식입니다.

스팀

스팀은 최초의 SNS 형태 블록체인으로, 스팀잇(Steemit.com)이라는 블로그와 같은 형태의 SNS 플랫폼에서 사용되는 코인입니다.

스팀잇은 모든 콘텐츠가 블록체인에 저장되며, 콘텐츠 제작자가 자신의 활동성과 콘텐츠의 퀄리티에 따라 다른 유저들로부터 보상을 받을 수 있다는 특징이 있습니다.

스팀은 애초에는 스팀잇 대표인 네드 스캇(Ned Scott)과 이오스의 개발자인 댄 라리머(Dan Larimer)가 2016년 중반에 개발했으나, 이후에는 트론의 저스틴 선이 2020년 초에 인수하여 운영하고 있습니다.

페이코인은 국내 휴대폰 결제 시장 점유율 1위 기업인 다날(Danal)이 만든 블록체인 프로젝트 페이프로토콜의 코인입니다.

페이코인은 다날이 이미 확보하고 있는 결제 인프라를 이용할 수 있기 때문에, 출시 후 아주 빠르게 국내의 수많은 편의점과 다양한 상점에서 페이코인을 통한 결제가 가능하게 되었고, 저력 있는 기업의 공격적인 마케팅을 통해 코인시장에서도 쉽게 주목받고 자리 잡을 수 있게 되었습니다.

다양한 알트코인들의 유형

● **결제 및 송금**

라이트코인, 리플, 스텔라루멘, 비트토렌트, 크립토닷컴, 펀디엑스, 그로스톨코인, 페이코인, 스와이프

● **플랫폼**

이더리움, 이오스, 퀀텀, 네오, 에이다, 트론, 넴, 체인링크, 폴카닷, 웨이브

● **엔터테인먼트**

칠리즈, 스톰엑스, 쎄타토큰, 무비블록, 밀크

● **게임**

보라, 모스코인, 샌드박스, 엔진

● **의학**

메디블록

● **클라우드**

앵커, 스토리지, 시아코인, 골렘

● **교통**

엠블

● **SNS**

메인프레임, 스팀, 스테이터스네트워크토큰

비트코인과 알트코인의 오묘한 관계

● 비트코인 도미넌스

비트코인 도미넌스(Bitcoin Dominance)는 비트코인이 얼마나 시장을 지배하고 있는지를 이야기할 때 쓰는 용어입니다. 코인 세계는 비트코인이라는 명실상부한 대장이 시장을 지배하고 이끌고 있습니다. 그래서 사람들은 비트코인 도미넌스를 중요하게 여깁니다.

비트코인 도미넌스란 정확하게 말하자면 전체 코인의 시가총액 대비 비트코인의 시가총액이 차지하는 비율을 말합니다. 만약 비트코인 도미넌스가 60%라면 나머지 40%는 비트코인을 제외한 알트코인들의 시장 점유율을 이야기하는 것입니다.

비트코인이 개발된 지 10년이 넘었고 그동안 무수히 많은 알트코인들이 쏟아져 나왔지만, 아직까지 비트코인의 자리를 위협하는 코인은 존재하지 않았습니다. 게다가 비트코인 도미넌스가 높을 때는 70%를 넘어설 만큼 비트코인은 시장 전체에 압도적인 영향력을 발휘하고 있습니다. 그리고 비트코인의 움직임은 다른 모든 알트코인에도 영향을 미칩니다. 여기서는 그 관계와 도미넌스 변화에 따른 해석에 대해 알아보도록 하겠습니다.

앞서 말했듯이 비트코인은 코인시장의 대표 코인입니다. 그렇기 때문에 '비트코인의 호재'는 전체 시장의 호재이며, '비트코인의 악재'는 전체 시장의 악재가 됩니다.

예를 들어 테슬라가 비트코인에 15억 달러 정도를 투자했다는 소식이 전해졌던 2021년 2월 8일, 비트코인의 가격은 4100만 원대에서 4900만 원대까지 단숨에 뛰어올랐고, 그때부터 상승세가 이어지면서 같은 달 21일에는 6500만 원대까지 올랐습니다. 이런 비트코인의 호재는 전체적인 시장의 호재로 작용했고 같은 기간 동안 알트코인의 대표격인 이더리움도 170만 원대에서 230만 원대까지 상승했습니다. 같은 기간 이오스는 3700원대에서 6700원대까지 상승했고, 비트코인캐시도 48만 원대에서 85만 원대까지 상승했습니다.

이렇듯 테슬라라는 기업이 비트코인에 투자했을 뿐인데, 이 소식이 전체 시장의 호재가 되어 다른 코인들도 동반 상승한 것입니다.

이미 비트코인이 지나온 길에서 이야기한 것처럼, 비트코인의 악재는 알트코인들에게는 지옥이 열리는 것과 같다고 볼 수 있습니다. 그렇

│ 비트코인 도미넌스 지수를 나타낸 그래프

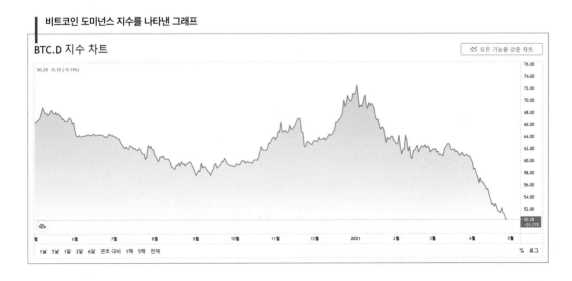

다면 우리는 이런 구조를 어떻게 생각해야 할까요?

비트코인이 잘나간다면 전체적인 호황기라고 생각하고 알트코인에 대한 매수를 고려해볼 만합니다. 또한 비트코인에 대한 정부의 규제나 해킹과 같은 문제가 발생할 경우 우리가 보유하고 있는 알트코인도 떨어지게 될 테니 매도를 심각하게 고려해봐야 할 것입니다.

또한 앞서 말했듯이 비트코인과 알트코인의 관계로 인해 알트코인 투자자들도 비트코인 도미넌스를 확인하는 것이 중요한데, 비트코인 도미넌스는 실시간으로 아래 링크의 사이트에서 확인이 가능합니다.

https://kr.tradingview.com/symbols/CRYPTOCAP-BTC.D/

● 비트코인 도미넌스에 따른 해석 방법

1) 전체 시가총액 동일, 비트코인 도미넌스만 낮아졌을 때

전체 시장의 시가총액이 동일하다는 것은 전체적인 시장의 자금 유입은 동일한 수준이라는 뜻이며, 이런 상황에서 비트코인 도미넌스만 낮아진다는 것은 비트코인의 시세가 하락했거나 다른 알트코인들의 가치가 상승한다는 뜻입니다. 이것은 비트코인의 상대적인 약세 또는 알트들의 강세장이라고 볼 수 있습니다.

2) 전체 시가총액 동일, 비트코인 도미넌스만 높아졌을 때

위와는 반대로 전체 시장의 시가총액이 동일한 흐름에서 비트코인 도미넌스가 높아진다면, 비트코인이 시장을 압도하며 이끌고 있거나 전체적인 알트들의 가치가 하락하고 있다는 것을 뜻합니다. 이때는 비트코인 강세장이라고 해석할 수 있습니다.

3) 비트코인 도미넌스의 상승과 동반한 전체 시가총액의 상승

비트코인 도미넌스가 상승하면서 전체적인 시가총액도 같이 상승하기 시작한다는 건 비트코인이 먼저 상승세를 이끌고 알트코인의 전체적인 상승세도 뒤따라오고 있다고 볼 수 있습니다. 소위 말하는 불장의 시작이라고 해석할 수 있습니다.

4) 비트코인 도미넌스는 동일, 전체 시가총액의 하락

비트코인 도미넌스는 비슷한 수준인데 전체 시가총액이 하락한다는 건, 비트코인과 알트코인이 동일한 수준으로 하락하고 있다고 볼 수 있습니다. 또한 비트코인 도미넌스는 오르는데 전체 시장의 시가총액은 하락한다면, 비트코인 대비 알트들이 더 많이 하락하고 있다고 볼 수 있습니다.

위의 경우들을 유념하면서 비트코인 도미넌스를 확인하고 비트코인의 강세장으로 해석될 경우에는 비트코인으로 자금을 옮기고 알트코인의 강세장으로 해석될 경우에는 알트코인으로 자금을 옮기면서 수익을 내는 투자자들도 있으니 한번쯤은 꼭 비트코인 도미넌스의 흐름을 직접 확인해 보도록 하세요.

POINT | 비트코인 도미넌스(%) =
코인 전체 시장의 시가총액(100%) — 전체 알트코인 시가총액((%))

199원이던 코인이 하루 만에 26배 폭등, 페이코인

페이코인은 이미 설명했듯이 국내 휴대폰 결제 시장 점유율 1위 기업인 다날의 코인입니다. 그 덕분에 빠르게 국내의 많은 편의점에서 결제가 가능했었지요. 다날의 블록체인 전문 자회사인 다날핀테크가 2019년 4월 출시했고, 결제 수수료가 신용카드보다 낮아 편의점, 도미노피자 등 각종 업체와의 협력 마케팅도 활발하게 진행됐습니다.

필자가 처음 페이코인을 접한 건 아마도 2019년 중반이었던 것 같습니다. 정확히 어떤 이벤트인지는 기억나지 않지만, 그때 페이프로토콜에서 이벤트로 50PCI를 줬는데, 그때 페이코인의 시세가 개당 200원 정도까지 올라서 편의점에서 만 원어치 맛있는 걸 사먹으며 즐겁게 집에 갔던 기억이 있습니다. 그때도 제 기억에는 잠깐 올랐다가 떨어지고 했기 때문에, 이 코인의 전망이나 더 오를 거라는 생각보다는, 공짜로 받았으니 떨어지기 전에 뭐라도 사먹자는 생각이었습니다.

그 이후에는 크게 관심을 갖지 않고 지냈고 페이코인의 시세도 2020년 초반에는 100원 밑으로 떨어졌었습니다. 그렇게 시간이 흐르다 2020년 10월 30일, 업비트 거래소 원화마켓에 상장하면서 500원 너머까지 반짝 상승했지만 이후에도 계속해서 하락세를 나타냈습니다. 이런 흐름만 본다면 대부분 페이코인에 대해 어떤 기대를 갖기는 어려웠을 것 같습니다.

그런데 기적이 일어났습니다.

계속 100원~200원 사이에만 있던 페이코인이 2021년 2월 17일, 단 하루만에 5310원까지 오른 것입니다. 전날 혹시나 싶어 페이코인을 200만 원어치만 사놓고 갔다면 다음 날 200만 원이 5200만 원이 되어 있는 돈 복사 마법이 일어난 것입니다. 마술사들이 만 원짜리 지폐를 한 장 더 복사해주는 마술보다 20배쯤은 더 놀라운 마술이 일어난 거죠.

하루 만에 스물여섯 배가 오른 이유는 페이코인 어플이 이제 페이코인의 모든 가맹점에서 비트코인의 결제도 지원한다는 소식을 발표했기 때문이었습니다. 한국의 편의점, 패스트푸드점, 도미노피자 등 수많은 곳에서 비트코인 결제를 할 수 있게 된다는 얘기였던 거죠. 그와 함께 코인시장 상황도 워낙 상승세였기 때문에 일어난 기적 같은 일이 아닌가 싶습니다.

덕분에 비트맨에는 하루 만에 1억 9천만 원을 벌었다는 글을 비롯해서 많은 수익 인증 글들이 줄을 이었고, 이날은 다날이라는 쟁쟁한 기업이 코인시장에서도 존재감을 제대로 과시한 놀라운 날이었습니다.

01 거래소를 알아보자!

02 코인을 보내보자!

03 트위터는 필수!

04 뉴스에 귀를 기울이자!

코인 투자를 시작하려면

어떻게 보면 투자라는 것은 시작이 모든 것을 결정합니다. 내가 투자를 결정하고 자금을 투입하는 순간부터 이미 돌이킬 수 없는 상태가 되기도 하는데, 특히나 코인 투자는 24시간 움직이는 높은 변동성 때문에 더욱 주의가 필요합니다. 여러분이 아직 코인 투자를 시작하지 않았거나 이제 막 시작한 사람이라면 알아야 하는 정보들, 예를 들면 어떤 거래소가 있는지, 거래소들의 특징은 무엇인지, 코인을 보내려면 어떻게 해야 하고, 빠르게 정보를 얻으려면 어떻게 해야 하는지 꼭 먼저 알고 시작하는 것이 좋습니다.

거래소를 알아보자!

물건을 사려면 시장이나 마트에 가야 하고, 주식을 거래하려면 증권사나 은행에서 증권계좌를 개설해야 하듯이, 코인 투자를 하려면 코인 거래소에 가입해야 합니다. 이 거래소의 중개 과정을 통해 코인의 거래가 이루어집니다.

비트코인 거래소는 크게 국내 거래소와 해외 거래소로 나눌 수 있습니다. 각 거래소마다 조금씩 성향이 다르고 저마다의 특징들이 있기 때문에 코인 투자에 마음이 있다면 어떤 거래소들이 있는지 어느 정도는 알고 시작하는 것이 좋습니다. 현존하는 많은 거래소 중 알고 있으면 도움 될 대표적인 거래소 몇 곳을 간략히 정리해 보겠습니다.

1 _ 국내 거래소

● 업비트(UPBIT) upbit.com

한국에서 대표적인 거래소라고 할 수 있는 업비트는 2017년에 카카오의 자회사인 두나무에서 오픈했습니다. 이곳에서 180개가 넘는 다양한 코인을 거래할 수 있습니다.

국내 코인 거래소의 역사는 업비트 이전과 이후로 나눌 수 있을 만큼 업비트의 오픈은 큰 파급력을 발휘했습니다. 업비트가 오픈하기 전 국내의 코인 거래소들은 대부분 10여 종류 내외의 그다지 많지 않은 코인만을 거래할 수 있었습니다. 업비트는 오픈 당시 유명한 해외 메이저 거래소였던 비트렉스(Bittrex)의 수많은 코인들을 국내에서도 거래할 수 있게 연동시켰고, 그것이 크게 이목을 끌었습니다.

업비트가 생기기 전까지 유저들은 기존 국내 거래소들의 운영 방식에 불만을 품었고, 서버 오류 등의 문제까지 겹치면서 보다 나은 거래소의 출현을 소망하고 있었습니다. 그런 와중에 다양한 코인을 거래할 수 있는 깔끔한 대형 거래소 업비트가 생긴 것입니다. 그동안 불편을 겪었던 많은 유저들이 업비트로 유입됐고, 업비트는 아주 빠른 속도로 국내를 대표하는 거래소로 자리 잡게 되었습니다.

업비트는 시원시원하고 보기 편한 화면 구성과 잘 만들어진 어플, 원화 마켓, BTC 마켓, USDT 마켓 등 세분화된 거래소 구성이 장점으로 꼽힙니다. 또한 전체적인 거래량이 많기 때문에 원하는 때에 원하는 가격에 사고팔기 편하다는 이점이 있습니다. 그러나 유저들의 거래가 한꺼번에 몰리게 되면 매도가 제때 되지 않는 등의 문제가 생기기도 하는데, 이것은 업비트 뿐만 아니라 국내 거래소들의 고질적인 문제로 개선이 필요한 부분입니다.

만약 업비트를 코인 거래소로 사용하고 싶다면, 현재는 K뱅크에 가입해서 계좌를 개설하여 업비트에 등록해야 원화 입금이 가능합니다. 가입과 로그인 절차에는 카카오톡 인증이 필요합니다.

● 빗썸(BITHUMB) bithumb.com

빗썸(BITHUMB) bithumb.com

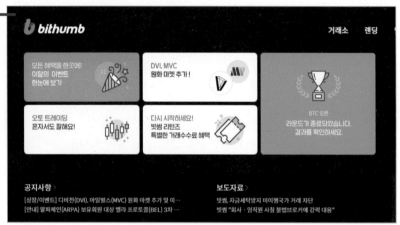

2014년에 오픈하여 국내 코인시장을 이끌어 온 거래소라 할 수 있는 빗썸은 오랜 시간 동안 국내 1위 자리를 지켜왔던 대형 거래소입니다. 예전 한때는 국내 3대 거래소로 빗썸, 코인원, 코빗을 꼽았던 시절이 있었는데, 그중에서도 빗썸은 항상 굳건한 1위 거래소였습니다.

필자가 기억하는 2017년에는 빗썸 사이트에 들어가면 다른 거래소들과는 다르게 메인화면에 보기 편하게 코인들의 시세와 등락폭을 볼 수 있는 표가 있었습니다. 그 덕분에 다른 거래소들보다 좀 더 직관적으로 시세를 확인할 수 있고 쓰기 편하다는 장점이 부각됐습니다. 이런 부분이 빗썸을 국내 대표 거래소로 만들어 준 것이 아닐까 생각합니다.

빗썸은 꾸준히 많은 거래량을 유지하고 있기 때문에 거래하기가 편합니다. 또한 이제는 많은 코인들이 상장되어 2021년 현재 170개가 넘는 코인을 빗썸에서 거래할 수 있으며, BTC 마켓도 구성되어 있습니다. 빗썸을 거래소로 사용하고 싶다면 농협 계좌를 개설하여 빗썸에 등록해야만 원화 입금이 가능합니다.

● 코인원(COINONE) coinone.co.kr

코인원은 2014년에 오픈했으며 업비트가 활성화되기 이전까지 빗썸에 이어 국내 이용자들이 가장 많이 이용하던 거래소 중 한 곳이었습니다. 뛰어나고 전문적인 구성을 갖춘 차트 화면 덕분에 "차트는 코인원이다." 라는 말이 나올 정도였지요. 코인원은 다른 거래소들에 비해 전문적인 거래를 할 수 있는 거래소, 그리고 안정적이고 검증된 코인들만을 상장하는 거래소라는 이미지가 있었습니다.

또한 거래소에서 거래를 하면서 다른 사람들과 채팅도 할 수 있는 거래소라는 것도 코인원만의 특징이라고 할 수 있습니다. 실시간으로 다른 사람들과 소통하면서 거래할 수 있다는 재미와 장점 덕분에 코인원 마니아들도 있을 만큼 인기를 누리고 있습니다.

그러나 앞서 설명한 '검증된 코인'만을 상장한다는 보수적인 상장 전략이 업비트처럼 수백 종류의 코인 거래가 가능한 거래소 트렌드와는 엇박자를 만들게 되면서 국내 2위 자리를 지키던 코인원의 영향력이 많이 줄어들기도 했습니다.

코인원(COINONE) coinone.co.kr

코인원은 현재 거래소 구성을 Main 마켓, Growth 마켓으로 나누고 아직 이름이 알려지지 않은 신규 프로젝트들도 공격적으로 상장하면서 재도약을 노리고 있습니다. 코인원 역시 빗썸과 마찬가지로 농협 계좌를 개설하고 등록해야 원화 입금이 가능합니다.

2 _ 해외 거래소

● 바이낸스(BINANCE) binance.com

명실상부 전 세계를 대표하는 거래소가 어디냐고 묻는다면 아마 누구나 바이낸스를 이야기할 것입니다. 바이낸스는 그만큼 유명한 해외 거래소입니다. 2017년 7월에 캐나다 국적의 중국 화교 출신인 창펑자오가 설립한 바이낸스는 깔끔하고 전문적인 거래소 구성과 트렌드에 빠르게 반

바이낸스(BINANCE) binance.com

응하는 거래소 운영이 장점입니다. 필자도 바이낸스 오픈 초기부터 거래소로 자주 이용하면서 이 거래소에 대한 칭찬을 주변에 많이 했었습니다. 별다른 단점이 없는 거래소라고 생각했었는데, 이제는 결국 바이낸스가 다른 거래소들을 제치고 세계 최고의 거래소로 자리 잡고 있습니다.

바이낸스는 2021년 현재 370여 종류의 코인을 거래할 수 있고, 예전부터 코인시장의 트렌드를 빠르게 캐치해서 이슈가 될 만한 코인들을 빠르게 상장하고 있습니다. 또한 다른 거래소들이 에어드랍 같은 이슈에 미온적으로 대처하고 있는 반면 바이낸스는 거의 모든 에어드랍을 지원하고, 코인 전송도 원활하며, 선물 마진거래를 지원하는 등 코인으로 할 수 있는 웬만한 것들은 다 할 수 있다는 장점을 지녔습니다.

우리나라 유저들은 보통 국내에 없는 코인을 거래하고 싶거나 코인으로 선물거래를 하고 싶을 때 바이낸스를 많이 이용합니다. 하지만 바이낸스는 해외 거래소이기 때문에 원화 입금은 불가능하며, 리플이나 이더리움, 비트코인처럼 호환되는 코인을 바이낸스로 보낸 후 그걸 원하는 코인으로 거래하거나 교환하여 이용할 수 있습니다.

● 비트멕스(BITMEX) bitmex.com

비트멕스는 미국 출신의 아서 헤이스(Arthur Hayes)가 만든 선물 마진 전문 거래소입니다. 선물 거래소이기 때문에 비트코인이 상승할 때뿐만 아니라 떨어질 때도 수익을 거둘 수 있어 비트코인이 하락세를 겪을 때 많은 사람들이 이용했습니다.

　또한 비트멕스는 가진 자산의 100배까지 끌어올려 거래할 수 있는 100배 레버리지 거래를 도입해, 한 번에 큰 수익을 얻고 싶어 하는 투자자들을 많이 끌어 모았습니다. 그러나 높은 레버리지 거래는 아주 순식간에 가진 돈을 모두 날릴 수도 있는 위험이 있어 주의해야 합니다.

비트멕스(BITMEX) bitmex.com

비트멕스는 한때 세계 거래소 중 가장 많은 비트코인 거래량을 자랑할 만큼 기세등등했으나, 고의적인 시세조작 의혹으로 고소를 당하고, 미국에서는 미등록 파생상품 거래소 운영 및 자금세탁방지법 위반 혐의로 피소되는 등 위기를 겪으면서 거래소 이용자들도 자연스레 줄었습니다.

선물거래, 떨어져도 수익을 본다?

선물거래는 '나중에 거래할 조건을 먼저 정해 놓고 계약하는 것'이라고 이해하면 됩니다. 예를 들면 A가 B를 5일 뒤에 만나서 B의 비트코인을 구매하기로 약속했는데, 5일 뒤에 비트코인의 시세가 어떻게 바뀔지 모르니 미리 얼마에 거래할 것인지를 정해 놓는 것이지요. 만약 1개당 6천만 원에 비트코인을 거래하기로 약속했다면, '비트코인 1개당 6천만 원에 선물 계약을 했다'는 뜻이 됩니다.

그런데 막상 5일이 지나고 실제로 거래할 때 비트코인 시세가 6천6백만 원이 되어 있다면, A는 약속대로 6천만 원에 샀으니 10% 수익을 본 것이고, B는 손해를 보게 되는 것입니다.

반대로, 거래할 때 비트코인 시세가 5천4백만 원으로 떨어졌다면, 이번에는 B가 약속대로 6천만 원을 받고 팔았으니 B가 이득을 본 건 아니지만, 10%의 손해를 막을 수 있게 됩니다.

여기서 만약 B가 판매하는 비트코인이 사실 본인 것이 아니라 나중에 비트코인을 다시 갚는 조건으로 남한테 빌려온 것이라면 어떨까요? 빌려온 비트코인을 A에게 팔고 현금 6천만 원을 받았는데, 그날 비트코인이 5천4백만 원까지 떨어졌다면? 덕분에 B는 다시 비트코인을 사서 남에게 갚고도 6백만 원이 수중에 남았습니다. 10% 수익이 생긴 것입니다.

이런 걸 바로 '공매도' 또는 '숏(Short)'이라고 하며, 위에 말한 코인을 빌려주는 역할을 거래소에서 제공하는 겁니다. 그렇기 때문에 선물거래는 시세가 떨어질 때도 수익을 거둘 수 있습니다.

자산의 100배까지 끌어올려 거래? 어떻게?

레버리지(leverage)란 본래 '지렛대'라는 뜻입니다. 투자에서 레버리지 거래는 남의 돈을 빌려서 더 크게 투자하는 것을 말합니다. 보통 선물 거래소에서 제공하는 레버리지는 자기 자본금의 10배, 20배, 50배, 100배까지도 부풀려서 거래할 수 있게 해주는데, 그렇다고 해서 손해가 났을 때 빚이 생기는 구조는 아닙니다. 지금은 모두 프로그램 매매이기 때문에 가능한 기능이라고 볼 수 있습니다.

예를 들어 만약 내가 100만원을 투자했는데 시세가 10% 오르면 10만원의 수익을 얻습니다. 그런데 더 큰 돈을 벌고 싶은 마음에 레버리지 10배를 설정해서 거래를 시작했다고 가정해 보지요. 100만 원의 10배를 설정했으니 1000만 원 규모의 거래를 할 수 있게 되는 겁니다. 그러면 아까와 똑같이 시세가 10% 오를 때, 10만 원이 아닌 100만 원을 벌 수 있게 됩니다. 하지만 시세가 10% 떨어지면, 10배 레버리지이기 때문에, 내 원금이 전부 사라지고 매매는 강제로 종료됩니다. 이걸 강제청산이라고 합니다.

레버리지 거래는 자신이 가진 돈보다 훨씬 무리해서 매매를 하는 것이기 때문에 한순간에 모든 돈을 날릴 수 있으니 각별히 주의가 필요합니다.

● 코인베이스(COINBASE) coinbase.com

코인베이스는 미국에서 별다른 문제 없이 정상적으로 운영되고 있는 가장 크고 오래된 거래소 중 한 곳입니다. 2012년에 설립되었으며, 미국 최대의 거래소이기 때문에 코인시장에서는 상징적인 위치에 있는 거래소이기도 하죠. 코인 업계 전반에는 '코인베이스에 상장하면 어느 정도 인정받은 코인이다'라는 이미지가 깔려 있는데, 이 때문에 코인베이스에 상장한다고 하면 투자자들에게는 큰 호재로 여겨지곤 합니다.

일례로 2017년 12월에 비트코인캐시의 코인베이스 상장이 발표되면서 60% 가까이 올라 코인 가격이 400만 원을 넘겼던 적이 있습니다.

코인베이스(COINBASE)
coinbase.com

코인을 보내보자!

코인 거래를 하다 보면 다른 거래소로 코인을 보내야 할 때도 있고, 다른 사람에게 코인을 보내야 하는 경우도 생깁니다. 이건 마치 우리가 은행 인터넷 뱅킹을 통해서 다른 사람에게 돈을 보내는 것과 비슷한데, 해보지 않은 사람은 어렵게 느끼겠지만, 막상 해보면 은행 송금보다 쉬운 면도 있습니다.

코인 송금 방법은 거래소마다 조금씩 인증 절차가 다르기도 하지만, 국내 코인 투자자들이 거래소로 가장 흔하게 이용하는 업비트를 예로 하여 실제로 코인을 전송하는 방법을 알아보도록 하지요.

일단 실제 전송에 앞서 코인 전송 과정에서 사용하는 용어들을 배울 필요가 있습니다. 코인을 전송할 때 알고 있어야 할 필수 용어 몇 가지를 정리해 보겠습니다.

① **지갑**: 지갑은 '은행 계좌'와 비슷한 개념으로 이해하면 됩니다. 은행에서는 내가 돈을 주고받을 수 있는 고유한 번호를 계좌라고 하지만, 코인에서는 그걸 지갑이라고 부릅니다. 보통 우리가 다른 사람에게 돈을 보낼 때 "계좌 번호 알려줘!"라고 하듯이 코인을 송금할 때는 "지갑 주소 알

려줘!"라고 해야 하는 거죠.

은행마다 계좌 번호가 다르듯이 코인도 코인마다 독특한 지갑 주소 형태가 있으며, 은행은 타은행으로도 송금이 가능하지만 코인은 다른 코인의 지갑 주소로는 송금이 불가능합니다. 만약 실수하여 잘못된 지갑 주소로 코인을 보낼 경우 복구하기도 어려우니 각별히 주의해야 합니다.

지갑은 보통 거래소 지갑과 개인 지갑으로 분류합니다. 내가 가입한 거래소에 접속해야만 사용할 수 있는 지갑이 거래소 지갑이고, 내가 개인적으로 지갑 어플이나 지갑 사이트를 이용해서 생성한 지갑을 개인 지갑이라고 합니다.

② **지갑 주소:** 앞에서 말한 대로 지갑 주소란 은행의 계좌 번호와 같은 것입니다. 지갑 주소는 내가 코인을 받을 수 있는 특정한 형태의 문자들을 말하는데, 코인들마다 각각 그 형태가 다릅니다.

예를 들어 이더리움을 기반으로 운영되는 토큰(고유한 블록체인 없이 다른 블록체인을 기반으로 운영되는 암호화폐를 토큰이라 한다)들처럼 동일한 블록체인 기반을 가진 토큰들은 서로 토큰명이 달라도 지갑 주소는 동일

비트코인 지갑 주소의 예

이더리움 지갑 주소의 예

하게 사용 가능한 경우도 있지만 비트코인, 이더리움, 리플, 이오스 등 자기만의 고유한 블록체인을 가진 코인끼리는 지갑 주소 호환이 안 됩니다. 따라서 비트코인을 이더리움 지갑 주소에 보낸다거나, 리플을 이오스 지갑 주소에 보내는 등의 실수를 해서는 안 된다는 것, 명심하세요.

③ **태그:** '태그'는 '데스티네이션 태그', 또는 '메모'라고도 합니다. 코인을 송금할 때 받을 사람의 지갑 주소를 입력해야 하는 건 당연한 일이죠. 그런데 리플이나 이오스 같은 코인들의 경우 지갑 주소 외에 태그 또는 메모라고 하는 부수적인 정보도 정확하게 입력해야 합니다. 이것은 우리가 편지를 보낼 때 집 주소만 쓰는 게 아니라 우편번호도 쓰는 것과 같은 이치라고 볼 수 있습니다. 받는 쪽에서 태그를 제공할 경우 보내는 쪽에서도 필히 태그를 입력해야 합니다.

태그가 필요한 리플 지갑 주소의 예

④ **트랜잭션(Transaction):** 트랜잭션은 거래 내역 또는 내가 송금한 내역을 뜻하는 단어로, 거래소에 따라 줄여서 Tx라고 간단히 표기하기도 합니다. 코인을 송금하고 그게 블록체인 상에 입력되면 트랜잭션 번호가 생성되는데요. 블록체인은 이 트랜잭션을 통해서 내가 보낸 코인이 잘 도착했는지를 조회할 수 있습니다.

보통 "트랜잭션이 느리다.", "트랜잭션이 안 뜬다."라는 말은 코인을 송금하는 데 시간이 오래 걸리거나 코인 송금 내역이 조회되지 않는다는 이야기입니다.

⑤ **컨펌(Confirm):** 컨펌은 보통 거래소 지갑을 이용할 때 보내는 거래소와 받는 거래소에서 이 코인 송금 건이 문제가 없는 건인지 확인하는 절차를 의미합니다.

많은 거래소들은 사용자가 코인 송금을 요청하면 문제가 없는지 확인하기 위한 시간을 갖는데, 컨펌 시간이나 횟수는 거래소마다 다르며 코인마다도 다릅니다. 대부분 개인 지갑끼리의 송금은 빠르지만 거래소로 보낼 때 속도가 더 느린 경우가 많은데, 이는 거래소에서 확인하는 시간이 있기 때문입니다.

⑥ **수수료:** 은행에서도 송금할 때 수수료를 내는 경우가 있듯이 코인도 송금할 때 수수료가 필요합니다. 수수료는 코인들마다 다르고 코인의 시세가 얼마인지에 따라서 실제로 소모되는 비용도 다르기 때문에 수수료를 잘 따져보고 보내야 합니다. 안 그러면 6만 원 보내는데 수수료만 5만 원이 나가는 일이 생길 수도 있습니다.

이더리움의 경우 보통 0.01 이더리움을 수수료로 내야 하는데, 이더리움 시세가 50만 원일 때 0.01은 5천 원이지만 이더리움이 200만 원일 때 0.01은 2만 원이 되지요. 시세에 따라 수수료의 가치도 그만큼 달라지기 때문에 주의가 필요합니다. 그래서 보통 전송 속도가 빠르고 수수료도 저렴한 리플을 송금용으로 많이 사용하곤 합니다.

이제 실제로 업비트에서 코인 보내는 방법을 알아보겠습니다.

① 입출금 메뉴 클릭하기

업비트 상단의 메뉴 중 입출금 메뉴를 누르면 아래와 같은 화면이 나타납니다. 해당 메뉴는 업비트에서 지원하는 모든 코인의 입금과 출금을 할 수 있는 곳입니다. 총 보유자산 밑의 검색창에서 원하는 코인의 이름을 치면 해당 코인을 쉽게 찾을 수 있는데요. 필자는 송금에 가장 많이 쓰이는 코인인 리플을 예시로 하겠습니다.

② 출금 신청 메뉴 클릭하기

입출금 메뉴에서 오른쪽 아래를 보면 출금 신청 메뉴가 있는데 그곳을 클릭합니다. 그러면 내가 가진 리플의 보유 수량과 현재 리플 시세에 따른 평가 금액, 그리고 출금 가능한 리플의 양이 화면에 뜹니다. 리플의 수수료는 리플 한 개이기 때문에 보유한 모든 리플을 송금할 경우 한 개가 차감된 15.48여 개가 보내집니다.

③ 리플 지갑 주소, 데스티네이션 태그 입력 후 출금신청 클릭하기

출금 주소 란에 내가 보낸 리플이 도착할 리플 지갑 주소를 정확하게 입력하고 그 밑에 있는 데스티네이션 태그까지 입력해 줍니다. 출금 수량은 본인이 원하는 만큼 적으면 되고, 최대 수량을 클릭하면 내가 보유한 모든 코인의 수량이 입력됩니다. 그리고 하단의 '주의사항을 읽고 동의합니다' 체크박스에 클릭한 뒤 출금신청 버튼을 누르면 됩니다.

④ 카카오페이 인증하기

출금신청 버튼을 누르면 뒷면과 같은 화면이 뜨는데, 내가 보내려는 내용이 정확히 맞는지 다시 한번 확인하고 카카오페이 인증하기 버튼을 누릅니다. 그러면 내가 업비트에 등록한 휴대폰의 카카오톡으로 인증 메시지가 옵니다.

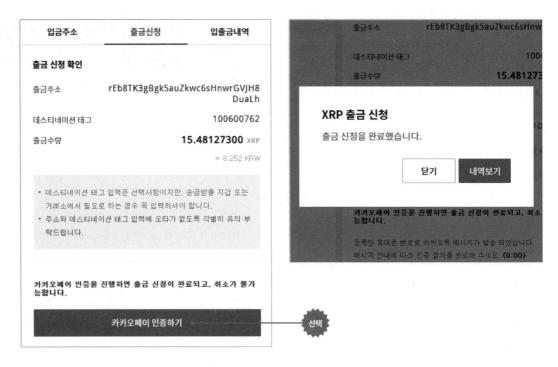

⑤ 카카오톡 결제 비밀번호 입력하기

인증 메시지를 확인하고 내가 사용하고 있는 카카오톡 결제 비밀번호를 입력해 주면 끝! 출금신청이 완료되었습니다.

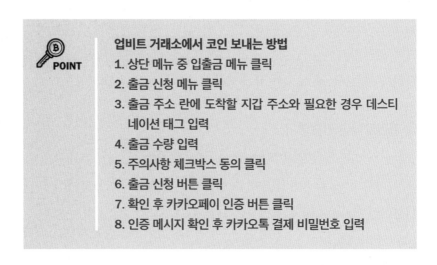

업비트 거래소에서 코인 보내는 방법
1. 상단 메뉴 중 입출금 메뉴 클릭
2. 출금 신청 메뉴 클릭
3. 출금 주소 란에 도착할 지갑 주소와 필요한 경우 데스티 네이션 태그 입력
4. 출금 수량 입력
5. 주의사항 체크박스 동의 클릭
6. 출금 신청 버튼 클릭
7. 확인 후 카카오페이 인증 버튼 클릭
8. 인증 메시지 확인 후 카카오톡 결제 비밀번호 입력

⑥ 거래 ID 클릭하고 전송 내역 확인하기

거래소에서 출금 신청을 확인한 뒤 송금을 시작하면 아래와 같이 거래 ID가 생성되는데, 이것이 바로 트랜잭션입니다.

거래 ID를 누르면 아래와 같이 이 트랜잭션이 성공적으로 완료되었고 언제, 어디에서 어디로, 몇 개의 코인이 전송되었는지 확인할 수 있습니다.

필자는 바이낸스 지갑으로 리플을 보냈는데 조금 뒤에 바이낸스에서 아래와 같이 리플이 입금된 것을 확인할 수 있었습니다.

보기만 해서는 어렵게 느껴질 수도 있지만 막상 한두 번 해보면 인터넷 뱅킹과 크게 다를 바가 없기 때문에 쉽게 익힐 수 있을 것입니다.

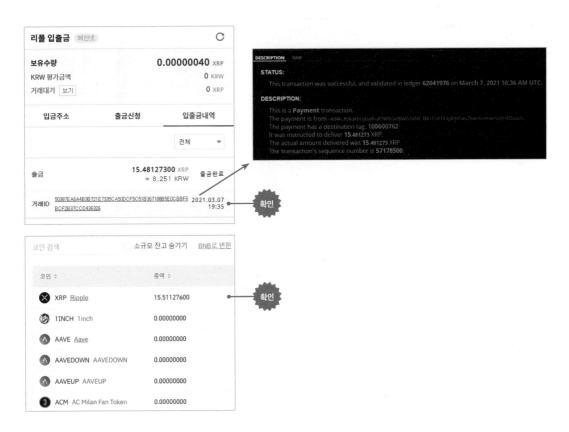

트위터는 필수!

비트코인과 알트코인에 대해서도 어느 정도 이해했고 거래소에도 가입했다면, 이제는 실제로 투자할 때 참고해야 할 것들을 알아보도록 하죠. 주식이나 부동산 투자도 항상 얼마나 좋은 정보를 얼마나 빨리 듣느냐가 중요하듯이 코인도 마찬가지니까요. 남들보다 빠르게 정보를 들을 수 있다면 남들보다 빠르게 대응할 수 있고, 그것이 곧 수익으로 직결됩니다. 그렇기 때문에 정보의 주요 원천을 꿰고 있는 것이 중요한데, 코인은 트위터가 그런 역할을 합니다.

코인시장에는 세계 각국의 개발자들이 만든 수많은 블록체인 프로젝트들이 모여 있고, 대부분의 프로젝트들과 개발자들은 정보를 알리고 소통하기 위해 트위터를 이용하는 경우가 많습니다. 암호화폐 관련 종사자들뿐만 아니라 세계 경제를 이끄는 주요 인사들, 예를 들면 전 미국 대통령인 도널드 트럼프, 테슬라의 오너인 일론 머스크 같은 사람들도 트위터를 통해서 의견을 피력합니다. 그들의 한마디 한마디가 코인들의 시세에 큰 영향을 미치기 때문에 트위터 주요 계정들에 알람을 해놓는 건 필수입니다.

코인 투자에 관심이 있다면 지금 바로 트위터를 설치하고 아래 계정들 중에서 필요한 계정들은 팔로우 해놓도록 하세요.

　트위터 사용자들은 대부분 영어를 사용하는데, 걱정할 필요는 없습니다. 네이버 파파고나 구글 번역 같은 서비스를 이용하면 어느 정도는 누구나 이해할 수 있으니까요.

● 주요 코인 개발자 및 인사들 계정

- **이더리움 개발자** 비탈릭 부테린
  @VitalikButerin

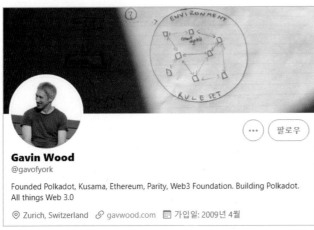

- **폴카닷 개발자** 개빈 우드
  @gavofyork

- **트론, 저스트, 비트 토렌트 등의 개발자**
  저스틴 선
  @justinsuntron

- **비트코인캐시**
  우지한
  @JihanWu

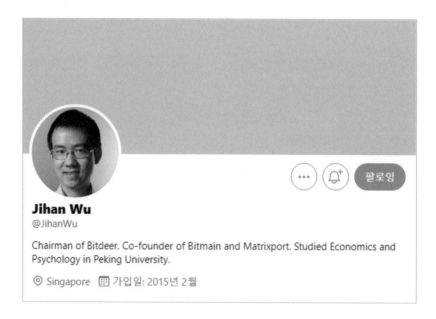

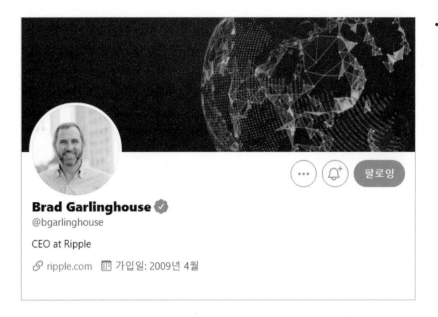

• 리플
브래드 갈링하우스
@bgarlinghouse

Brad Garlinghouse ✔
@bgarlinghouse

CEO at Ripple

🔗 ripple.com　📅 가입일: 2009년 4월

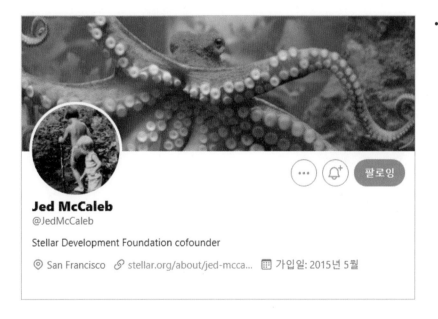

• 스텔라루멘
제드 맥케일럽
@JedMcCaleb

Jed McCaleb
@JedMcCaleb

Stellar Development Foundation cofounder

📍 San Francisco　🔗 stellar.org/about/jed-mcca...　📅 가입일: 2015년 5월

- **이오스**
  댄 라리머
  @bytemaster7

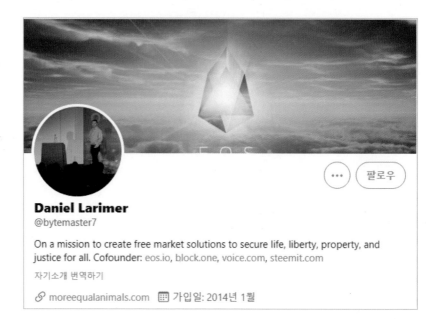

Daniel Larimer
@bytemaster7

On a mission to create free market solutions to secure life, liberty, property, and justice for all. Cofounder: eos.io, block.one, voice.com, steemit.com

자기소개 번역하기

🔗 moreequalanimals.com 📅 가입일: 2014년 1월

- **에이다**
  찰스 호스킨슨
  @IOHK_Charles

Charles Hoskinson ✓
@IOHK_Charles

8830 AC64 17F2 5164 195C 05DE 21E3 E377 13E1 5586 | CEO of IOG and King of the Rats

📍 Boulder, Colorado 🔗 iohk.io 📅 가입일: 2013년 4월

- **바이낸스 대표**
  창펑자오
  @cz_binance

- **코인베이스 대표**
  브라이언 암스트롱
  @brian_
  armstrong

- **마이크로스트레티지**
  대표
  마이클 세일러
  @michael_saylor

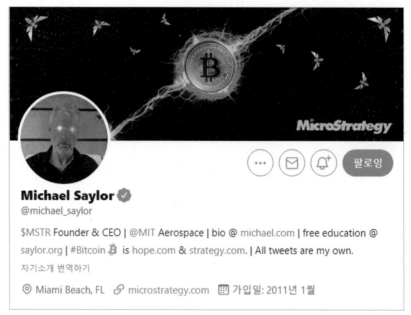

- **테슬라 대표**
  일론 머스크
  @elonmusk

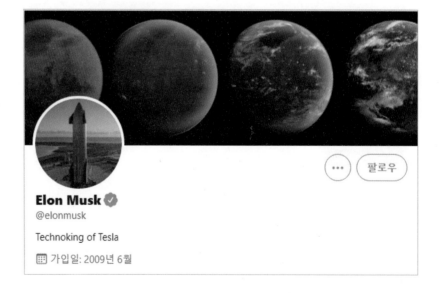

● 주요 코인 프로젝트들 공식 계정

- 칠리즈: @Chiliz
- 폴카닷: @Polkadot
- 체인링크: @chainlink
- 트론: @Tronfoundation
- 저스트: @DeFi_JUST
- 그로스톨코인: @GroestlcoinTeam
- 엔진코인: @enjin
- 온톨로지: @OntologyNetwork
- 파워렛저: @PowerLedger_io
- 에이다: @Cardano
- 크립토닷컴체인: @cryptocom
- 이오스: @block_one_
- 디센트럴랜드: @decentraland
- 비체인: @vechainofficial
- 펀디엑스: @PundiXLabs
- 메탈: @metalpaysme
- 쎄타: @Theta_Network

코인 투자를 위한 트위터 활용법
내가 투자하려는 코인의 개발자, 개발회사 이름 검색.
팔로우 버튼을 꾸욱!
종 모양 버튼도 눌러서 새 소식이 뜨면 바로 알람이 오게
설정.

뉴스에 귀를 기울이자!

모든 투자가 그렇듯이 코인에 투자할 때도 뉴스와 정보에 민감할수록 더 많은 기회를 얻을 수 있습니다. 특히나 코인 세계에는 우리가 평소에 알던 것과는 아예 다른 생소한 용어와 정보들이 가득하기 때문에 사실 다른 투자 수단들보다 다양한 정보를 빠르게 얻고, 또 그 정보를 제대로 이해하기란 쉬운 일이 아닙니다.

무엇보다 그 정보들에 시장이 어떻게 반응하는지 경험을 통해 체득하고 있어야 정보에 빠르게 대응할 수 있습니다. 여기서는 코인시장에서 살아남기 위해 어떤 소식들에 귀를 기울여야 하는지, 그리고 정보를 얻을 만한 곳들은 어디인지 살펴보겠습니다.

● 각 프로젝트들의 개발 관련 소식

주식을 할 때도 투자하고자 하는 회사들이 각각 어떤 사업을 해나가고 있는지가 가장 중요한 정보인 것처럼 코인도 마찬가지입니다. 각각의 코인 회사들이 어떤 일을 추진하고 있는지 귀 기울이는 것이 제일 중요합니다. 그리고 이런 정보들을 알아내기 위한 최적의 매체가 바로 트위터입니다. 트위터를 이용해서 각 코인 프로젝트들의 소식을 필히 모니

터링 해야 하는 거죠. 또한 내가 투자하려는 코인 회사에서 운영하는 텔레그램 채널이 있다면, 그곳에도 필히 들어가 있어야 합니다.

코인시장에서 주목해야 할 개발 관련 소식들은 여러 가지가 있는데, 블록체인과 관련된 용어들은 기존의 다른 곳에서는 듣기 힘든 용어들이 많아서 주의를 기울여야 합니다. 그중 반드시 알아 두어야 할 용어들을 꼽는다면 하드포크, 메인넷, 에어드랍 등입니다.

'**하드포크**'는 블록체인이 둘로 나뉘는 것을 말합니다. 앞에서도 잠깐 설명했듯이 우리가 식생활 도구로 쓰는 포크가 여러 갈래로 갈라져 있는 것처럼 '갈라진다'는 의미에서 포크라는 이름이 붙었습니다. 대표적인 예로는 비트코인에서 하드포크 하여 세상에 나온 비트코인캐시와 비트코인캐시에서 하드포크 한 비트코인에스브이가 있습니다.

하드포크 → p.98

하드포크가 중요한 이유는 보통 블록체인에 무슨 문제가 있거나 아니면 개발자들 간에 프로젝트에 대한 의견이 갈려서 합의가 안 되거나 할 때 하드포크를 하기 때문입니다. 이것은 마치 한집에 살던 가족이 서로 사이가 틀어져서 일부가 따로 떨어져 나와 새살림을 차리는 것과 비

━ 체인이 둘로 나뉘는 하드포크

mainnet release

VeChain (VET)

숫합니다. 코인 투자의 세계에서 만약 해킹이나 블록체인의 오류 같은 문제로 하드포크 이슈가 생긴다면 이는 큰 악재가 됩니다.

이와 달리 비트코인캐시나 비트코인에스브이가 그랬던 것처럼 내가 가지고 있는 코인에서 다른 코인이 하드포크 해서 나온다면, 가만히 앉아서 새로 나오는 코인을 받을 수 있게 되기 때문에 1+1 보너스와 같은 호재가 되기도 합니다. 그러나 하드포크가 발생하기 전까지 개발자들이 심하게 싸우거나 코인의 블록체인 자체에 큰 문제가 발생한다면, 불안감으로 인해 한동안 시세가 급변하니 주의해서 정보를 살펴야 하겠습니다.

'**메인넷**'은 다른 블록체인을 기반으로 개발됐던 코인이 이제는 독립해서 자체 블록체인을 구축하는 걸 말합니다. 쉽게 비유하자면 옷 장사를 하고 싶은데 아직 준비가 부족해서 다른 옷가게에 세를 들어 장사하다가, 이제 어느 정도 준비가 되어서 따로 떨어져 나와 자신의 가게를 차리는 것, 그것이 메인넷입니다. 남의 집에서 세 들어 살고 있는 코인들은

에어드랍 바운티

사실 코인이라 하지 않고 토큰이라고 하며, 자기만의 메인넷을 갖춘 코인들을 코인이라고 부릅니다.

메인넷은 이제 자립해서 자기 사업을 제대로 펼쳐 보인다는 의미이기 때문에 대부분 호재로 인식합니다. 그러나 시세에 호재로 반영되어 크게 오르는 경우도 있지만, 그렇지 않은 경우도 많기 때문에 반드시 오른다는 보장은 없습니다.

'**에어드랍**'은 말 그대로 하늘에서 뭐가 떨어지는 것처럼, 내가 A라는 코인을 잘 가지고 있었는데 갑자기 보너스로 새로운 토큰을 받게 되는 경우를 말합니다.

에어드랍으로 정말 대박을 친 케이스를 얘기하자면 쎄타토큰을 빼놓을 수가 없는데, 쎄타팀은 2019년 3월 메인넷 출시와 함께 쎄타퓨엘이라는 토큰의 에어드랍을 발표했었습니다. 이때만 해도 쎄타토큰은 시장에서 크게 관심 받는 코인이 아니었기 때문에 에어드랍 되는 쎄타퓨엘에 대해서도 사람들은 그다지 관심을 갖지 않았습니다. 그러나 이 소식으로 그해 2월 24일 97원(업비트 기준)에 불과하던 쎄타토큰의 시세는 3월 10일 224원까지 올랐습니다. 쎄타토큰 1개를 가지고 있으면 5개의 쎄타퓨엘을 주는 1:5 비율의 에어드랍이었는데, 공짜로 받은 5개의 쎄타퓨엘까지 세상에 나오자마자 개당 40원까지 오르는 대박을 쳤습니다. 기존에 가지고 있던 코인도 두 배가 오르고 에어드랍 된 코인도 기존에 가진 코인만큼의 가치를 지녔으니 또 두 배를 받은 것입니다.

물론 이 호재가 끝난 후에 두 코인의 시세가 지속적으로 하락하긴 했지만, 2019년 5월 7원 정도밖에 하지 않던 쎄타퓨엘의 시세는 2년 정도가 지난 2021년 3월 500원을 넘어섰습니다. 70배 이상의 폭발적인 상승인 것입니다. 앞서 얘기했던 하드포크는 좀 머리 아픈 논란 속에서 받는 보너스라면, 에어드랍은 진짜 보너스와 다름없기 때문에 강력한 호재로 작용하는 경우가 많습니다.

이뿐 아니라 개발 관련 소식들에서 또 눈여겨볼 만한 소식들도 수없이 많습니다. 발행한 코인들의 일부를 소각한다는 소식도 코인의 공급량이 줄어든다는 의미이기 때문에 큰 호재로 작용하는 경우가 대부분이고, 바이백이라고 하여 시장 내에 풀린 코인들을 코인 회사에서 다시 사들이겠다는 소식 역시 호재 중 하나입니다.

그리고 코로나 백신이 사회적 이슈가 되고 있는 가운데 코로나 백신 접종 데이터를 블록체인으로 관리하는 개발을 한다거나, 디파이 열풍이 불고 있을 때 디파이 개발을 하겠다고 선언한다는 등 사회와 시장의 이슈를 좇는 소식들에도 항상 관심을 가져야 합니다.

이 밖에도 다른 기업들과의 파트너십 소식이나, 코인 물량의 일부를 언제까지 잠가 놓고 유통되지 못하게 하는 '락업'과 같은 소식도 큰 호재가 될 때가 많으니 유념해 두는 것이 좋습니다.

소각? 락업?

코인 소각과 락업은 서로 다른 개념이지만 시중에 코인 공급량이 줄어든다는 점에서 같은 성격을 띠고 있습니다.

코인 소각은 개발팀이 보유하고 있는 코인 물량 또는 시중의 물량을 사들이거나 모아서 더 이상 쓰지 못하게 폐기 조치하는 것을 말합니다. 아예 불태우듯이 없애버리는 거죠. 그래서 영어로는 Burn이라고 하며 국내에서는 소각이라고 합니다.

락업(Lock-up)은 코인 물량의 일부를 어느 기간 동안은 시중에 풀지 못하도록 잠가 놓는 것을 뜻합니다. 초기 투자자들의 물량이나 개발자들의 물량이 시중에 한 번에 많이 풀린다면, 코인 시세에 악영향을 끼치기 때문에, 잠금 기간을 정해 두고 정해진 기간 이후에만 시장에 풀 수 있도록 약속하는 것입니다.

코인 소각과 락업은 둘 다 코인의 매물이 적어진다는 것이기 때문에 시장에서는 호재로 여겨집니다.

● 이슈 코인, 이슈 거래소 소식

알기 쉽게 이슈 코인, 이슈 거래소라고 제목을 썼지만 코인계에서는 이런 걸 보통 '메타'라고 부릅니다. 주식시장은 세계 모든 분야의 기업들을 대상으로 하기 때문에 분야가 너무나 다양하지만, 상대적으로 코인시장은 블록체인 기반으로 발행된 디지털 자산인 코인에 국한된 시장이기 때문에 메타가 시장을 지배하고 휩쓰는 경우가 상당히 많습니다. 그중 대표적인 게 바로 ICO였습니다.

이더리움이 ICO를 통해 성공적으로 자금을 모은 것이 화제가 되어 ICO 광풍이 일어났습니다. 만약 이더리움 ICO는 알지 못해서 놓쳤더라도, 그 다음의 초기 ICO 세대 코인들을 살 수 있었다면 아래와 같은 수익률을 누릴 수도 있었을 것입니다.

마찬가지로, 2020년 6월 디파이(DeFi) 메타를 일으켰던 컴파운드의 토큰인 COMP가 3일 만에 6배가량 올랐다는 이슈를 들었을 때 다른 디파이 프로젝트들에 빠르게 관심을 가졌다면, 체인링크와 스시스왑, 에이브 같은 후발주자들에 좀 더 일찍 투자해서 큰 수익을 올렸을 것입니다.

이처럼 코인 투자에서는 메타를 빨리 파악하고 빨리 움직이는 것이 큰 수익으로 직결됩니다.

Top 10 ICOs With The Biggest ROI

1. NXT — 1,265,555% ROI
2. IOTA — 424,084% ROI
3. Neo (Formerly Antshares) — 378,453% ROI
4. Ethereum — 279,843% ROI
5. Spectrecoin — 149,806% ROI
6. Stratis — 102,338% ROI
7. Ark — 37,805% ROI
8. Lisk — 26,367% ROI
9. DigixDAO — 12,044% ROI
10. QTUM — 9225% ROI

ICO 가격 대비 수익률 상위 10개의 코인 목록
(2018년 2월 말 기준, 코인텔레그래프 제공)

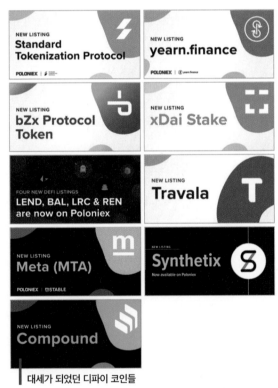

대세가 되었던 디파이 코인들

거래소도 마찬가지입니다. 2018년 4월에 중국계 유명 거래소인 후오비 출신의 개발자가 에프코인(FCoin)이라는 거래소를 론칭했는데, 2개월 만에 바이낸스까지 제치고 세계 거래량 1위 거래소로 올라선 일이 있었습니다.

이 거래소가 이렇게 빠르게 1위 자리에 올라설 수 있었던 이유는 FT코인이라는, 거래소 자체 코인을 발행하고 이 코인을 가진 사람들에게 거래소가 얻은 거래량 수익의 80%를 배당해 주는 방식을 채택했기 때문입니다. 거래량이 많을수록 수익이 커지고, FT코인을 많이 가지고 있을수록 수익이 더 많이 들어오다 보니, 에프코인 거래소의 거래량과 FT코인의 시세는 둘 다 치솟아 올랐습니다.

조금 지나서 그 당시의 국내 거래소들도 이런 모델을 채택하기 시작했고, 캐셔레스트의 거래소 코인 캡(CAP), 코인제스트의 거래소 코인 코즈(COZ), 코인빗의 거래소 코인 덱스(DEX) 등은 전부 10배, 20배씩 폭등했었습니다.

물론 이런 메타들은 사람들이 열광하기 시작하는 초반에만 빛을 볼

144원에서 8350원까지 폭등했던 코인제스트 거래소의 코즈

뿐, 마지막까지 좋지는 못했습니다. 그러나 빠르게 메타를 파악하고 투자한 사람들은 큰 수익을 얻기 마련이기 때문에, 코인시장에서 메타를 빨리 파악하는 건 정말 중요합니다.

해외 뉴스 사이트나 트위터 등을 최대한 이용해서 국내 시장이 아닌 해외에서는 어떤 것들이 붐을 일으키는지 항상 주시하고 있어야 기회를 얻을 수 있습니다.

● 상장 소식

상장 소식 역시 코인 투자자들에게는 빼놓을 수 없는 중요 정보 중 하나 입니다. 상장 소식 하면 아직도 기억하는 큰 사건이 하나 있는데, 필자는 이때 마치 꿈을 꾸는 것 같은 기분이었습니다.

2017년 12월 21일, 여느 때와 다름없이 일상적으로 거래소 어플을 켰는데, 며칠 전만 해도 200만 원대였던 비트코인캐시가 갑자기 500만 원이 넘어 있었습니다.

코인베이스의 비트코인캐시 상장 발표

정말 이건 뭔가 잘못된 것 아닌가 싶었습니다. 비트코인캐시의 가격이 그렇게 폭등했던 이유는 비트코인캐시가 코인베이스에 상장한다는 소식 때문이었습니다.

그때도 그렇고 지금도, 그리고 앞으로도 대형 거래소에 상장한다는 소식은 큰 호재일 수밖에 없습니다. 만약 내가 가지고 있는 코인이 바이낸스나 코인베이스, 그리고 국내 대형 거래소인 빗썸이나 업비트에 상장한다면, 그건 분명 호재가 되어 시세 폭등을 일으킬 수 있습니다. 그러니 항상 상장 관련 루머나 상장 공지 같은 소식에 빠르게 대응할 수 있어야 합니다.

텔레그램 채널 중에 주요 거래소들의 공지를 자동으로 알려주는 코인 채널들이 있습니다. 그래서 상장 소식에 발 빠르게 대응하고 싶은 사람들은 대부분 이런 채널들을 이용하는 편입니다. 구체적인 정보는 본 단락의 마지막에 정리하겠습니다.

텔레그램과 톡방 사기에 주의!

코인 정보를 알려 주거나 돈을 벌 수 있게 해 준다며 열심히 홍보하는 텔레그램이나 톡방은 필히 주의해야 합니다. 처음에는 신뢰성 있는 채널인 척 좋은 정보들도 알려 주고 다른 회원들의 수익률도 자랑하지만, 나중에는 결국 유료 회원으로의 전환을 요구하고, 이후에는 책임지지 않는 태도를 보입니다. 심지어 비트맨인 척 사칭하고 회원을 모으는 경우도 있습니다. 익히 알려진 곳이 아니라면 어디든 주의해야 합니다. 코인을 하면서 돈 벌게 해 준다는 사람이 있다면 의심부터 하고 봅시다.

● 거래소 공지

코인은 거래소의 운영 방식에 따라서 시세의 방향이 좌지우지되기도 합니다. 그렇기 때문에 상장 소식과 더불어 거래소의 각종 공지에도 민감하게 반응할 필요가 있습니다. 특히 거래소 공지 중에 신경을 써야 하는 부분으로는 코인의 입출금을 막는 공지와 각 프로젝트의 개발 상황 관련 공시, 그리고 에어드랍 스냅샷 등의 공지 등을 들 수 있습니다.

실례로 일명 '가두리 메타'라는 용어가 유행하던 때가 있었습니다. 대표적으로는 코인빗이라는 국내 거래소가 상장되어 있는 코인들의 입출금을 막고, 자기 거래소에서 코인이 다른 곳으로 빠져나가거나 다른 곳에서 코인이 들어오지 못하도록 했었는데요. 그렇게 가두리어장 안에 갇혀 버린 코인의 시세가 폭등하는 트렌드를 만든 것입니다. 이런 트렌드가 하나의 메타가 되어서, 다른 거래소들도 그런 방식을 따라 하고, 코인의 입출금이 막히는 것이 하나의 큰 호재로 여겨진 적이 있었습니다.

그리고 업비트에서는 각각의 코인들의 개발 상황이나 주목할 만한 소식 등을 거래소 공시로 띄워 주는데, 이 공시 덕분에 200원대에 머물

200원대였던 페이코인이 이틀만에 5000원을 넘기던 때의 차트

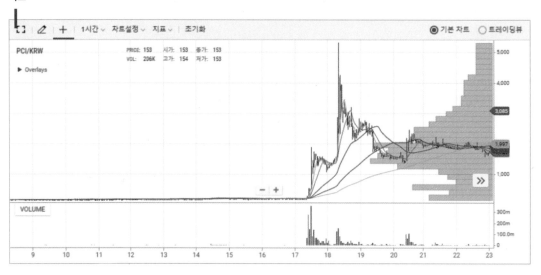

던 페이코인이 5000원까지 오르는 기염을 토하기도 했습니다. 이후에도 공시가 뜨면 내용을 떠나서 무조건 시세가 오르는 등, 거래소의 공시는 큰 힘을 발휘할 때가 많습니다.

또한 에어드랍 지원에 관한 공지나 투자 유의 지정 공지, 상폐 공지 등 거래소의 공지는 항상 예의주시해야 합니다.

● 기관과 대형 투자자들의 매수·매도 동향

비트코인은 전체 발행량이 2100만 개로 제한되어 있는 디지털 자산입니다. 공급이 어느 정도 선에서 제한되어 있기 때문에, 수요가 늘어날수록 쉽게 가치 상승으로 이어지는 것입니다.

이렇게만 얘기하면 비트코인이 희소성을 지녔고, 그렇기 때문에 갈수록 가치가 오를 것이라 생각할 수 있습니다. 그러나 비트코인의 공급량이 2100만 개뿐이라는 건 얼마든지 양날의 검이 될 수 있습니다. 공급량이 작을수록 누군가가 독점하기 쉽기 때문입니다. 어쩌면 그렇기 때문에 지금까지 개당 2천만 원을 넘겼다가 다시 300만 원까지 내려가고 또 다시 6천만 원을 넘어서는 등 엄청난 변동 폭을 보여준 것일 수 있습니다.

아무튼 이런 이유로 비트코인에 관련된 기관들과 기업들 그리고 대형 투자자들의 매매 동향은 매일 체크할 필요가 있습니다. 보통 대형 투자자들을 고래라고 칭하는데, 주요 고래들을 정리해 보면 아래와 같습니다.

뒤의 표를 보면 50조 규모의 암호화폐 펀드를 운용하는 그레이스케일과 파산 후 피해자들에 대한 보상 절차를 진행 중인 마운트곡스가 상당한 규모의 비트코인을 가진 것을 알 수 있습니다.

블록원은 이오스를 개발한 재단인데, 이오스 ICO를 통해서 상당량

2021년 3월 21일 기준 비트코인 고래들과 보유수량 목록

	보유 비트코인 수량	현재 가치
Grayscale Bitcoin Trust	649,130	$38,364,946,173
MTGOX K.K.	141,686	$8,373,940,141
Block.one	140,000	$8,274,294,000
MicroStrategy inc.	91,326	$5,397,558,385
CoinShares / XBT Provider	69,730	$4,121,189,433
Tesla, Inc.	48,000	$2,580,134,400
Ruffer Investment Company Ltd	45,000	$2,659,594,500
The Tezos Foundation	24,808	$1,466,204,897
3iQ The Bitcoin Fund	23,363	$1,380,802,362
ETC Group Bitcoin ETP	19,517	$1,153,495,686
Bitwise 10 Crypto Index Fund	11,430	$675,537,003
Purpose Bitcoin ETF	11,141	$658,456,496
Stone Ridge Holdings Group	10,889	$555,230,110
Square inc.	8,027	$474,412,557
Grayscale Digital Large Cap Fund	7,369	$435,523,375
21Shares AG	6,945	$410,470,270
WisdomTree Bitcoin	5,700	$336,872,427
Ninepoint Bitcoin Trust	5,478	$323,733,456
Marathon Digital Holdings	5,067	$299,450,246
Coinbase Global, Inc.	4,487	$265,191,123
Galaxy Digital Holdings	4,000	$236,408,400
CI Galaxy Bitcoin Fund	3,306	$195,391,543
Hut 8 Mining Corp	3,012	$178,015,525
Leonteq Bitcoin Tracker USD	2,174	$106,790,272
Bitcoin Group SE	2,068	$122,250,000
Osprey Bitcoin Trust	1,639	$81,564,835
Voyager Digital LTD	1,239	$73,227,502
Riot Blockchain, Inc.	1,175	$69,444,968
Seetee AS	1,170	$69,149,457
Meitu	765	$45,226,193

bitcointreasuries.org 기준 2021.03.21 비트코인 고래 현황

의 비트코인을 모았습니다. 14만 개 정도의 비트코인을 보유했다고 알려졌었지만, 블록원의 CEO인 브랜든 블루머는 14만 개보다 훨씬 많은 비트코인을 보유하고 있으며 24만 개 정도를 보유하고 있다는 얘기도 돌고 있습니다.

미국 나스닥에 상장된 분석 소프트웨어(SW) 업체 마이크로스트레티지도 9만 개 이상의 비트코인을 보유하고 있으며, 일론 머스크가 이끄는 세계적인 전기차 업체 테슬라도 상당량의 비트코인을 보유하고 있습니다.

또한 비트코인 관련한 많은 ETF(특정 상품의 지수에 따라 움직이는 펀드)들과 여러 기업들이 다수의 비트코인을 보유하고 있음을 볼 수 있는데, 이런 고래들이 비트코인을 추가로 매수하는지 아니면 매도하는지에 대해 코인 뉴스 사이트 등을 통해 귀를 기울여 체크할 필요가 있습니다.

● 세계 정부들의 동향

2017년 9월 중국의 ICO 철폐 조치와 2018년 소위 박상기의 난을 겪어본 사람이라면 코인들의 시세가 가파르게 오르는 상승장에서도 항상 불안감을 느낄 수밖에 없을 것입니다. '코인들이 이렇게 미친 듯이 오르는데 세계 정부들이 또 무슨 찬물을 뿌릴까...' 하는 걱정을 떨쳐내기가 어렵기 때문입니다.

비트코인의 탄생 이유이자 본질 자체가 국가가 만든 금융을 벗어난, 사람들의 직접적인 결제 시스템이기 때문에 세계의 정부기관들은 비트코인을 곱게 보기가 어렵습니다. 그렇기 때문에 세계 각국 정부기관의 조치와 관료들의 발언들에 각별히 신경 써야 합니다. 만약 미국 금융을 담당하는 수장의 입에서 '비트코인과 암호화폐 거래를 금지할 생각이다'라는 식의 말이 한마디라도 나오면, 전 세계의 비트코인 투자자들이 악몽 같은 하루를 맛보게 되기 때문입니다.

그러나 고무적인 건 시간이 흐를수록 비트코인을 받아들이고 우호적으로 대응하는 국가들이 많아지고 있다는 점입니다. 미국 시카고 선물 거래소에서는 비트코인 선물거래가 이루어지고 있고, 캐나다와 브라질은 비트코인 ETF 거래를 승인했습니다. 비트코인이 천천히 국가 경제 속으로 스며들어 가는 중이라고 볼 수 있습니다.

비트코인과 관련한 정부기관들의 정책이나 발언도 중요하지만, 비트코인에 영향을 줄 수 있는 정부 정책 기조에도 관심을 둘 필요가 있습니다. 예를 들면 미국 정부가 경기부양책으로 대규모의 자금을 시장에 푼다는 소식이라든지 국채 금리를 올린다는 소식은 비트코인에 영향을 줍니다. 시중에 자금이 대규모로 풀리면 그만큼 화폐의 가치가 떨어지고 화폐가치의 하락을 피하기 위해 사람들은 금이나 비트코인에 투자하는 경향이 있으며, 국채 금리가 올라가면 국채라는 안정적인 투자 수단의 이율이 높아지는 것이기 때문에 상대적으로 리스크가 큰 주식시장이나 코인시장에 악영향을 미치곤 합니다. 또한 우리나라의 정부 관료들은 대부분 코인에 대해 부정적 견해를 피력하는 경우가 많은데, 이런 발언들이 실제 행동으로 옮겨질 만한 것인지에 대해서도 주의해서 살펴야 합니다.

● 참고할 만한 뉴스 및 정보 매체들

비트맨뉴스 (http://bitman.kr/)

국내 최대의 블록체인 커뮤니티인 비트맨은 매일 오전 여러분에게 주요 뉴스만을 골라서 전달하고 있습니다. 매일 주요 뉴스들과 함께 그 뉴스에 대한 다른 사람들의 반응까지 볼 수 있다는 장점이 있으며, 얼마든지 다른 사람에게 의견을 묻고 소통할 수 있습니다. 또한 뉴스와 함께 비트맨 전문가들의 분석과 매매플랜도 무료로 제공하기 때문에, 뉴스를 접하고 올바르게 투자하는 방법까지 배울 수 있는 최적의 공간이라고 할 수 있습니다.

비트맨뉴스 (http://bitman.kr/)

코인텔레그래프 (https://cointelegraph.com/)

코인텔레그래프는 전통적인 코인 전문 글로벌 뉴스 사이트로 해외의 주요 소식들과 해외 비트코인 전망을 접하기에 좋습니다. 한국어 버전도 지원하기 때문에 해외 코인 동향과 메타를 알고 싶다면 꼭 들어가 볼 만한 곳입니다.

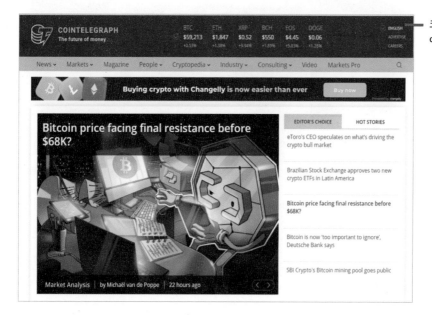

코인텔레그래프 (https://cointelegraph.com/)

비트코인닷컴 (https://news.bitcoin.com/)

비트코인닷컴은 비트코인 예수라 불리던 로저 버가 만든 사이트로, 이곳 역시 전통적으로 비트코인과 관련된 뉴스들을 제공해 주는 글로벌 뉴스 사이트입니다. 이곳은 해외의 다양한 소식을 접하기 좋은데요. 비트코인캐시의 신봉자인 로저 버가 주인인 만큼 비트코인캐시에 우호적인 소식들이 많다는 단점도 있지만, 비트코인 지갑 서비스와 거래도 지원하는 등 다양한 편의를 제공하고 있습니다.

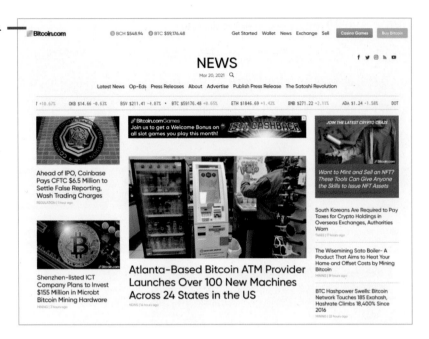

코인니스 (https://kr.coinness.com/)

코인니스는 국내 코인 관련 뉴스 사이트 중 가장 빠르고 간략하게 소식을 전달해 주는 곳입니다. 코인과 관련된 주요 인사들과 기관들의 트위터 소식, 각종 언론 매체들의 코인 관련 뉴스들을 빠르게 전달해 주며, 그레이스케일과 같은 주요 기관들의 코인 보유량 정보, 비트코인의 대량 이동 정보, 각종 코인들을 구매할 수 있는 수단인 USDT의 발행 소식 등을 볼 수 있습니다.

코인데스크 코리아 (http://www.coindeskkorea.com/)

한겨레에서 운영하는 코인데스크 코리아는 글로벌 코인 뉴스 사이트인 코인데스크의 한국 사이트이기도 합니다. 앞서 소개한 코인니스가 간략하고 빠르게 소식들을 전해 주는 곳이라면, 코인데스크 코리아는 심도 있는 뉴스들을 다룹니다. 코인계의 이슈들을 자세히 다루고 비트코인의

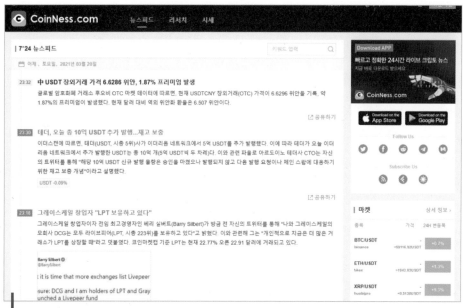

코인니스 (https://kr.coinness.com/)

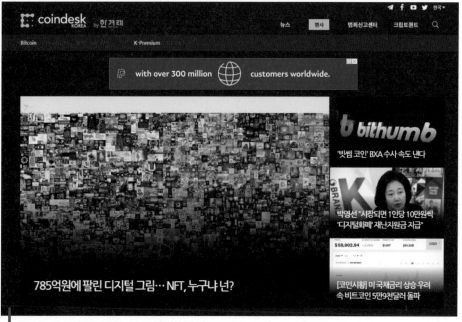

코인데스크 코리아 (http://www.coindeskkorea.com/)

전망과 분석 역시 제공하기 때문에, 좀 더 쉽고 깊이 있게 코인들의 동향을 파악하고 싶다면 방문해 보시길 권합니다.

새우잡이 텔레그램 채널 (https://t.me/shrimp_notice, https://t.me/shrimp_tweet)

새우잡이 텔레그램 채널은 실시간으로 주요 거래소들의 공지와 상장 정보, 지갑 생성 정보뿐만 아니라 각종 프로젝트들의 트위터 소식 등을 전해 주는 곳입니다. 알 만한 사람들은 다 쓴다고 할 수 있을 만큼 거래소들의 소식을 빠르게 알려 주는 유용한 채널입니다.

글래스노드 (https://studio.glassnode.com/)

글래스노드는 비트코인, 이더리움, 라이트코인 등의 블록체인 정보를 자세하게 볼 수 있는 곳입니다. 매일 새로 생성된 지갑의 개수, 활성 지갑의 개수, 100BTC 이상 지갑의 개수 등 고래들의 코인 보유 현황이나 동향을 볼 수 있으며, 채굴 난이도 현황, 수수료 현황, 거래소 보유 자산 현황 등 아주 자세한 데이터들을 제공해 줍니다. 기본적인 정보들은 무료이지만 심화된 정보들은 유료로 제공되고 있습니다.

글래스노드 (https://studio.glassnode.com/)

새우잡이어선 공지방
구독자 29,804명

고정된 메시지
사진, ❗바이낸스 선물 토너먼트 시작 ❗ 📌팀명 "GODOG SHRIMP"에 ...

2021-03-19 19:13:06   👁 9467   오후 7:13

새우잡이어선 공지방
후오비 글로벌(Huobi Global) 공지 - Notice of Service Restriction of
EUR Deposit/Withdrawal
2021-03-19 20:21:59   👁 9455   오후 8:22

새우잡이어선 공지방
바이낸스(Binance) 공지 - Binance Futures Launches Mondays &
Tuesdays Bounty Promo!
2021-03-19 20:57:12   👁 9591   오후 8:57

새우잡이어선 공지방
업비트(Upbit) 프로젝트 공시 - CRO
[기공개] 크립토닷컴, 비자와 글로벌 파트너쉽 체결 및 주요 회원사로
선정
2021-03-19 21:00:15   👁 15.6K   오후 9:00

새우잡이어선 공지방
업비트(Upbit) 프로젝트 공시 - NPXS
[기공개] 토큰 액면 병합: NPXS가 PUNDIX로 바뀝니다.
2021-03-19 21:22:04   👁 14.3K   오후 9:22

새우잡이어선 공지방
업비트(Upbit) 프로젝트 공시 - CHZ
[기공개] 칠리즈, 맨체스터 시티 FC 파트너십 발표
2021-03-19 21:31:17   👁 10.1K   오후 9:31

새우잡이어선 공지방
바이낸스(Binance) 공지 - TRX, BTT, WIN, JST and SUN Trading
Competition - $250,000 to Be Won
2021-03-19 22:25:04   👁 10K   오후 10:25

비트멕스 이야기, 선물·마진 거래가 위험한 이유

100배 레버리지, 시세가 1%만 움직여도 두 배를 벌거나 전부 잃거나 할 수 있는 서비스를 처음으로 내세웠던 무서운 거래소 비트멕스(BitMEX)는 금융 파생상품 거래 전문가인 아서 헤이스(Arthur Hayes)와 새뮤얼 리드(Samuel Reed), 벤델로(Ben Delo) 등이 2014년에 세운 코인 선물거래 전문 거래소입니다.

비트멕스는 2017년 11월에 한국어 서비스를 론칭했고, 이후 2018년 초부터 전체적인 하락장이 시작되면서 하락해도 수익을 낼 수 있는 선물 거래소에 자금이 몰리기 시작했습니다. 사실 한국에서 비트멕스의 이미지는 과도한 레버리지 때문에 한탕주의 거래소, 도박 거래소 같은 이미지가 강했습니다. 그렇지만 하락장에서는 일반 거래소에서 수익 내기가 어려웠기 때문에 갈수록 비트멕스를 이용하는 사람들이 많아졌고, 선물거래로 대박을 내는 사람들도 생겨나면서 많은 사람들이 비트멕스로 이동했었습니다.

어느새 비트멕스는 세계 비트코인·거래량 1위 거래소로 올라섰고 다른 거래소들에 비해 압도적인 거래량을 자랑하면서 시장의 흐름을 장악하게 되었습니다. 2018년 7월, 비트멕스는 하루 104만 개의 비트코인 거래량을 기록하면서 기존 최대치인 80만 개의 기록을 갱신하기도 할 만큼 잘나가는 거래소가 되었습니다. 그리고 비트멕스는 월 임대료만 57만 달러가 넘는 세계에서 가장 비싼 사무실로 꼽히는 홍콩의 청콩센터 45층을 독점 임대하여 화제가 되기도 했습니다.

비트멕스는 그렇게 잘나간

홍콩 청콩센터 주변 야경

반면, 사설 선물거래소가 지배하는 비트코인 시장의 흐름은 그리 좋지 못했습니다. 조금 오르는 듯하면 다시 수직하락하고, 다시 급등하는 듯하더니 또 하락하고의 연속이었습니다. 선물거래는 매도 포지션을 잡으면 하락해도 수익을 낼 수 있기 때문에 비트코인이 순탄하게 오르기가 어려웠습니다. 그리고 승승장구하던 비트멕스에도 조금씩 순탄치 않은 시간이 오기 시작했습니다. 시세 조작, 의도적인 서버 정지에 대한 논란이 계속되었고, 2020년 중순에는 비트멕스가 가격 변동을 가중시키고 최대한 청산을 유발하기 위해 조작했다는 혐의로 고소를 당하기도 했습니다.

이런 논란 속에서 2020년 10월 결국은 미국 법무부와 상품선물거래위원회까지 나서서 비트멕스와 운영진을 기소했고, 새뮤얼 리드와 비트멕스 CTO를 구속했다는 소식이 전해졌습니다. 그리고 아서 헤이스를 비롯한 경영진들은 줄사퇴를 하고 도망쳤습니다. 압도적인 세계 1위 비트코인 거래소의 창피한 몰락이었습니다.

아마도 코인 투자를 하다 보면 전체적인 하락세가 느껴질 때 마진 선물거래의 유혹에 빠지는 경우가 있을 것입니다. 분명 누군가는 "비트코인이 하락했지만 나는 50배 레버리지 매도 포지션으로 엄청 벌었다."라며 자랑할 것이기 때문입니다. 하지만 잘 생각해 봅시다. 필자는 선물거래로 800억을 번 고수도 한순간에 청산당해서 힘든 시기를 겪고 있다는 얘기를 들은 적이 있습니다. 선물 마진 거래의 위험성이 여기에 있습니다. 100억도 한순간의 실수로 0이 될 수 있습니다. 백 번, 천 번을 잘해도 한번 못하면 0이 될 수 있는 것입니다.

높은 레버리지를 쓸수록 더 빠르게 0이 될 것이기 때문에 투자 초보는 선물 마진거래의 늪에 빠지지 않기를 바랍니다. 특히 선물거래 노하우를 알려 주고 수익 나게 해준다고 홍보하면서 여러분의 거래 수수료를 빼먹으려고 하는 사기꾼들도 많으니 각별히 조심해야 합니다.

01 코인 차트 분석 왜 필요한가?

02 코인 차트 보는 법

03 알아두면 좋은 지표들과 매매팁

04 코인 차트 패턴 읽기

제 6 강

코인 차트에 대하여

만약 나를 제외한 다른 사람들이 "여기까지 오르면 팔고, 저 지점까지 내려가면 사자!"라는 약속을 하고 투자를 하는데, 나만 그 사실을 모른다면 어떻게 될까요? 왜 오르는지, 왜 내려가는지 나만 모르는 채 혼란에 빠지게 될 것입니다. 차트는 특정 종목이 과거부터 지금까지 지나온 가치의 흐름을 가장 직관적으로 보여주는 기록 수단이자, 사람들 사이에 암묵적으로 통용되는, 매매의 기준점이 되기도 합니다. 나 혼자 외딴섬에 떨어져 투자하려는 것이 아니라면, 차트에 대한 기본적인 이해는 갖추는 것이 좋습니다.

코인 차트 분석 왜 필요한가?

주식이든 부동산이든 투자를 하는 사람들은 그 자산의 미래 가치에 자기 자본을 맡기는 것입니다. 그러니 만약 우리가 내일, 아니면 다음 달에 내 주식 가치가 얼마가 되어 있고 관심 지역의 부동산 가격이 얼마가 되어 있을지 미리 알 수 있다면 얼마나 좋을까요? 그럴 수만 있다면 모두가 부자가 될 수 있을 텐데 말이죠. 이런 얘기를 하는 이유는 투자는 결국 미래를 얼마나 예측할 수 있느냐에 관한 싸움이기 때문입니다. 그러나 우리에겐 예지 능력이 없기 때문에, 지금까지 쌓여 온 과거의 데이터들을 최대한 활용해서 분석하고 그걸 통해서 미래를 예측해 보는 방법밖에는 없습니다.

게다가 코인은 주식이나 부동산과는 달리 객관적인 경제적 평가를 내리기 어렵고 본질적인 가치보다는 세계 정부들의 움직임, 기업과 대형 투자자 같은 세력들의 움직임, 그리고 사람들의 심리가 더 많이 작용하기 때문에 미래 가치를 예상하기가 더욱 어렵습니다.

그렇기 때문에 지금까지의 시세 흐름과 거래량, 매물 분포 등을 한눈에 알 수 있는 차트를 볼 줄 아는 것이 중요하고, 이를 통해 앞으로의 흐름을 예측해 보고 전략을 짜는 것이 투자에 많은 도움이 됩니다.

자, 그럼 코인 차트는 어디에서 볼 수 있을까요?

거의 모든 코인 거래소들은 코인의 시세 흐름을 한눈에 볼 수 있는 차트를 제공하고 있습니다. 우리나라 거래소들도 마찬가지입니다. 이번 장에서는 비트맨에 있는 자료들과 일반적으로 많이 알려진 정보들을 토대로 기본적인 차트에 대한 이해와 초보 분들을 위한 차트 보는 팁들을 알려 드리고자 합니다.

참고로, 비트맨을 운영하다 보면 "차트쟁이들 말 듣지 마라.", "차트가 무슨 의미가 있나.", "차트는 후행지표일 뿐이다."라며 차트 분석의 실효성에 대해 의문을 제기하는 글들을 보게 됩니다. 하지만 차트를 오랫동안 봐오고 조금이라도 공부한 사람이라면 차트를 볼 줄 안다는 게 투자를 하는 사람들에게 얼마나 큰 장점인지 알 것입니다.

세계의 수많은 투자자들이 차트를 기반으로 투자를 합니다. 그리고 차트를 기준으로 한 매매 방식과 기술은 어느 정도 일맥상통합니다. 예를 들면 이동평균선, 추세선, 볼린저밴드, RSI 등의 기법이나 지표들을 비슷하게 사용하고 있다는 이야기입니다. 이러한 기법이나 지표들에 대해서는 뒤에서 다시 상세하게 설명하겠습니다.

이동평균선 설정 → p.202
추세선 그리기 → p.207
볼린저밴드 → p.209
RSI → p.211

차트를 볼 줄 안다는 것은 남들이 어디쯤에서 매수하기 시작할지, 또 어디쯤에서 매도를 할지 어느 정도 예상할 수 있게 해줍니다. 더 구체적으로 말하자면 비트코인 시세가 내려가기 시작하는데 차트에서 이동평균선 120일선이 밑에 자리 잡고 있을 때 차트를 볼 줄 아는 사람은 '저 아래 120일 선까지 뚫고 내려가기는 어려울 것 같다. 저기서 나는 매수해봐야겠다.'라고 생각하지만, 차트를 모르는 사람은 그저 감으로 비트코인 시세의 하락을 찍을 수밖에 없습니다. 이런 차이가 있으니 기본적인 차트를 보는 방법은 꼭 알아두시길 권합니다.

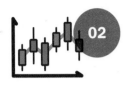

02 코인 차트 보는 법

대표적인 코인 차트로 라인 차트, 바 차트, 캔들 차트, 포인트&피겨 차트를 꼽습니다. 이 가운데 가장 보편적으로 사용되는 차트가 캔들 차트입니다. 그래프가 양초 모양을 닮았다고 해서 영어로 Candle, 또는 막대기 모양을 닮았다고 해서 '봉'이라고 부릅니다. 이 봉들은 시가, 고가, 저가, 종가로 이루어져 있습니다.

이번에는 캔들 차트의 양봉과 음봉에 대해 간단히 정리해 보겠습니다. 양봉은 빨간색으로, 음봉은 파란색으로 표시됩니다. 캔들 차트에서

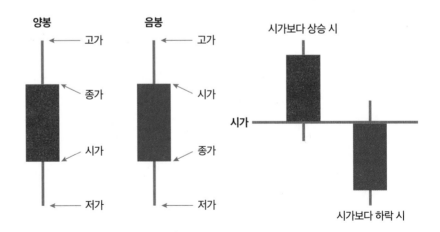

캔들봉이 생성되는 시작 가격(시가)보다 마지막 가격(종가)이 높으면 양봉이 되고, 반대로 시가보다 종가가 낮으면 음봉이 됩니다. 만약 시간 설정이 1분 간격인 차트를 보고 있다면 1분마다 1초 시점의 가격보다 60초 시점의 가격이 높으면 양봉이 되고, 반대로 1초 시점의 가격보다 60초 시점의 가격이 낮으면 음봉이 되는 거죠.

코인 거래소는 24시간 쉬지 않고 운영되기 때문에 주식시장과 달리 장 시작과 마감이 따로 없으며, 업비트의 경우 오전 9시를 기준으로 일봉을 나눕니다.

코인 차트 용어 정리

- **시가** _ 설정 시간 시작과 동시에 형성되는 시작 가격
- **종가** _ 설정 시간이 끝나는 시점과 동시에 형성되는 종료 가격
- **고가** _ 1분 차트이면 1분, 15분 차트이면 15분, 설정된 시간 동안의 가장 높은 가격
- **저가** _ 고가와 반대로 설정 시간 동안의 가장 낮은 가격

● 차트 화면 구성(업비트 기준)

❶ 코인 이름과 기호/마켓명

❷ 현재 가격, 전일 대비 변동률

❸ 당일 고가 및 저가, 거래량과 거래대금

❹ 해당 코인이 상장된 해외 거래소 가격

❺ 차트 설정 도구 / 국내외 시간 설정 / 차트 시간 변경 / 보조 지표 설정 / 차트 테마 변경

차트 화면 구성 (업비트 기준)

시간별 차트 보는 방법 (업비트 기준)

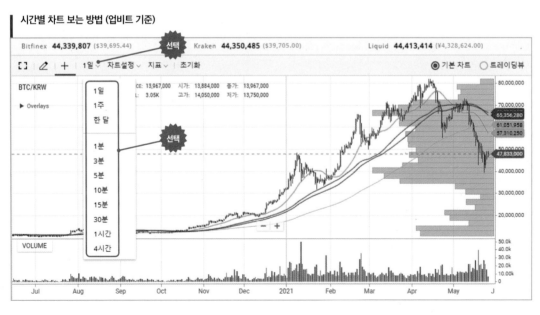

➏ 해당 코인의 전체적인 가격 변동을 캔들 그래프로 표시한 부분

➐ 코인이 거래되었던 거래량을 그래프로 표시한 부분

● 시간별 차트 보는 방법(업비트 기준)

차트 상단에 시간을 설정하는 곳이 있습니다. 원하는 시간을 설정해서 시간별로 차트를 볼 수 있는 겁니다. 예를 들어 1분으로 시간을 설정하면 캔들 하나당 1분 동안 형성된 캔들의 모양을, 1일로 설정하면 캔들 하나당 1일 동안 형성된 캔들의 모양을 나타내 보여 줍니다. 시간별로 하나씩 눌러서 보면 이해가 좀 더 빠르겠죠.

● 거래량 보는 법

거래량은 말 그대로 투자자들이 개별 코인에 대해 매수하거나 매도한 거래의 양을 말합니다. 주로 개별 코인의 거래가 활발한지를 알아볼 때 거래량을 체크하는데, 특정 코인의 거래량이 갑자기 많아질 때는 해당 종목에 특별한 호재나 악재가 있는 경우가 많습니다.

뒤의 그림에 표시된 부분과 같이 거래량 상승 시 큰 상승 또는 하락이 발생합니다. 거래량 그래프 오른쪽의 숫자는 거래량을 숫자로 나타낸 것이며, 1000개 이상부터는 k단위, 100만 개 이상부터는 m단위, 10억 개 이상의 단위는 b로 쓰입니다. (1,250개 = 1.25k, 1,250,000개 = 1.25m, 1,250,000,000개 = 1.25b로 표기)

해당 코인에 대한 특별한 호재나 가격 상승이 기대되는 뉴스가 나왔는데도 불구하고 거래량이 동반되지 못한다면, 큰 상승을 하지 못하고 변동 폭이 크지 않습니다. 반대로 특별한 악재나 가격 하락이 예상되는 뉴스가 나왔는데 거래량이 갑자기 증가한다면, 변동 폭이 큰 하락이 발생할 수 있습니다. 거래량이라는 건 결국 얼마나 많은 사람들이 이슈가

거래량이 커질 때 시세의 변동도 커지는 모습

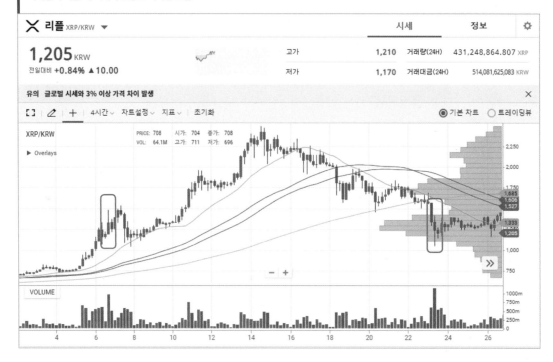

생겼을 때 반응했느냐, 그리고 고래들이 얼마나 많은 물량을 매수하고 매도했는가를 짐작할 수 있는 좋은 정보입니다.

● 각종 마켓과 가격 단위

코인 거래소를 보면 크게 원화 마켓, BTC 마켓, ETH 마켓, USDT 마켓 등으로 나뉘져 있는 경우를 볼 수 있는데요. 각종 코인들을 원화로 살 수 있는 마켓과 비트코인 또는 이더리움, 아니면 달러와 가치가 연동되는 코인인 USDT로 살 수 있는 마켓들이 별도로 마련되어 있는 겁니다. 아마 '돈으로 살 수 있는 마켓만 있으면 되지 다른 마켓들은 왜 필요한 거야?'라고 생각하실 수도 있겠지만, 코인은 애초에 국경을 넘어 거래할 수 있기 때문에 해외에서 내가 원하는 코인을 사려면 우리나라 돈으로는

살 수가 없는 경우가 대부분입니다. 이런 경우를 위해 다른 마켓들이 준비되어 있는 거죠.

각각의 마켓에서 개별 코인 차트를 보면 오른쪽에 표시되는 금액이 서로 다른 것을 알 수 있습니다. 각각 표시 기준이 다르기 때문인데요. 원화 마켓은 현재 금액을 원화로, BTC 마켓은 해당 금액을 1비트코인 가격에 대비한 현재 값으로 표시합니다. ETH 마켓은 1이더리움 기준으로, USDT 마켓은 1달러 기준으로 표시한다고 보시면 됩니다.

BTC 마켓에서 거래 가격은 앞서 말한 대로 1비트코인 대비해서 현재 얼마인지 최대 소수점 8자리까지의 단위로 나타납니다. 앞에서 1비트코인 이하의 소수 단위는 사토시라고 부른다고 했었죠. 예를 들면

비트코인의 단위 → p.18

1비트코인은 1.00000000이지만 0.00000001비트코인은 1사토시인 겁니다. 보통 부르기 편하게 1비트코인에 가까울수록 0.001비트 또는 0.001BTC라고 부르고 1사토시에 가까울수록 10사토시(0.00000010BTC), 100사토시(0.00000100BTC)라고 부릅니다.

● 이동 평균선 설정(업비트 기준)

이동평균선이란 일정 기간의 시세 평균값을 이어서 만든 선입니다. 줄여서 '이평선'이라 부르기도 하고 영어 약자로는 **MA**라고 합니다. 이동평균선은 시세의 흐름이나 추세를 보는데 사용되는 지표이고, 가장 많이 쓰이는 이동평균선은 5, 10, 20, 60, 120입니다.

여기서 숫자는 기간을 나타냅니다. 5, 10, 20 이동평균선을 단기 이동평균선, 60 이동평균선을 중기 이동평균선, 120 이동평균선을 장기 이동평균선이라고 부릅니다.

이동 평균선 설정

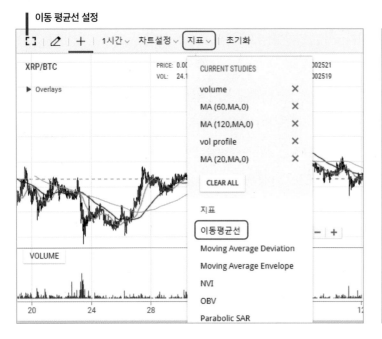

이동 평균선 설정창 예시

이동 평균선 변경

1분봉 차트에서 5로 설정한 이평선은 5분선, 20으로 설정한 선은 20분 단위의 이평선이 되며, 1일봉 차트에서 5로 설정한 이평선은 5일선, 20으로 설정한 선은 20일선으로 적용됩니다.

업비트 거래소 차트 화면 상단에 지표라는 부분을 클릭하면 많은 보조 지표들이 나열되는데, 그중 이동평균선을 클릭하면 원하는 값과 색을 변경할 수 있는 설정 창이 왼쪽과 같이 나타납니다.

여기에서 기간과 색상만 원하는 대로 바꾸고 DONE 버튼을 누르면 차트에 표시됩니다.

차트 안에 이미 설정되어 있는 이동평균선을 변경하려면 마우스를 해당 이평선에 가져가서 우클릭을 하면 위의 그림과 같이 Edit settings, Delete study라는 항목이 보입니다. 저 부분을 클릭하면 다시 설정을 변경하거나 이동평균선을 지울 수 있습니다.

● 정배열과 역배열

먼저 '정배열'에 대해 알아보겠습니다. 아래의 차트 이미지에서 장기 이평선인 120일 이평선이 깔리고 그 위로 차례대로 60일선, 20일선, 5일선이 차곡차곡 쌓여 있는 모습을 볼 수 있는데, 이런 형태가 바로 정배열입니다. 이 정배열은 꾸준히 상승할 것을 암시하는 차트이기 때문에 기술적 분석을 중시하는 투자자들은 항상 이 정배열 차트 코인에 관심을 가지곤 합니다.

이번에는 역배열에 대해 알아보겠습니다. 아래의 차트와 같이 역배열은 정배열과 반대로 5일선이 맨 밑으로 깔리고, 20일, 60일, 120일 이평선이 차례로 위에 쌓인 형태입니다. 이 역배열은 시세 흐름이 하락 추세에 있다는 것을 알리는 차트이므로 접근에 신중함을 요하는 차트가 됩니다.

업비트 차트 정배열 예시 ■

업비트 차트 역배열 예시 ■

● 골든크로스와 데드크로스

기술적 분석에 의한 투자를 하기 위해 여러 가지 지표가 활용되지만 그 중에서도 가장 기본이 되는 것이 골든크로스와 데드크로스입니다.

골든크로스는 단기 이동평균선이 장기 이동평균선을 뚫고 오르는 것을 말합니다. (코인시장에서는 일반적으로 상승의 신호라고 해석합니다.)

업비트 골든크로스 예시

업비트 데드크로스 예시

골든크로스 주의점

이동평균선이 정배열이 되어 있어야 하는데 역배열이 되어 있는 경우에는 일시적인 골든크로스가 발생을 하더라도 투자에는 주의를 기울여야 할 필요가 있습니다.

데드크로스는 단기 이동평균선이 장기 이동평균선을 하락 돌파하는 것을 말합니다. (골든크로스의 반대 상황으로, 코인시장에서는 일반적으로 하락의 신호라고 해석합니다.)

그렇다면 실제로 코인 투자를 할 때 골든크로스와 데드크로스를 어떻게 활용해야 할까요?

정배열 상태에서 골든크로스가 발생하면 상단에 이평선들의 저항이 없다 보니 상승 신호로 보고 매수 타이밍으로 잡는 경우가 많습니다. 반대로 역배열일 경우 데드크로스가 발생하면 하단에서 지지해 줄 이평선들이 없기 때문에 매도 신호로 보고 매도를 하거나, 추후에 이평선들이 모이면서 정배열로 바뀔 때 매수를 하는 경우가 많습니다.

03 알아두면 좋은 지표들과 매매팁

● 추세선 그리기

추세선이란 차트에서 주요한 고점들을 선으로 이은 저항선(이 부분에서 저항을 받아 떨어졌다는 의미)과 주요한 저점들을 이은 지지선(이 부분에서 지지를 받아 다시 오르기 시작했다는 의미)을 이용해서 시세의 흐름을 파악해 나가는 것을 뜻합니다.

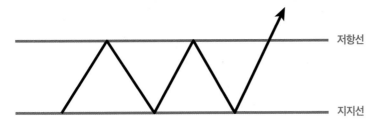

시세는 보통 계속해서 상승만 하지는 않습니다. 어느 정도 오르면 매도세가 강해져서 저항을 받고 다시 내려오게 되는데, 그 지점들을 연결해서 만든 선이 저항선입니다. 이렇게 저항선이 생겼다는 건 그 지점에서 계속 하락했다는 이야기이기 때문에 그 지점까지 올랐을 때 다시 떨어지는 경우가 많고, 만약 그 지점을 뚫고 오른다면 그만큼의 강한 매수세가 들어왔다고 판단할 수 있습니다.

지지선은 그와는 반대로 시세가 하락하다가 어느 지점에서는 하락을 멈추고 다시 반등하기 마련인데, 그 지점들을 선으로 연결한 것입니다. 지지선이 생겼다는 건 그 부근까지 내려왔을 때 다시 오르는 경우가 많다는 이야기가 되며, 그 때문에 지지선까지 내려오는 시점을 매수 타이밍으로 활용하는 경우가 많습니다.

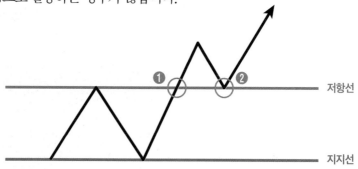

위의 그림과 같이 1번에서 저항선을 뚫고 올라갔다가 다시 내려와서 2번처럼 저항선을 딛고 다시 올라가는 경우에는 저항선이 지지선으로 바뀌고 또 다른 매수 타이밍의 기준이 되기도 합니다.

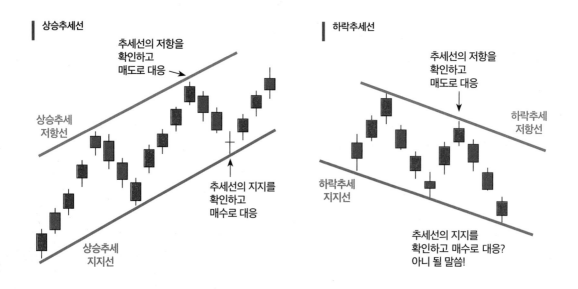

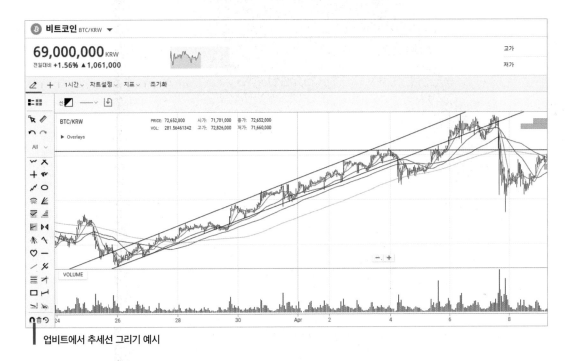

업비트에서 추세선 그리기 예시

왼쪽의 그림들은 상승추세선과 하락추세선의 예시입니다. 두 경우 모두
동일하게 저점을 이어서 지지선, 고점을 이어서 저항선을 그렸습니다.
상승추세일 경우는 보통 지지선에서 매수하고 저항선에서 매도하는 전
략을 취하지만, 하락추세일 경우에는 섣불리 매수했다가 그것보다 더 큰
하락이 올 수 있기 때문에 신중하게 대응하는 것이 좋습니다. 업비트에
서도 좌측 상단 그리기 버튼을 통해서 편리하게 추세선을 그릴 수 있으
니 한번 도전해 보세요.

● 볼린저밴드

볼린저밴드는 1980년대 초반 존 볼린저(John Bollinger)라는 사람이 개
발한 투자 지표이며 기술적 분석에서 대표적으로 쓰는 보조 지표 중 하
나입니다.

볼린저밴드는 이동평균선, 상단밴드, 하단밴드로 구성되어 있습니다. 시세가 상한선과 하한선을 경계로 등락을 거듭하는 경향이 있기 때문에 어디를 상한선으로 보고 어디를 하한선으로 볼 것인가에 대해서 눈으로 보기 쉽게 해놓은 것입니다.

시세의 변동에 따라 상하밴드의 폭이 같이 움직이게 하여 시세의 움직임을 밴드를 통해 판단하기 쉽게 만든 지표이며, 중간의 이동평균선을 중심으로 상하한 변동폭은 중심선의 표준편차를 통해 계산하여 설정됩니다. 여기서 표준편차란 일정 기간의 시세에 대한 변동성 측정치이며, 시세 변동폭에 따라서 밴드의 폭이 좁아지기도 하고 넓어지기도 하는 자기조정 기능을 발휘합니다.

볼린저 밴드를 설정해 놓으면, 시세는 대부분 밴드 내에서 수렴과 발산을 반복하면서 움직이게 되는데, 일정 기간 동안 과매수나 과매도 상태가 되어서 변동폭이 커질 때 밴드를 통해서 상대적인 가격의 높낮음을 판단하기 쉬워지고, 이를 기반으로 매수와 매도 시점을 정하게 되는 겁니다.

볼린저밴드를 활용한 투자 기법은 몇 가지가 있는데 첫 번째는 밴드 자체의 폭이 수축하거나, 확장하는 변동성을 활용하는 것입니다. 즉 밴드 폭이 축소되면서 밀집 구간을 거친 이후 시세가 상단 밴드를 돌파할 때 코인을 사들이는 방법입니다. 두 번째는 시세가 상단 밴드에 접근할 때 다른 지표들도 상승세를 나타내면 매수하고, 시세가 하단 밴드에 접근할 때 강한 하락세를 나타내면 매도하는 방법입니다.

● RSI

RSI는 Relative Strength Index의 약자로 '상대 강도 지수'라고 합니다. 쉽게 말하면 매수세가 강하면 얼마나 강한지, 매도세가 강하면 얼마나 강한지를 보기 쉬운 보조지표입니다. 업비트 차트 상단의 지표 버튼을 누르고 RSI를 선택하면 아래처럼 거래량 밑에 그래프 하나가 나타납니다.

기본적으로 기술적 분석은 이전의 시세 흐름을 분석하여 앞으로의 동향 예측에 사용되는데, RSI는 일정 기간 동안 매수와 매도의 상대성이

업비트에서 차트 하단에 RSI 지표를 활성화한 모습

어떻게 움직여 왔는지를 조사할 수 있는 도구로, 1970년대 후반부터 사용된 오래된 지표입니다.

이 지표는 웰스 와일더(Welles Wilder)라는 사람이 만들었습니다. RSI를 키면 기본적으로 RSI(14)라고 뜨는데, 만약 보고 있는 차트가 1시간 차트면 14시간, 1일 차트면 14일 동안 등 그 기간에 걸친 변화를 측정합니다. 이 지표가 급격히 올라가거나 내려가면 매매가 활발하게 이루어지고 있음을 나타내며, 이 지표의 변화량이 감소하면 그만큼 매매가 둔해진다는 신호입니다.

RSI를 활용한 매매팁은 RSI 기준 1~100의 수치 중에서 RSI가 30 이하로 내려가면 과매도된 상태, 즉 저점에 가까웠을 가능성이 높다는 걸 나타내기 때문에 매수를 고려하고, 70을 초과하면 과매수된 상태, 즉 고점에 가까울 가능성이 있다는 걸 나타내기 때문에 매도를 고려하는 것입니다.

기본 설정값은 14이지만, 자신의 스타일에 맞게 편집해서 쓸 수 있으며 보통 14, 7, 21 이런 단위로 많이 조정합니다. 그러나 RSI는 시세가 박스권 내에서 오래 갇혀 있을 때는 사용하기 힘들며, 시세 변동성이 클 경우에 좀 더 효과적이라는 한계가 있으니 시세가 횡보할 때는 주의해야 합니다.

● 매물대(vol profile)

매물대는 각각의 시세에 얼마나 많은 거래 매물이 쌓여 있는지를 나타내는 지표입니다. 업비트의 지표 중에 vol profile을 선택하면 오른쪽의 이미지와 같이 차트 오른쪽에 매물대를 나타내는 표시가 나옵니다.

이 가로형 막대봉이 길수록 그 가격대에 많은 거래 매물이 있었다는 걸 의미합니다. 이렇게 생각해 보죠. 비트코인이 6천만 원에 도달할 때

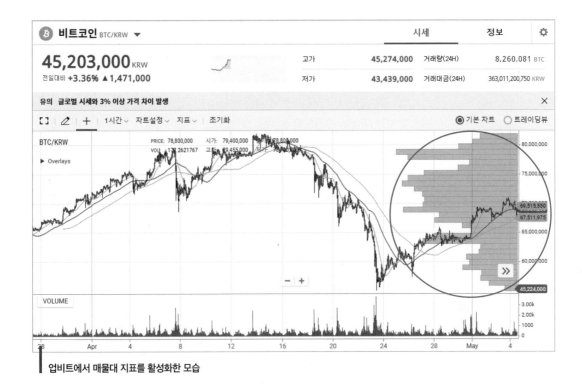

비트코인 BTC/KRW ⌄

45,203,000 KRW
전일대비 +3.36% ▲ 1,471,000

시세   정보   ⚙

고가   45,274,000   거래량(24H)   8,260.081 BTC
저가   43,439,000   거래대금(24H)   363,011,200,750 KRW

유의 글로벌 시세와 3% 이상 가격 차이 발생   ✕

[] ✎ + 1시간 ⌄ 차트설정 ⌄ 지표 ⌄ 초기화   ◉ 기본 차트 ○ 트레이딩뷰

BTC/KRW   PRICE: 78,800,000   시가: 79,400,000
▶ Overlays   VOL: 1,72,2621767   고..   79,455,000

VOLUME

업비트에서 매물대 지표를 활성화한 모습

거래가 빈번했고 5천 7백만 원 정도일 때는 거래가 별로 없었다면, 당연
히 비트코인이 6천만 원이었을 때 산 사람들이 더 많았다는 이야기가 됩
니다. 매물대는 이렇게 어떤 가격대에 얼마나 많은 매물이 있었는지를
나타냅니다.

매물대를 활용한 매매 팁은 큰 매물대를 뚫고 시세가 상승하면 매수
를 고려하고, 큰 매물대를 뚫고 시세가 하락하면 매도를 고려하는 것입
니다. 큰 매물대를 뚫고 상승한다면 그만큼 매수세가 강하다는 뜻이고,
반대로 뚫고 하락한다면 그만큼 매도세가 강하다는 뜻으로 해석할 수
있기 때문입니다. 또한 올라가던 시세가 상단에 큰 매물대를 만나게 되
면, 그 지점에서 매도 매물이 많이 나올 수 있으니 매도를 고려해보는 것
도 하나의 팁이 될 수 있습니다.

매매 포지션 관련 용어

● **스캘핑** _ 매수와 매도를 보통 2~3분 정도 간격으로 빈번하게 하는 방법입니다. 초단타라고도 부르며 급등 코인의 변동성이 심한 구간에서 빠른 변동성을 이용해 호가창과 분 차트의 파동을 보면서 빠르게 매매하는 방식입니다. (많은 연습과 노하우가 필요한 매매법으로 초보 분들은 주의가 필요합니다.)

● **데이트레이딩** _ 하루에 한 번에서 두 번 정도 매매를 하는 방법입니다. 단타라고도 부르며, 데이트레이딩 또한 급등락이 심한 변동성 구간에서 매매합니다. 그러나 초단타처럼 잦은 매매는 하지 않습니다. 보통 하루의 시세 파동을 기대하면서 진입하고, 생각대로 움직이지 않으면 정리하고 하루를 끝내는 방식으로 다음 날까지 보유하지 않고 당일 모든 매매를 종료합니다. (일반적으로 많이 사용되는 매매법입니다. 초보 분들도 보조지표를 활용하면서 공부하면 빠른 시간에 터득할 수 있습니다.)

● **스윙** _ 매수 후 며칠 또는 몇 주까지 보유하는 것을 말합니다. 보통 코인들 중 변동성이 없는 구간에서 서서히 추세를 높이고 있는 코인을 공략하는 방법으로, 매수 후 지켜보면서 상승을 기다리는 매매 방식입니다. (코인 호재 정보와 차트 분석이 어느 정도 필요한 매매법입니다.)

● **장투** _ 매수 후 몇 달 간 보유하는 것을 말합니다. 차트 분석보다는 조사를 통해 매매가 가능한 방법으로, 차트 분석이 어렵다고 판단되면 어떤 코인이 유망한지, 그 코인에 대해 조사하여 투자를 하는 방법입니다. 일상생활에 지장 없이 마음 편히 투자할 수 있다는 장점이 있는 반면에, 많은 인내심을 필요로 한다는 단점이 있습니다. (코인시장은 변동성이 심하고 적절한 가치를 담보하지 않기 때문에 주의할 필요가 있는 매매법입니다.)

04 코인 차트 패턴 읽기

초보자들이 차트를 처음 접하면 상당히 어지럽다는 생각을 할 수 있습니다. 움직임이 올랐다 내렸다 중구난방이고, 차트에 기록된 움직임들이 무엇을 뜻하는지 알 수 없기 때문입니다. 만약 차트의 모양만을 보고 다음에 나올 흐름을 예측할 수 있다면 어떨까요? 이런 생각으로 차트의 수많은 형태들을 분석하여 일정한 패턴이 있음을 연구한 사람들은 아주 오래전부터 있었습니다. 그런 사람들 덕분에 널리 알려진 몇 가지 주요 패턴들을 한번 알아보기로 하죠.

1 _ 상승형 패턴의 종류와 패턴 매매팁
● 역 헤드 앤 숄더 패턴

이 패턴은 한 번의 하락 후 반등, 그리고 더 큰 하락을 한 뒤에 다시 한번 반등과 하락을 한 후 상승 추세로 나아가는 패턴입니다. 왼쪽 저점을 왼쪽 어깨로 보고, 가운데 깊은 저점을 머리로 보며, 머리보다는 높은 오른쪽 저점을 오른쪽 어깨로 봅니다. 오른쪽 어깨를 지나서 목선(Neckline)을 지났을 때 하락 추세가 깨졌다고 보고 매수를 고려합니다.

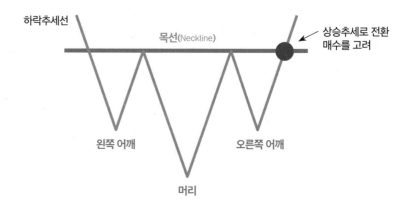

역 헤드 앤 숄더 패턴
Inverse Head & Shoulders

하락추세선
목선(Neckline)
상승추세로 전환
매수를 고려

왼쪽 어깨
오른쪽 어깨

머리

● 어센딩 트라이앵글 패턴

어센딩 트라이앵글(ascending triangle)은 고점은 수평적으로 유지되지만, 저점은 높아지면서 상승추세선이 높아져 가는 경우입니다. 기본적으로 가격이 수평 저항대의 반응을 살피며 움직일 때마다, 아래로 내려올 때 더 높은 가격대의 매수자가 발생하며 저점이 높아집니다. 이런 패턴으로 위쪽 저항대를 돌파할 경우 많은 거래량과 함께 급격한 가격 상승이 이어지곤 하기 때문에, 돌파(Breakout) 지점에서 거래량을 확인하며 매수를 고려합니다.

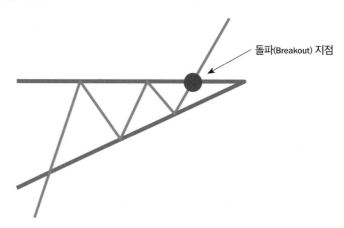

어센딩 트라이앵글 패턴
Ascending Triangle

돌파(Breakout) 지점

● 폴링 웨지(하락 쐐기) 패턴

폴링 웨지는 하락세가 파동을 그리면서 점점 힘을 잃고 상승으로 전환하는 패턴입니다. 파동의 끝에 도달할 때쯤 갑작스러운 상승 흐름으로 이어지는데요. 상승 흐름이 상단선을 돌파할 때 많은 거래량을 동반한다면 상승 추세 전환이라 보고 매수를 고려합니다.

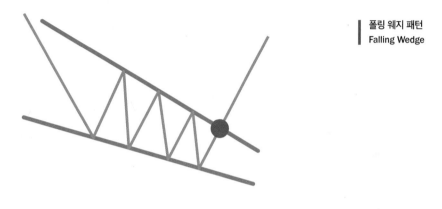

폴링 웨지 패턴
Falling Wedge

● 컵 앤 핸들 패턴

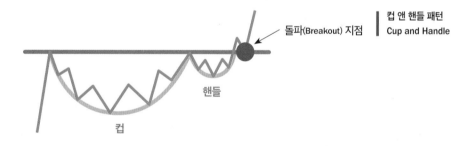

돌파(Breakout) 지점

컵 앤 핸들 패턴
Cup and Handle

핸들

컵

컵 앤 핸들 패턴은 마치 손잡이가 달린 둥근컵과 같다고 해서 붙여진 이름의 상승형 패턴입니다. 오랜 기간 긴 하락을 그리다가 아래로 둥근 곡선을 그리며 서서히 올라온 컵 모양이 완성된 후 다시 하락하며 손잡이 모양을 완성하면 전고점을 깨고 상승하는 패턴입니다. 컵 앤 핸들 패턴을 통한 매매팁은 손잡이 모양의 저점이 완성되고 반등하는 시점을 보면서 매수를 고려하는 것입니다.

● 쌍바닥 패턴

쌍바닥 패턴은 추세가 변환되는 패턴 중 가장 널리 알려진 패턴입니다. 하락 추세 중에 하단의 지지선에 의해서 이중으로 가격이 지지될 때 발생되는 패턴이며 W패턴이라고도 합니다. 두 번의 바닥을 거치고 중간의 고점을 다시 뚫으면, 상승 추세로 전환된다고 보고 매수를 고려하는 것이 쌍바닥 패턴의 매매팁입니다.

쌍바닥 패턴
Double Bottoms

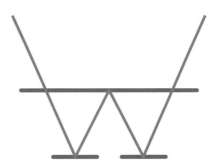

2 _ 하락형 패턴의 종류와 패턴 매매팁

● 헤드 앤 숄더 패턴

헤드 앤 숄더 패턴은 역 헤드 앤 숄더와는 반대로 전형적인 하락형 패턴입니다. 처음 상승보다 다음 상승이 더 높게 형성되어 어깨와 머리를 만들고 다음 상승이 머리보다 낮은 어깨를 만들면 전형적인 하락이라 판단하고 매도하고 나오는 경우가 많습니다.

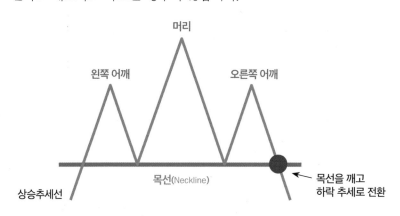

헤드 앤 숄더 패턴
Head & Shoulders

● 디센딩 트라이앵글 패턴

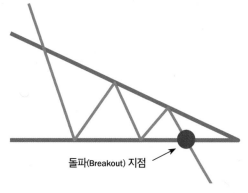

디센딩 트라이앵글 패턴
Descending Triangle

디센딩 트라이앵글 패턴은 저점은 수평하게 유지되면서 고점이 점점 낮아지는 삼각수렴형 패턴입니다. 저점은 유지되지만 상승이 점점 힘을 잃으며 고점이 낮아지는 것이기 때문에 이런 파동이 끝나면서 아래로 지지선을 뚫는다면 또 다른 하락세의 시작이라 볼 수 있습니다.

● 라이징 웨지(상승 쐐기) 패턴

라이징 웨지는 파동을 그리며 상승하던 추세가 갈수록 힘을 잃어가며 삼각 수렴해가는 패턴입니다. 이 패턴은 상승세가 갈수록 힘겨워지고 결국에는 하단의 추세선을 이탈하면서 본격적인 하락이 나올 수 있음을 의미합니다.

라이징 웨지 패턴
Rising Wedge

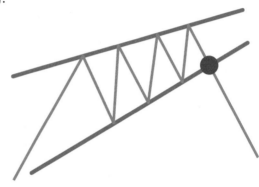

● 더블탑 패턴

더블탑 패턴
Double Tops

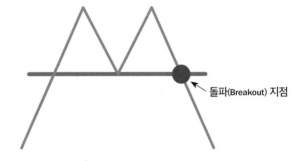

돌파(Breakout) 지점

쌍천장, 쌍봉 패턴이라고도 하는 이 패턴은 상승하던 시세가 비슷한 높이의 고점을 두 번 찍고 다시 내려오는 패턴입니다. 이 패턴을 M자 패턴이라고도 하며, 중간의 저점을 뚫고 내려간다면 다시 하락을 시작한다는 의미로 받아들여집니다.

이밖에도 차트에는 엄청나게 많은 패턴들이 있지만 실제로 자주 보이는 패턴 몇 가지를 살펴봤습니다. 혹시 공통점이 보이시나요?

옆으로 횡보를 하든, 상승 또는 하락으로 삼각형을 그리든, 그다음 차트의 움직임이 패턴을 깨고 방향을 정하면 그 방향으로 더 움직이는 경향을 보인다는 공통점이 있습니다.

단타를 치든 스윙 트레이드를 하든, 이는 가장 기본이 되는 상식입니다. 차트가 패턴을 깼다는 것은 상승이든 하락이든 추세가 정해졌다는 것이고, 만약 이 추세가 하락으로 정해졌다면 손절이든 익절이든 본인의 판단 하에 결정을 해야 할 때가 왔다는 것을 알려 주는 것입니다. 반대로 추세가 상승으로 정해졌다면 아직 팔 시기가 오지 않았다는 것을 알려 주는 거죠.

차트의 패턴은 통상적인 가능성을 이야기할 뿐 절대적인 것은 아니라는 점을 주의해야 하지만, 패턴을 알고 매매하는 사람과 패턴을 모르고 매매하는 사람은 앞날의 흐름을 예측하고 대응할 때 큰 차이를 가지게 됩니다.

차트에 기반한 기술적인 매매는, 아는 것이 힘이라는 믿음으로, 자신의 지식을 토대로 어떻게 수익을 늘려갈 것인지 전략과 원칙을 정하고, 그 전략을 벗어났을 때 어떻게 대응할지가 중요합니다. 그런 면에서 패턴을 아는 것도 큰 힘이라는 것을 잊으면 안 됩니다.

기회가 온다면 꼭 한번 잡아볼 만한 이평선 매매법

2017년 말 비트코인이 2400만 원을 넘기며 엄청난 상승세를 보이던 때, 그때는 주식하던 사람들도 코인으로 다 넘어오기 시작하면서 증권사들이 조금씩 앞날을 걱정하던 때였습니다. 그래서 국내의 한 증권사 직원들이 코인과 결합하여 사업을 추진할 수 있는 방법을 찾기 위해 비트맨을 찾아왔었습니다. 미팅을 하면서 투자에 해박한 증권사 직원들인 만큼 추천할 만한 좋은 매매법은 없는지도 물었었는데, 그때 알려준 매매법이 바로 '이평선 매매법'이었습니다.

이평선은 이동평균선의 줄임말로, 특정한 이동평균선 하나를 기준으로 정하고 시세가 그 선을 뚫고 올라오면 매수하고, 반대로 뚫고 내려가면 매도하는 방식의 매매법입니다. 이 매매법은 비트코인처럼 한번 상승세를 타기 시작하면 무섭게 오르는 종목에 잘 어울리는 기법이지만, 시세가 짧게 등락을 반복하면서 횡보하는 구간에서는 수익을 내기 어려운 기법이기도 합니다. 그러나 상승 추세를 잘 만난다면 초보자들도 따라할 수 있을 만큼 쉽고 안정적인 매매법이며, 아주 길게 장기 투자를 해 나가며 큰 상승을 온전히 다 내것으로 만들 수 있는 방법이기도 합니다. 여기서는 60일 이평선 매매법을 알아보기로 하죠.

오른쪽 위의 차트는 2017년 비트코인 상승장과 2018년 급락하던 때 비트코인의 일봉 차트입니다. 여기서 굵은 빨간색 선은 60일 이동평균선입니다. 만약 이평선 매매를 하는 사람이 2017년 9월 빨간색 동그라미 지점에서 60일 이평선을 뚫고 올라오는 걸 보고 매수를 한 뒤, 계속해서 팔지 않다가 2018년 1월 파란색 동그라미 지점에서 시세가 60일 이평선을 뚫고 내려가는 걸 보고 팔았다면, 이 사람은 약 4개월 간 아주 마음 편하게 비트코인의 상승을 즐기다가 이제는 축제가 끝났음을 깨닫고 약 3배 이상의 수익을 보고 팔았을 것입니다. 다른 예를 하나 더 볼까요.

오른쪽 아래의 차트는 2020년 10월부터 2021년 4월까지 이어진 비트코인의 일봉 차트입니다. 빨간색 선이 60일 이동평균선입니다. 여기서도 빨간 동그라미 친 지점에서 60일 이평선을 뚫고 강하게 상승하는 걸 보고 매수한 뒤에, 계속해서 보유하고 있다가 2021년 4월, 60일 이평선을 뚫고 내려갈 때 매도했다면, 약 6

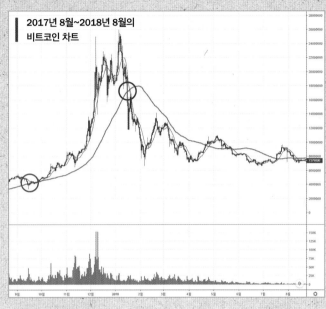

2017년 8월~2018년 8월의
비트코인 차트

2020년 10월~2021년 4월의
비트코인 차트

개월 동안 아주 마음 편안히 상승을 즐기다가 5배 정도의 수익을 안정적으로 낼 수 있게 됩니다.

60일 이평선 매매법은 이렇게 확실한 상승 추세가 나타날 때 효과적인 매매법이고, 안정적으로 오래 투자할 수 있는 방법이기도 합니다. 그러나 단점은 정확한 기회를 포착하기가 어렵고, 확실한 상승장이란 몇 년에 한 번씩 오기도 하기 때문에, 매수를 하기 전까지 아주 길게 인내심을 가지고 지켜봐야 한다는 것입니다. 무엇보다 60일 이평선 매매법은 수많은 매매기법 중 하나에 불과합니다. 그러니 참고할 것은 참고하되 자기만의 기준과 전략을 가진 투자를 하는 것이 성공적인 투자를 하는 올바른 방법이라는 것을 잊지 말아야 합니다.

01 나에게 맞는 투자 유형을 선택하자

02 투자할 때 유의해야 하는 것들

03 안정적인 투자를 하려면

04 좋은 코인과 나쁜 코인

제7강

코인 투자
어떻게
할 것인가

코인에 대해 어느 정도 이해했고 차트를 보는 방법
도 익혔다면 이제는 실전 매매에 돌입할 때입니다.
실전에 임하기 전에 먼저 상대를 파악하고 제대로
된 전략을 짜야지만 더욱 성공적인 투자를 해낼 수
있습니다. 그리고 돈이 있는 곳에는 언제나 위험도
함께 있기 마련입니다. 여러분은 과연 어떤 투자자
입니까? 또 이 세계의 위험 요소에 대해서는 얼마나
알고 있나요? 저는 여러분이 무리하지 않고 안전하
게 투자할 수 있기를 바라며 이 강을 준비했습니다.

나에게 맞는 투자 유형을 선택하자

01

지금까지 코인이 무엇인지, 코인을 거래하는 거래소는 어떤 것들이 있는지, 그리고 투자 정보를 얻는 방법과 차트를 보는 방법에 대해서도 알아보았습니다. 이제 본격적으로 코인 투자를 시작하기 전에 꼭 해야 할 일이 있습니다. 과연 어떤 방식으로 투자할 것인가? 투자 방법을 결정하는 것입니다. 자신에게 맞는 전략을 어느 정도는 생각해 놓고 투자에 뛰어들어야 하기 때문입니다.

코인 투자에는 여러 가지 방식이 있고 투자자들은 각기 자기 방식에 맞게 아주 다양한 방법으로 투자를 하고 있습니다. 필자는 업계 중심에서 일하는 사람으로서 코인과 관련된 것들은 되도록 전부 경험해 봐야 하는 의무가 있습니다. 때문에 수많은 세계 거래소들을 옮겨가며 투자도 해 봤고, 재정거래를 테스트 해 보기도 했으며, 채굴뿐만 아니라 POS, 노드 운영, 선물·마진 거래, ICO 투자 등등 할 수 있는 것들은 다 경험해 본 것 같습니다. 그런 저의 경험을 바탕으로 어떤 투자 유형들이 있는지 소개하려고 합니다. 그것들 가운데 어떤 것이 여러분과 맞는지 한번 선택해 보는 기회가 되었으면 합니다.

● 비중과 기간에 따른 투자 유형

코인뿐만 아니라 주식투자나 선물투자를 해 본 사람이라면 아시겠지만, 투자라는 세계는 성공과 실패가 공존하는 곳입니다. 자신의 소중한 돈을 넣어서 잃을 수도 있고 벌 수도 있기 때문에 위험한 동시에, 한편으로는 스릴을 느낄 수도 있어서 중독성이 강한 편이죠. 어떻게 보면 많은 사람들이 놀이기구가 위험해 보인다는 걸 알면서도 돈을 내서라도 타는 것과 상당히 흡사합니다. 놀이기구를 탈 때는 공포심을 느끼면서도 타고 난 후에는 짜릿하고 재밌었다며 또 타고 싶어 하는 사람들이 많죠. 스카이다이빙이나 번지점프도 마찬가지입니다. 위험하다는 걸 알면서도 도전하는 걸 보면 인간은 어쩌면 위험을 즐기는 본성을 타고난 것인지도 모르겠습니다.

아무튼 코인투자도 그만큼 위험하면서 중독성이 있기 때문에 투자를 하기 전에 먼저 자기가 처한 현실적인 조건을 생각해 볼 필요가 있습니다. 예를 들면 자신이 하루에 얼마나 많은 시간을 코인투자에 할애할 수 있을지도 미리 고려해야 할 항목 중 하나입니다.

코인투자로 정말 돈을 벌어보고 싶어서 가진 재산의 대부분을 코인에 넣은 사람이 있다고 가정해 보겠습니다. 코인시장은 24시간 쉼 없이 돌아가고 내가 잠든 사이에도, 내가 가족들과 저녁을 먹는 와중에도 갑자기 20%~30%씩 마이너스가 생길 수 있는 투자 시장입니다. 그런데 거기에 자기 재산의 대부분을 넣었다면 과연 그 사람은 무신경하게 잠을 자고, 일을 하고, 밥을 먹을 수 있을까요? 편안하게 가족들과 시간을 보낼 수 있을까요?

만약 일이 바쁘고 여러모로 여유가 별로 없는 사람이라면, 재산의 대부분을 투자한다거나 스캘핑, 데이트레이딩 같은 단기간의 투자 방법을 선택하는 것은 투자에서 패배할 가능성이 높은 선택을 한 것입니다. 스캘핑과 단타 매매처럼 짧은 시간에 수익을 내는 투자 방법은 매일매일 거의 투자에만 전념할 수 있어야 계속해서 변하는 추세를 분석도 하고, 매수도 하고, 그 다음 계속해서 주시하면서 관리도 할 수 있는 것입니다. 그래서 단기적인 매매 방식은 충분한 시간과 여유를 가진 사람이 자신이 가진 시간을 최대한 활용할 수 있는 전략을 짠 뒤에 접근해야 합니다.

예를 들면 "나는 매일 저녁 8시부터 11시까지 시간이 되니 딱 그때만 이용해서 투자하고, 11시가 되면 결과가 수익이든 손실이든 그날그날 정리해야지."와 같은 원칙이 없다면 다음 날의 일상에도 지장이 생기게 되고, 다른 일을 하느라 집중해서 대응하지 못하면 더 큰 손실이 생기거나 큰 수익이 나는 순간에 대응하지 못하게 되기 때문입니다.

그러니 시간적인 여유가 별로 없는 사람이라면 코인투자에 진입하는 자산 비중을 낮추는 게 좋고, 매매 방식도 거시적인 방법으로 시장의 전체적인 흐름을 파악해서 장기적인 매매를 하는 것이 좋습니다. 아마도 보통의 직장인들에게는 투자 자산의 비중은 여윳돈 정도로만 하고, 매일매일 데이트레이딩을 하는 것보다는 기간을 1~2주 정도로 잡고 스윙 매매를 진행하는 것이 적절할 것입니다.

단기 매매는 아주 짧은 시간 내에 수익과 손실이 결정 난다는 장점이 있지만, 그만큼 완전히 집중해야 하기 때문에 일상생활이 어려워질 정도로 스트레스가 심하다는 단점이 있습니다.

반면에 장기적인 매매는 좀 더 편안한 마음으로 인내심을 가지고 할 수 있다는 장점이 있지만, 수익을 내기까지 긴 시간이 걸린다는 것과 큰 변동이 생겼을 때 대응하지 못한다는 단점이 있습니다.

스윙 매매는 단기와 장기 그 중간쯤에 있는 것이라고 보면 됩니다. 본인에게 맞는 투자 시간과 기간을 정하고 자신이 컨트롤 할 수 있는 만큼의 자산 비율을 정해서 원칙을 지키면서 투자하길 바랍니다. 그래야만 일상생활에 지장을 받지 않고 본인의 삶을 망치지 않는 투자를 할 수 있을 것입니다.

● 기술적 분석에 의한 투자 유형

기술적 분석이란 시세의 흐름을 차트를 통해 분석하고 판단하여 투자하는 방법을 말합니다. 이 경우에는 각종 코인들의 호재나 악재 같은 정보는 아예 배제하고 오로지 차트만 보며 대응하고 투자하는 사람들도 있을 정도로, 기술적 분석에 의한 투자를 하는 사람들은 차트 하나로 투자의 모든 것을 결정하곤 합니다.

이런 투자 방법의 장점은 다른 매매 방법에 비해서 무궁무진한 전략과 원칙 수립이 가능하고, 자기에게 맞는 전략을 개발해서 그 전략 하나로만 투자하는 것도 가능하다는 것입니다. 또한 차트를 공부하고 알면 알수록 종목과 상관없는 분석이 가능해지기 때문에, 코인뿐만 아니라 주식과 선물거래 등에도 적용할 수 있는 차트 분석 전문가의 길을 갈 수 있다는 것도 장점입니다.

다만 차트라는 것이 파고들면 들수록 어려운 내용들이 많고, 수학적인 접근도 필요하며, 공부해야 하는 양도 방대하기 때문에 쉽지는 않은 투자 방법입니다.

● 정보에 기반한 투자 유형

보통 주식투자는 그 기업의 가치와 성장성을 가늠해 보고 투자하지만,

코인투자는 사실 가치를 가늠하기 어려운 경우가 많습니다. 그런 이유로 정보가 더욱 중요한 것이 바로 코인시장입니다. 어디에 상장한다는 소식, 코인 개발회사가 대기업 어디랑 파트너십을 맺는다는 소식 등 이런 소식 하나만 제대로 터지면 하루만에 10배도 오르는 것이 코인시장이기 때문에 정보에 올인해서 투자하는 사람들도 많습니다.

정보에 빠른 사람들은 비트맨 같은 커뮤니티의 키워드 알람은 물론이고 텔레그램과 어플, 프로그램까지 동원해 가며 남들과의 정보 싸움에서 우위를 점하려고 노력합니다. 매일같이 각종 코인들의 소식을 뒤져보고 주요 일정을 파악하는 등의 노력으로 아직 남들이 눈치 채지 못한 호재를 먼저 알 수만 있다면 큰 기회를 얻을 수 있을 것입니다. 이런 투자 방법은 보통 호재의 발표와 그로 인한 시세 상승만을 기다렸다가 미리 매수하고 때가 오면 매도하는 방식으로 이루어집니다.

정보에 기반한 투자를 선택한다면 이 책에서 설명했던 트위터, 해외 뉴스 채널, 비트맨, 텔레그램 등등 할 수 있는 모든 채널을 섭렵해 놓는 것이 좋으며, 그러다 보면 꼭 호재를 잡아내지는 못하더라도 자연스럽게 코인 전문가가 되어 갈 것입니다.

메타 → p.175

그리고 기억해야 할 또 한 가지. 코인시장은 메타가 지배하는 경우가 많습니다. 메타를 먼저 파악하고 흐름을 읽는 자가 큰 기회를 얻을 수 있습니다. 메타를 파악하기 위해서는 해외 거래소 몇 곳을 정해 놓고 매일 모니터링 하면서 어떤 코인이 관심을 받는지 알아 두어야 합니다. 그리고 커뮤니티에서 가끔 얘기가 나오는 새로운 코인들과 거래소에 대한 정보도 흘려듣지 말고 깊이 새겨 두는 것이 좋습니다.

● 채굴에 의한 투자 유형

코인은 독특하게도 거래소에서 매매를 하면서 벌 수도 있지만, 내가 직접 코인을 발행하는 사람이 될 수도 있습니다. 그게 바로 채굴입니다. 지금 코인시장의 세계적인 거물들 중에는 비트코인 초기 때부터 채굴을 접했던 사람들이 많은데, 그중 대표적인 사람이 바로 비트메인의 대표이자 비트코인캐시를 만들어낸 우지한입니다.

필자가 집필하고 있는 지금도 비트코인은 6000만 원이 넘었고 이더리움은 200만 원이 넘었기 때문에 채굴하는 사람들은 큰 이익을 내고 있습니다. 만약 내가 그래픽 성능이 뛰어난 300만 원짜리 노트북을 사서 그 노트북으로 채굴 프로그램을 돌렸는데, 한 달에 이더리움 1개를 캘 수 있다고 하면 한달 반 만에 노트북 값을 회수할 수 있는 것입니다. 코인의 호황장은 투자자들뿐만 아니라 채굴자들에게도 안정적으로 엄청난 수익을 얻을 수 있는 기회가 됩니다.

만약 내가 컴퓨터에 관심이 있고 채굴을 시작해 보고 싶다면 앞서 채굴 편에서 말했듯이 비트맨의 채굴 게시판에서 코인부자라는 회원의 글들을 검색해 보기 바랍니다. 아주 자세하고 방대하게 설명되어 있기 때문에 큰 도움이 될 것입니다.

다만 채굴을 할 때 주의할 점은 채굴기를 장만할 가격 대비 원금 회수가 언제쯤 가능할 것인지, 앞으로 코인의 가격이 더 떨어져서 그 시기가 더 멀어지지는 않을지, 비싼 전기세의 감당이 가능할 것인지를 잘 따져 봐야 합니다.

● 스테이킹(POS) 투자 유형

은행에 적금을 넣듯이 가진 코인을 장기간 맡겨 놓으면 이자를 받을 수 있고, 적금 찾을 때가 되니 맡겨 놓은 코인의 가치도 두 배나 올랐다면? 참으로 환상적인 일이겠죠. 이자도 쏠쏠한데 가치도 두 배나 오르다니. 코인에서는 이런 환상적인 일이 가능한데, 그게 바로 스테이킹입니다.

스테이킹 → p.58

스테이킹은 앞에서 설명했듯이 POS 알고리즘을 기반으로 하며, 스테이킹으로 투자한 코인들의 경우 코인을 개인지갑에 넣고 잠가 놓으면 잠가 놓는 시간 동안 일정량의 이자를 받게 됩니다. 그리고 때마침 상승장이어서 잠겨 있는 동안 내 코인의 가치가 올랐다면 이중으로 수익을 얻을 수도 있습니다.

요즘은 개인이 하는 어려움 없이 거래소에서도 스테이킹 서비스를 많이 제공하기 때문에 만약 '코인 시세 신경 쓰기 싫고 적금처럼 오래 넣어 놓고 이자나 받고 싶어.'라고 생각하거나, 장기 투자를 생각하는 투자자라면 스테이킹을 하는 것도 좋은 선택입니다.

● 재정거래 투자 유형

재정거래란 같은 종목의 시세가 서로 다른 두 거래소에서 차이가 나는 걸 이용하여 수익을 내는 방법을 말합니다. 예를 들어 내가 업비트 거래소와 빗썸 거래소 두 곳을 동시에 보고 있는데 두 거래소의 비트코인 가격이 순간적으로 차이가 나서 빗썸에 비해 업비트가 1% 정도 더 비싼 걸 발견했다고 가정해 보겠습니다. 그래서 아주 빠르게 빗썸에서 비트코인을 산 뒤 업비트로 전송해서 업비트에서 비트코인을 팔았다면, 업비트의 비트코인 시세가 1% 더 비쌌기 때문에 그만큼의 수익을 볼 수 있게 됩니다. 이렇게 거래소 간의 시세 차이를 이용하는 매매방식을 재정거래라고 합니다.

코인 투자자들 가운데는 재정거래만 전문으로 하는 사람들도 있는데요. 재정거래는 사실 기회를 포착하기도 쉽지 않고 빠르게 코인을 전송하는 것도 쉬운 일이 아닌 것에 비해 성공 시 얻는 수익률이 그리 크지 않기 때문에 자본금이 큰 사람들이 팀을 이루어 하는 경우가 많습니다.

● 선물거래 투자 유형

투자 쪽에 관심이 없던 사람들은 선물거래라는 단어가 생소할 수 있습 선물거래 → p.151
니다. 선물거래는 비트멕스 거래소에 대해 얘기할 때 설명했었는데요.
비트코인이 너무 올라서 매수하기에는 늦었고 이제는 떨어질 것 같을
때, 선물거래를 제공하는 거래소에 가서 매도 포지션을 진입하면 비트코
인이 떨어져도 수익을 낼 수 있습니다.

선물거래를 제공하는 거의 모든 거래소에서는 마진거래를 지원하
는데, 마진거래란 내가 가진 돈을 담보로 거래소에서 돈을 더 빌려서 거
래할 수 있는 것입니다. 보통 10배에서 20배, 많게는 125배까지도 부풀
려서 투자할 수 있게 해줍니다.

그렇지만 선물거래를 하더라도 마진으로 돈을 부풀려서 거래하는
건 여러분의 소중한 재산을 1분만에도 전부 날릴 수 있는 위험성을 지니
고 있으니 해보고 싶어도 참기를 권합니다. 필자가 봐 온 경험으로는 보
통 투자의 고수일수록 마진을 최대한 줄여서 거래하고, 초보들일수록 한
탕을 노리고 큰 배율의 마진으로 하다가 참변을 당하곤 합니다.

그러나 선물거래 자체는 하락장에도 수익을 낼 수 있는 유용한 투자
수단인 건 확실하고, 비트코인 선물거래만을 전문적으로 하는 사람들도
많기 때문에 알아 두면 유용한 투자 수단입니다.

투자할 때 유의해야 하는 것들

● 너무 다양한 사기 수법들

어딜 가나 돈이 모이는 곳에는 돈을 노리고 사람을 속이는 자들이 존재하기 마련이죠. 코인은 아직 법적인 정비가 되어 있지 않아서 더욱 그렇습니다. 이 글을 읽는 독자 여러분께 묻고 싶습니다. "투자 세계에 처음 발을 딛습니까?", "평소에 '사람'은 따뜻하다고 생각하시나요?", "남에게 쉽게 마음을 여는 편입니까?" 이 질문 중 하나라도 "Yes"라면 코인의 세계에 들어온 이상 아무도 믿지 않겠다고 먼저 다짐해야 합니다. 정말 아무도 믿지 말아야 합니다. 돈의 세계는 냉정합니다. 특히 믿지 말아야 하는 부류의 사람들을 아래에 한번 나열해 보겠습니다.

- 일면식도 없는데 나에게 친절한 사람
- 가만히 있는 나에게 수익을 안겨 주겠다는 천사 같은 사람
- 이건 확실히 수익 난다며 특정 종목을 강력히 추천하는 사람
- 손해 볼 것 없다, 안정적이라고 말하는 사람이나 코인
- 정보도 주고 리딩도 해주겠다고 굳이 홍보하는 톡방, 텔방, 사이트
- 전문적인 지식 없이 아는 척하는 인기인

- 이벤트 참여하면 공짜로 코인 준다는 본 적 없는 트위터, 사이트
- 무조건, 확실히 하락하니 현금화하라고 외치는 사람
- "이 코인 얼마 간다" 강하게 어필하는 사람
- 검증되지 않은 거래소

아마도 '이걸 다 믿지 말라니 대체 뭘 믿으라는 건가?'라는 생각이 들 수도 있습니다. 하지만 일단 의심하고 봐야 합니다. 모두가 돈을 벌기 위해 코인이라는 세계에 모여들었습니다. 쉽게 믿는 순간 내가 어느새 남의 돈벌이 수단이 될 수 있다는 걸 기억해야 합니다.

리딩을 하고 추천종목을 픽해주는 사람들은 먼저 본인이 매수해 놓고 그 사실은 숨긴 채 다른 사람들이 매수하도록 유도하는 경우가 많습니다. 그게 아니라면 일단 인기를 얻어서 사람들을 모은 뒤, 결국은 돈을 받고 유료 리딩으로 돈 벌려는 속셈인 사람들이 대다수입니다. 그리고 "손해 볼 것 없다, 확실히 수익 난다" 이런 말을 하는 사람이나 코인일수록 사기일 확률이 아주 높습니다. 의심해 봐야 합니다.

특히 정보도 주고 리딩도 해준다는 톡방이나 텔방, 카페들 중에 악착같이 홍보하고 어마어마한 수익률을 자랑하는 곳들이 많습니다. 그런 곳은 정말 주의해야 합니다.

상식적으로 잘 한번 생각해 보세요. 코인 투자를 정말 잘해서 어마어마한 수익을 내고, 사람들을 모으고, 리딩을 할 정도의 실력이 있다면, 굳이 왜 그렇게까지 열심히 홍보를 할까요? 혼자서 매매하면 먹고 살 걱정 없이 벌 텐데? 왜 굳이 힘들게 열심히 홍보까지 해 가면서 사람들을 유인하려 할까요? 매매로 돈 벌기는 힘드니 결국 순진한 사람들 모으고 현혹시켜서 돈을 벌려고 하는 것입니다.

선물거래를 알려 준다며 거래소 가입을 유도하는 고수가 있다면, 그

비트코인 주소로 1천 달러를 보내면 2천 달러를 돌려 주겠다는, 해킹된 빌 게이츠의 트위터 계정

트론 주소만 입력하면 나중에 4000트론을 주겠다는 사기 사이트. 그러나 주지도 않는 코인을 받기 위해선 먼저 비싼 수수료를 입금해야 한다.

사람도 믿어서는 안 됩니다. 선물거래를 알려 주는 척하면서 자기 추천 코드로 거래소에 가입시킨 뒤, 여러분이 거래하는 만큼 수수료를 챙기려는 수작일 수 있기 때문입니다.

그리고 트위터나 모르는 사이트에서 공짜로 에어드랍 해준다거나 공짜로 코인을 준다고 하면 제발 그냥 지나치도록 하세요. 심지어 빌 게이츠가, 아니 오바마가 코인을 주겠다고 해도 믿으면 안 됩니다. 여러 유명 인사들의 트위터 계정이 실제로 해킹 당해서 코인 사기에 휘말린 적이 있기 때문입니다.

누군가가 '그냥' 준다거나 '확실하다'거나 '손해 볼 게 없다'라고 한다면 의심부터 하고 봅시다. 그래야 여러분의 소중한 자산을 보호할 수 있습니다.

● 여러분의 돈을 노리는 거래소

거래소에 대해서도 충분히 고려하고 선택해야 합니다. 물론 국내에는 업비트와 빗썸처럼 많은 이용자들이 사용하는 대표적인 거래소가 있으니 이런 거래소를 이용하면 되겠지만, 개중에는 신규 거래소나 소형 거래소들의 유혹에 빠져서 중소 거래소들이 시세 급등이 많이 나온다며

이용하는 경우도 있습니다. 그러나 앞서 설명했다시피 비트멕스라는 대 비트멕스 거래소 → p.150
형 거래소조차도 사용자들의 자산을 강제청산하게 만들었다는 의혹을
샀다는 걸 기억해야 합니다.

거래소는 여러분을 통해 돈을 벌기 위해 세워진 곳입니다. 시세가
너무 평탄하게 머물러 있으면 거래가 안 일어나기 때문에 의도적으로
시세를 움직이기도 하고, 말도 안 되는 코인을 직접 만들어 내서 상장시
키기도 합니다.

일례로 2017년 한창 국내 비트코인 붐이 일던 때에 생겨난 코인네
○○라는 거래소가 있습니다. 이 거래소는 빗썸 코인원에 비해 후발주
자였으나, 트론을 국내에 처음 들여오고 유망한 중국계 코인들을 많이
상장시키면서 인기를 얻었습니다. 필자도 이 거래소의 행사에 참석해서
직접 거래소 대표의 비전을 들은 적이 있는데, 제대로 블록체인 시장을
키워 나가 보려는 의지가 돋보였습니다. 그런데 결국 그 비전은 몇 개월
짜리였는지, 얼마 지나지 않아 코인네○○의 대표가 고객 돈을 빼돌렸다
는 혐의로 구속되었습니다.

또 유명한 거래소가 하나 있는데, 고객 돈을 3000억이나 가로챈 악
명 높은 거래소 올○○빗이 그곳입니다. 이 거래소는 상장된 코인들의
시세를 10배씩 끌어올리면서 사람들에게 이용하면 돈 버는 거래소라는
이미지를 심어 주어 고객을 끌어들였습니다. 그러나 이 거래소에는 갈
수록 다른 곳에는 있지도 않은, 이 거래소 자체적으로 복사하듯이 만들
어 낸 알 수 없는 코인들이 대다수였고, 처음에는 많이 오르기도 했지만
결국은 대부분의 코인들이 끝없이 폭락했습니다.

수많은 피해자들이 생겨났고, 결국 이 거래소를 운영하던 일당은 검
거되어 중형을 선고 받았습니다. 죄목은 '수천 명의 투자자에게 높은 수

올█████빗 거래소 '앵그리버드' 최악의 하락률 "경악"

0.5원 → 4만원 → 10원, "말도 안돼!"

악명 높은 올█████빗 거래소, 한숨 쉬며 등 돌리는 유저들

▲올█████빗 거래되고 있는 '앵그리버드' 코인

올█████빗 거래소(██████·███ ███████)가 또 다시 코인 투자자들의 도마 위에 올라갔다.

올█████빗은 11월 27일 거래소에 '앵그리버드' 코인을 상장했다. 첫 상장가가 0.5원인 앵그리버드는 갑자기 약 4,000,000% ~ 8,000,000%가 올라 2~4만원 가격대를 형성하며 믿을 수 없는 상승랠리를 시작했다.

익을 보장한다고 속여 투자금 3000여억 원을 받아 가로챈 혐의'였고, 투자자를 속이기 위해 거래소 데이터베이스를 조작해 수백억 원이 입금된 것처럼 허위 보유량 정보를 입력한 것으로 드러났습니다.

이렇듯이 거래소 선택도 신중해야 하며, 빠르게 한탕하고 싶은 마음에 잘 모르는 거래소에 가입해서 돈을 넣다가는 출금을 못하고 발을 동동 구르게 되는 수가 있으니 주의해야 합니다.

● OTP는 필수

은행 서비스를 이용할 때 OTP를 쓰듯이 코인 거래소들도 대부분 OTP와 같은 인증 프로그램을 사용합니다. OTP를 설정해 놓으면 내 아이디와 비번이 유출되더라도 OTP 없이는 로그인이 불가능합니다. 그러니 OTP는 꼭 설치해서 사용하도록 합시다.

대부분의 거래소들은 구글 OTP를 많이 사용하는데, 필자는 구글 OTP 기능과 함께 백업 기능까지 갖춘 OTP 프로그램 Authy의 사용을 권합니다. 설치 방법은 아래와 같습니다.

① 플레이스토어에서 Authy를 검색해서 왼쪽의 프로그램을 설치한다.

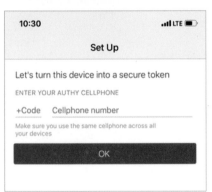

② 설치된 프로그램을 열고 Code를 클릭, Korea를 선택하고 본인의 핸드폰 번호를 입력한다. 그리고 OK버튼을 누른다.

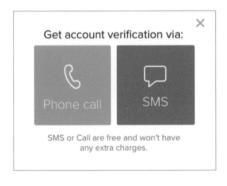

③ 전화인증, 문자인증 둘 중 편한 것을 선택하여 인증한다.

④ 플러스 버튼을 누른다.

Google OTP 인증
- 고정된 비밀번호 대신 무작위로 생성되는 일회용 비밀번호를 이용하여 인증하는 방식 입니다.
- 안드로이드/iOS 스마트폰 기기에서 Google Authenticator 앱을 통해 등록이 가능합니다.
- Google OTP 인증을 등록하면 로그인시 보안 비밀번호를 대체합니다.

사용하기

⑤ 사용하려는 거래소에서 OTP 인증 메뉴를 찾아 사용하기 버튼을 누른다. 그러고 나서 나오는 QR코드를 폰으로 스캔하면 설정 완료!

안정적인 투자를 하려면

지금까지 우리는 코인에 대해서, 그리고 차트와 다양한 매매방식 등등 많은 것들을 배웠습니다. 그렇다면 과연 초보 투자자가 코인시장에 처음 뛰어 들어서 가장 안정적으로 할 수 있는 투자 방법은 무엇일까요? 필자가 오랜 시간 많은 투자자들을 지켜보면서 터득한 가장 추천할 만한 방법들을 공유해 볼까 합니다.

● 첫째, 인지도·거래량 없는 거래소는 피하는 것이 좋다!

앞서 거래소 사기에 대해서도 설명했듯이 인지도가 거의 없거나 거래량이 없는 거래소는 피하는 것이 좋습니다. 작은 거래소일수록 고객을 끌어들이기 위해 급격한 시세 상승과 하락이 있을 수 있어 위험합니다. 무엇보다 거래량이 별로 없다면 내가 나중에 사고 싶은 가격이 온다고 해도 막상 그 가격에 사 줄 사람이 없어서 팔지도 못하는 상황을 맞을 수 있습니다. 또한 소형 거래소의 경우 고객들의 출금을 막고 거래소 문을 닫아버리는 뱅크런이 생길 수 있으니 되도록 처음에는 다른 사람들이 많이 이용하는 거래소를 택하는 게 좋습니다.

거래소 사기 → p.236

● 두 번째, 시장의 흐름을 타야 한다!

코인 투자에서 가장 중요한 것 딱 하나만 고르라면? 저라면 정말 다 필요 없고 이거 하나 얘기할 것 같습니다.

"상승장인지 확인하라!"

코인시장은 여태까지 전체적으로 다 같이 움직여 왔습니다. 비트코인이 대세 상승 흐름이면 다른 코인들도 전부 활황이었고, 비트코인이 대세 하락 흐름이면 다른 코인들도 전부 죽어 갔습니다. 시장의 흐름을 잘 파악해야 합니다. 하락장일 때 진입하면 수익을 내기 어렵습니다. 상승장에 진입해야 합니다.

그렇다면 상승장인지 하락장인지는 어떻게 알 수 있을까요?

일단 차트를 통해서 알아볼 수 있습니다. 오랫동안 횡보하던 시세가 장기적인 이평선을 강하게 뚫었다면, 상승장의 시작을 알리는 것일 수 있습니다. 그러나 위로 뚫은 시세가 장기 이평선으로부터 간격이 너무 벌어져 보일 만큼 멀리 올라갔다면 다시 하락을 시작하여 이평선 근처로 내려갈 수 있으니, 시세와 이평선의 간격이 너무 벌어진 상태에서 하락이 연이어 나온다면 당분간 하락장의 시작이라고 생각해 볼 수 있습니다.

오른쪽 차트를 보면 하늘색 선은 20일 이동평균선이며, 붉은색 선은 60일, 회색 선은 120일 이동평균선입니다. 제일 왼쪽 붉은 원 지점을 보세요. 모든 이평선을 뚫고 시세가 올라와서 떨어지지 않고 간격을 벌려 나갔습니다. 이런 경우 상승장의 시그널이라고 고려해볼 수 있습니다. 이후 잠시 내려오는 듯 했지만 다시 20일 이평선을 강하게 뚫고 올라섰기 때문에, 이것 역시 새로운 상승세의 시작이라 고려하고 매수해 볼 만한 구간입니다.

상승 시그널(붉은 원)과 하락
시그널(파란 원)

그러나 파란색 원들이 있는 지점을 보면, 모두 60일 이평선에서 상당히 멀리 올라가 있고 기다란 음봉이 나타나면서 지금까지의 상승세가 깨졌음을 암시하고 있습니다. 이런 지점에서는 하락세의 시작은 아닐까? 하며 매수를 보류하거나 매도를 고려하는 것입니다.

또한 비트맨의 분위기를 보면서도 지금이 상승장인지 하락장인지를 가늠해 볼 수 있습니다. 사람들이 "불장인가요?", "불장이네요." 같은 얘기를 많이 한다거나 "아무거나 타도 된다. 상승장엔 다 간다."라는 말이 나오기 시작한다면 현재 상승장이 맞습니다.

그러나 반대로 "코인 정말 무섭네요", "저는 그만하겠습니다.", "다 물렸네요." 같은 글이 올라온다면 하락의 공포가 시장에 끼어 있는 것이니 매수를 하기 좋은 상황은 아닌 거죠. 시장의 분위기와 흐름을 파악하고 되도록 상승장일 때 진입합시다. 상승장에서는 코린이도 고수 못지않게 수익을 낼 수 있습니다.

● 세 번째, 단타보다는 장투를 택하자!

시장의 흐름을 파악하고 상승장이라는 판단이 들었다면 과감히 진입해 보세요. 그리고 되도록 상승장에는 자꾸 사고팔며 단타를 노리기보다는 진득하게 기다리는 장기 투자를 선택하는 것이 좋습니다. 실제로 2021년 3월은 꿈과 같은 상승장이었는데 많은 사람들이 들어왔고 사고팔았지만, 결과적으로 보면 코인 하나 매수하고 한 달 동안 가만히만 있으면 10배~20배씩 자산이 증식되는 상황이었습니다.

본업이 있는 사람이라면 코인에 매진하기도 어렵고 매순간 들이닥치는 변동성에 대응할 집중력과 실력도 갖추기 어렵습니다. 그런 상황에서 섣부른 단타는 상승장에서도 손실을 보게 만들 수 있습니다. 안정적인 투자를 하고 싶다면 상승장을 기다리고 단타보다는 장기적인 투자를 하는 게 좋습니다.

● 네 번째, 그래도 비트코인!

만약 어떤 코인이 좋은지 모르겠고 욕심 없이 안정적인 투자를 하고 싶다면, 비트코인이 비록 몇 천만 원 하더라도 비트코인 투자를 생각해 보는 것이 좋습니다. 비트코인은 마치 한국 주식시장의 삼성전자 같은 존재이기 때문에, 오랜 시간 동안 야금야금 모은 사람들이 결국은 대박을 치는 대장 코인입니다.

한간에는 "잡코인에 물리면 답도 없지만 비트코인에 물리면 언젠간 탈출할 수 있다."는 말이 있습니다. 코인 중에서 가장 믿을 만한 코인은 결국 비트코인입니다. 이왕이면 비트코인의 상승세가 시작되는지 인내심을 가지고 기다렸다가 좋은 시기에 진입하도록 하세요.

좋은 코인과 나쁜 코인

무수히 많은 코인들 중에 과연 좋은 코인은 무엇이고 나쁜 코인은 무엇일까요? 초보들에게는 너무 어려운 문제일 것입니다. 차라리 주식이라면, 기업이 여태까지 해 온 사업들의 성과를 찾아보고 사업성이나 회사 규모를 파악해 보면 되겠지만, 코인은 대부분이 신생 프로젝트이고 블록체인이라는 새로운 분야를 개척해 나가는 중이기 때문에 가치를 판단하기 쉽지 않습니다.

그렇다면 대체 무엇을 보고 판단할 것인가? 오랫동안 업계 중심에서 일해 온 사람으로서 독자 분들을 위해 좋은 코인을 선택하고 나쁜 코인은 거를 수 있는 팁을 알려 드리려고 합니다.

아, 그리고 좋은 코인과 나쁜 코인을 말하기 전에 먼저 오해의 소지부터 없애자면, 사실 투자는 돈을 벌기 위해 하는 일이고, 어떤 코인이든 내가 돈을 벌 수 있게 해준 코인이라면 그게 제일 좋은 코인일 것입니다. 그냥 장난삼아 만든 도지코인이 몇 십 배씩 오르는데, 그걸 누가 나쁜 코인이라고 할 수 있겠습니까?

그렇지만 초보자 분들이 투자할 코인을 선택할 때는 분명 어느 정도의 선택 기준이 있으면 도움이 될 것이고, 이왕이면 누가 봐도 안정적이

거나 성장 가능성이 높은 코인을 선택하는 것이 더 좋은 투자 방법일 것입니다. 그런 관점에서 나누어 보는 기준일 뿐이니 오해는 없으시길 바랍니다.

● 백그라운드를 파악하라

투자하기에 괜찮은 코인일지 알아보고 싶다면 먼저 그 코인을 만든 개발자와 뒷배경을 파악해야 합니다. 일례로 앞서 설명한 바 있는 페이코인은 국내 모바일 결제 시장을 장악하고 있는 다날이라는 기업이 만든 코인이었고, 그만큼 빠르게 상용화되었으며, 또 그만큼의 저력을 가치 상승을 통해서도 보여 주었습니다. 개발자가 누구인지, 코인의 배경에는 누가 있는지는 상당히 중요한 문제입니다.

페이코인 → p.134

바이낸스 거래소의 거래소 코인 BNB를 예로 들어 보겠습니다. 바이낸스가 아직 최고는 아니던 2017년 11월, 바이낸스 거래소 내에서 거래 수수료를 내는 데 사용할 수 있는 거래소 코인 BNB가 출시되었습니다. 출시 당시 한동안 BNB의 가치는 1달러 정도에 머물러 있었습니다.

그렇지만 바이낸스라는 거래소를 등에 업은 이 코인은 2017년이 끝날 무렵 20달러를 넘어섰고, 2018년 한 해 동안은 지지부진했으나, 2019년부터 다시 상승하기 시작하더니 그해 6월에 결국 39달러를 넘겼습니다. 그리고 2020년 초반까지는 상당한 하락세를 보이다가 그해 3월부터 다시 상승하기 시작했고, 계속된 상승세를 이어가면서 2021년 5월에는 무려 645달러, 우리 돈으로 72만 원을 넘어섰습니다. 1달러이던 코인이 645달러가 된 것입니다. 만약 바이낸스라는 거대한 거래소의 코인이 아니었다면 이렇게 오랜 시간 큰 상승을 이뤄내진 못했을 것입니다.

또 하나, 국내 SNS 대기업 카카오의 블록체인 자회사인 그라운드X

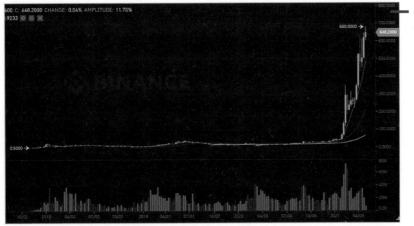

BNB 코인의 출시 이후 시세 흐름

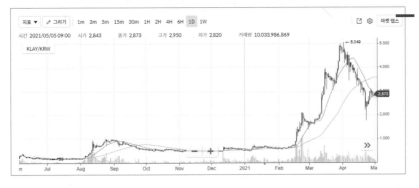

클레이 코인의 코인원 상장 이후 시세 흐름

가 만든 클레이 코인을 보죠. 카카오라는 대기업을 등에 업은 클레이는 클레이튼이라는 블록체인 플랫폼의 코인입니다. 플랫폼 출시 이후 카카오톡에 블록체인 지갑 서비스를 론칭하고 LG CNS, 위메이드 트리와 같은 쟁쟁한 기업들과 파트너십을 맺는 등 빠르게 성장해 나갔습니다.

그와 더불어 클레이도 2020년 6월에 코인원 거래소에 상장하게 되고 초반에는 170원~200원 정도에 머물렀지만, 그해 8월과 2021년 초반에 폭발적인 상승세를 나타내면서 2021년 4월에는 5천 원을 넘겼습니다. 우리나라 국민이라면 누구나 알 만한 대기업이 지원하는 코인, 이것만으로도 이미 시장에서 가치를 인정받은 것이나 다름없었습니다.

또 다른 예로는 어디에서 투자한 코인인지를 알아볼 필요가 있습니다. 우리나라에는 암호화폐 프로젝트들을 발굴하고 초기에 투자하여 큰 성공을 거둔 해시드라는 벤처캐피탈이 있습니다. 해시드는 6억으로 시작하여 2500억을 벌었다고 잘 알려져 있는데, 한간에는 "해시드가 투자한 코인은 올라간다."라는 얘기가 있을 정도로 해시드가 어떤 코인에 투자하고 있는지를 알아보고 따라서 투자하는 사람들도 있을 정도입니다.

해시드가 초기에 투자하고 키워낸 코인들은 전부 나열하기 힘들 정도로 많습니다. 대표적으로 메디블록, 테라, 캐리프로토콜, 센티넬 프로토콜, 메타디움, 쿼크체인, 펀디엑스 등 대부분의 코인들이 대형 거래소에 상장하며 큰 가치 상승을 이루었습니다.

이처럼 내가 투자하려는 코인에 어떤 기업이 투자했는지를 코인 홈페이지나 백서를 통해서 확인해 본다면 이 코인이 과연 투자할 만한 가치가 있을지를 판단할 좋은 단서가 되어줄 것입니다.

투자하기 전에 먼저 코인에 대해서 검색해 보고 찾아 보면서 그 뒷배경에는 누가 있는지를 확인합시다. 이런 습관을 들이면 사기 코인에 피해를 당하는 일도 줄일 수 있습니다.

● 일하는 코인을 선택하자

익히 말해 왔듯이 코인시장의 흐름이 전체적인 상승장이라면, 웬만한 코인들은 다 오르기 마련입니다. 일을 열심히 하는 코인도, 일을 안 하는 코인도 웬만하면 다 오릅니다. 그렇지만 그래도 열심히 일하고 계속 좋은 소식을 만들어 나가는 코인이 더 많은 기회를 투자자에게 선물하는 건 분명합니다. 그러니 투자할 코인을 고를 때는 너무 아무것도 안 하는 코인보다는 열심히 활발하게 활동하고 일하는 코인을 고르도록 합시다.

예를 들면 블록체인 기반 의료 정보 플랫폼인 메디블록은 미국의 메

메디블록 → p.118

사추세츠 종합병원, 국내의 서울의료원 등 많은 의료기관들과의 협력 소식을 꾸준히 들려 주고, 코로나19 시대에 발맞춰서 블록체인 기반 백신 여권 서비스를 준비하는 등 꾸준히 사업 확장을 위해 일하는 모습을 보여 왔습니다. 그 덕분에 메디블록의 코인 시세도 오랜 시간 10원 미만이었으나 2021년 4월 초 398원까지 오르는 등 좋은 흐름을 보여 주었습니다.

또 블록체인 기반 포인트 통합 서비스인 밀크는 국내 유명 숙박 레저 어플인 야놀자와 파트너십을 맺고 글로벌 호텔 예약 서비스인 트라발라닷컴과 협력, 페이코인 및 카카오의 그라운드X와 파트너십을 맺는 등 꾸준한 사업 확장 소식을 투자자들에게 들려 주었습니다. 이런 소식들과 함께 2021년 2월 초만 해도 160원에 머물던 코인 시세가 4월 한때는 4900원을 넘기며 놀라운 상승을 보여 주었습니다.

밀크 → p.125

물론 2021년 2월과 3월은 아주 강력한 상승장이었고, 일하지 않는 코인들도 많이 오르는 때였습니다. 그러나 이렇게 열심히 일하는 코인들은 투자자들에게 더 많은 상승의 기회를 안겨 줍니다. 그렇기 때문에 투자하기에 좋은 코인을 고르고 싶다면, 한 번쯤은 코인 관련된 그간의 뉴스들을 검색해 보는 것도 방법입니다. 지금까지 활발한 활동을 해 온 코인이라면 앞으로도 그럴 가능성이 높습니다.

● 나쁜 코인 구별법

나한테 수익을 안겨 주기만 한다면 나쁜 코인은 없다고도 하지만 '수익을 안겨 주는 척하더니' 어느 날 한순간에 지옥을 맛보게 하는 코인도 있습니다. 그리고 아예 처음부터 그저 여러분의 지갑에서 나오는 돈만을 노리고 거짓으로 꾸며낸 코인들도 많습니다. 그런 코인들은 정말 나쁜 코인이라고 할 수 있습니다.

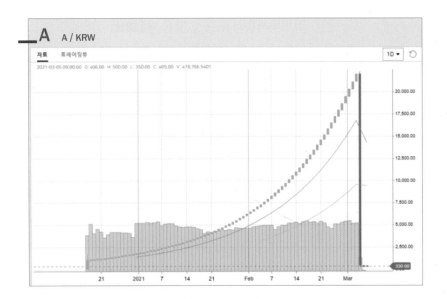

그런 코인들의 과정 속에는 여러분을 유혹하기 위해 기가 막히게 상승하는 때가 있을 수 있겠지만, 결과적으로는 여러분의 돈을 노리기 위한 미끼였을 뿐이니 주의해야 합니다. 위의 차트를 보세요.

이 무서운 차트는 국내 P 모 거래소에 상장되어 있던 A(익명)라는 코인의 차트입니다. 이 코인은 2020년 12월 17일에 상장한 후, 2021년 3월 3일까지 대략 2개월 반 동안 매일 상승만 해왔습니다. 첫날 1000원 정도 하던 가격이 3월 3일 22000원까지 꾸준히 매일매일 오른 것입니다.

계속해서 오르는 이 코인에 사람들은 더 큰 기대감을 가지고 있는 돈 없는 돈 다 끌어 모아서 매수를 했습니다. 두 달이 넘도록 매일매일 오르던 이 코인은 3월 4일 단 하루만에 22263원이던 가격이 무려 200원으로 폭삭 내려앉았습니다. 마치 고층 빌딩을 짓는 데는 오랜 시간이 걸리지만 폭파하는 건 한순간인 것처럼 말입니다.

소문에는 이 코인에 아주 큰돈을 넣은 투자자 한 명은 생을 끊었다는 이야기도 있습니다. 이 코인을 직접 매수하고 정보를 알아보려고 애썼다는 한 투자자에 의하면, 이 코인의 개발 팀원은 대부분 한국인이고, 구글에서 코인과 관련된 정보를 찾으려고 검색해도 나오는 정보가 거의 없었는데, 이 코인의 공식 텔레그램방에는 수많은 외국인을 포함한 15000명이 있었다고 합니다. 그리고 그렇게 많은 사람들이 있는데도 말을 하는 사람은 한정적인 인원이었다고 합니다. 무슨 이유일까요?

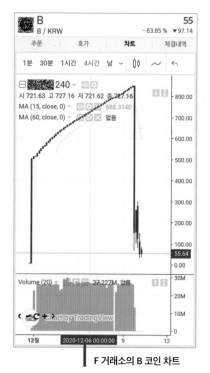

F 거래소의 B 코인 차트

그리고 A코인 이전에 F라는 거래소에 상장된 B(익명)라는 코인이 있었는데, 이 B의 회사 주소와 A코인의 회사 주소가 동일하고 백서도 유사한 형태로 작성되어, 같은 곳에서 만든 코인이 아니냐는 의혹을 제기하는 사람들도 있습니다.

뭐 주소가 같을 수도 있고, 백서 형태가 비슷할 수도 있습니다. 그리고 같은 팀이 만든 코인들일 수도 있습니다. 문제는 이 B라는 코인도 거래소 상장 이후 지속적으로 상승만 하는 듯했으나, 어느 한순간에 갑자기 아래로 다이빙하듯이 떨어졌었다는 것입니다. 이 말은 이런 코인으로 아무리 많은 수익이 나도 단 한순간에 모두 잃을 수 있다는 얘기입니다.

이런 무서운 코인들을 어떻게 빗겨갈 수 있을까요? 어떻게 하면 이런 나쁜 코인들을 구별할 수 있을까요? 필자가 여태까지 봐 온 경험을 통해 알려 드린다면 우선 백서와 개발팀을 잘 알아봐야 합니다.

일단 백서조차도 제대로 작성되어 있지 않거나, 홈페이지나 백서에

담긴 설명이 그 프로젝트만의 고유한 목적이나 비전은 없고, 정확히 무슨 말인지 모르겠고 뭘 하겠다는 건지 구체적으로 알 수 없는 이야기들만 있다면 좋은 프로젝트라고 하기 어렵습니다.

그리고 해당 프로젝트가 가진 블록체인 기술구조에 대한 설명이 제대로 되어 있지 않다면 크게 신뢰하지 않는 것이 좋습니다. 또한 홈페이지나 백서에 개발팀에 대한 내용이 전혀 없거나, 전부 가명 또는 익명으로 되어 있거나, 팀원들의 이력을 검색해 보았는데 사실과 다르고, 혹은 좋지 않은 이력이 있다면 일단 투자는 보류하는 것이 좋습니다.

굳이 정체를 숨기는 것은 다 이유가 있기 마련입니다. 그리고 팀원 사진들 중에 특히 외국인 팀원의 사진은 한번쯤 구글에서 이미지 검색을 해보는 것이 좋습니다. 아래 사진을 한번 볼까요.

왼쪽 사진은 2020년 말에 논란이 되었던 파이크라는 코인의 팀원 중 한 명의 사진입니다. 이 사람의 사진을 검색해 보니 좌우만 반전된 다른 사람이 나온다는 의혹이 제기되고 있었습니다.

잘 보면 좌우가 서로 다르고 이목구비가 살짝 달라 보이지만, 옷도 거의 똑같고 뒷배경도 좌우만 다를 뿐 거의 동일합니다. 어떻게 된 일일까요? 필자도 구체적인 이유는 알 수 없지만 이런 의혹이 제기된 이후 홈페이지와 백서에서 이 사진은 삭제되었다고 합니다. 이렇게 조금이라도 미심쩍은 부분이 있다면 투자에 대해 다시 생각해 보는 것이 좋습니다.

Carter Heldens
Developer

Carter Heldens is a competent developer who is responsible for developing the web and apps for the PAIIK project.

파이크 코인 개발팀 중 한 명인 카터 헬든스의 사진

의혹이 제기됐던 다른 사람의 사진

그리고 유명 기업과의 파트너십을 강조하는 코인들도 많은데, 그런 경우 한 번쯤은 사실인지 해당 기업의 고객 담당 부서에 전화를 걸어서 확인을 해보는 것도 좋습니다.

대표적인 예로 삼성전자의 스마트폰 갤럭시에 블록체인 지갑이 생겼는데, 그 지갑은 사용자 편의를 위해 당연히 다양한 코인의 보관과 전송을 지원합니다. 그런데 이걸 가지고 일부 코인사들은 자기들이 삼성과 파트너십을 맺었다는 식으로 홍보하는 경우가 있었습니다.

그리고 2019년에 코인업이라는 업체는 업체 대표의 사진과 문재인 대통령의 사진을 합성해서 마치 같이 사진이라도 찍은 것처럼 홍보하며 투자금을 모으기도 했습니다. 4500억이나 모았다고 알려졌지만, 결국은 사기 등의 혐의로 실형을 선고 받았습니다.

일단 다단계 방식, 그러니까 내가 누구를 끌어들였을 때 수익을 보는 방식이 포함되어 있다면 멀리하는 것이 좋습니다. 그리고 '수익이 보장된다.'라는 식으로 홍보하는 코인이 있다면, 사기 피해를 입을 수 있으니 의심부터 하고 봐야 합니다.

그리고 또 한 가지는 다른 사람들은 잘 안 쓰는 거래소에 있는, 다른 사람들은 잘 모르는 코인은 초보자라면 되도록 피해야 합니다. 혹시나 어쩌다 그 코인이 좋아 보여서 매수를 해도 나중에 팔고 싶을 때 그 코인을 사 주는 사람이 없기 때문입니다. 너무 시장의 관심에서 멀어져 있는 코인도 매매하기에 딱히 좋은 코인은 아닙니다.

● 하는 일 없는 코인은 거른다

구체적인 코인 이름을 열거하기는 어렵지만, 이 업계에는 돈벌이 수단으로 코인을 일단 발행해서 상장까지 진행해 놓고 그 이후부터는 별다른 일을 하지 않는 먹튀 코인들이 상당히 많습니다.

몇 년 동안 하는 일이라고는 지갑 업그레이드뿐이거나, 코인 발행으로 돈 벌어서 세계 여행을 즐기는 건지 사업 확장을 하러 다니는 건지 모르겠지만, 세계를 돌며 팬미팅 같은 것만 하고 다니는 팀들도 있습니다.

도대체 뭘 하는 건지 알 수 없지만 개발 업데이트 소식만 간간히 들려오는 코인들도 있고, 잠잠하다 싶다가 돈이 떨어졌는지 새로운 코인을 만들어서 발행하고는 또 잠잠하다가 한참 지나서 다른 코인을 또 만들어내는 팀들도 있습니다.

코인에 투자하기 전에 해당 코인의 트위터 계정을 한 번쯤은 둘러보고 다양하고 새로운 진행들을 해 나가고 있는지, 맨날 비슷한 내용의 업데이트만 하고 있는 건 아닌지 확인해 보기 바랍니다.

코인을 잘 고르기 위해서 꼭 기억해 둬야 하는 부분이 있는데, '블록체인이 성장하려면 다른 분야와 접목되는 것이 필수'라는 점입니다. 아무리 유망한 블록체인 기술을 가진 프로젝트라고 해도, 외부의 다른 기업들이나 산업 분야와 결합되어 사용할 수 없다면 쓸모가 없고 성장할 수도 없습니다.

블록체인을 기반으로 다양한 어플을 만들어서 테스트도 해보고, 다른 산업 분야에 적용해서 실제적인 사용이 가능한지 검증도 해봐야만 발전할 수 있는 것이지, 이런 외부와의 협력 없이 계속해서 알 수 없는 블록체인 업데이트만 하고 있다면, 그 프로젝트의 성장 가능성은 좋다고 보기 어렵습니다. 그리고 그런 프로젝트의 코인들은 딱히 어떤 호재가 나오지도 않습니다.

그러니 어떤 코인에 투자하려면 해당 코인의 뉴스나 트위터 등을 검색해서 그동안 어떻게 일해 왔는지를 한 번쯤 확인하고 딱히 눈에 띌 만한 어떤 소식도 없었다면 일단 투자 우선순위에서 뒤로 좀 미뤄 놓는 것이 바람직합니다.

놀라운 코인 이야기, 미스릴의 전설

주식시장에는 이른바 '작전주'라고 불리는 종목들이 있습니다. 어떤 세력들이 특정 종목에 대해 처음부터 계획을 세우고 원하는 대로 시세를 폭등시켜 이익을 챙기는 종목을 말하는 건데요. 코인시장에도 이런 종목들이 숱하게 많았는데, 그중에서도 많은 사람들이 기억하는 코인이 있습니다. 바로 2018년 4월, 순식간에 110배가 올랐던 전설의 코인 미스릴입니다.

2018년 4월 12일, 코인과 관련된 텔레그램 채널들에 소문이 돌기 시작했습니다. 국내 대형 거래소인 빗썸에 미스릴과 엘프라는 코인이 곧 상장을 한다는 얘기였죠.

사람들은 이 소문을 듣고 정말 거래소 상장 정보가 누출된 것인지, 아니면 그냥 만들어낸 소문인지 의문에 휩싸였습니다. 그런 와중에 이미 상장되어 있던 다른 거래소의 미스릴 시세는 0.9달러에서 1.29달러까지 오르고 있었습니다.

얼마 후 이 소문의 진상이 드러났습니다. 빗썸이 그날 오후 3시에 미스릴과 엘프의 상장 예정 공지를 올리면서 사실이라는 것이 금새 밝혀졌습니다. 각종 커뮤니티에는 '빗썸이 상장 정보를 사전에 유출했다', '상장 일정을 취소해야 한다'는 논란이 일었지만, 빗썸은 그날 오후 6시에 예정대로 미스릴과 엘프를 상장했습니다.

6시 상장 시작 가격은 단돈 250원. 상장 직후 4천원까지 급격히 올랐습니다. 이 정도만 해도 16배라는 놀라운 상승이었고 이후 잠시 동안 떨어지는 듯했습니다. 그런데 15분 정도 지난 뒤부터 조금씩 다시 오르

빗썸 상장 당시 미스릴의 시세 변동

는 듯싶더니 6시 30분이 될 때쯤에는 2만 8천 원까지 오르는 기적 같은 상승이 일어났습니다.

250원짜리가 30분 만에 2만 8천 원이라니 무려 110배가 오른 것입니다.

사람들은 이 놀라운 광경을 보면서 눈 딱 감고 100만 원만 넣었어도 1억이 됐겠다며 감탄했습니다. 그러나 놀라움은 여기서 끝나지 않았습니다.

2만 8천 원을 찍은 후 1분 만에 1만 원까지 하락, 2분 만에 4천 원까지 하락, 30분 뒤인 7시에는 2,870원까지 떨어졌습니다. 순식간에 다시 10분의 1이 된 것입니다. 다음 날 미스릴의 가격은 730원까지 추락했습니다.

상장과 동시에 빠르게 미스릴을 매수했던 사람들은 큰돈을 벌었겠지만, 급격한 상승세를 보면서 몇 천 원대에 뛰어들었던 사람들 중 상당수는 갑작스런 하락에 팔지 못하고 많은 돈을 잃게 되는 사태가 벌어졌습니다.

이후 오랜 시간을 기다려 봐도 다시 그런 시세 펌핑은 오지 않았고, 2019년 12월 미스릴은 결국 빗썸에서 상장폐지 되면서 씁쓸한 결말만을 남기게 됩니다.

[미스릴∨] 미스릴상폐 네요

 　　　　 분대장 ▬ **1:1 채팅**

2019.12.27. 22:40　조회 1,562

아는 형이 전화와서 미스릴 상폐라고 옮기라는데요
99%마이너스드라구요 2000만원이 19만원 되어 있드라구요 저는 지갑도 없고 한데요
지갑만들면 바이낸스로 옮길수 있나요 ?
장사하느라 바빠서 코인안본지 5개월넘었는데
오늘 보니 개판이네요 ㅜㅜ
답글 부탁드립니다

　아...미쓰릴로 얼마를 묻긴건지.... 그래도 그때 손절하구 빼길 잘햇지...

2019.12.28. 09:26　답글쓰기

　저도 미스릴 상장날 25,000원 물려서 1년 넘게 잠도 못잤어습니다. 혹시나 해서 중간에 주매도 했었는데 얼마전에 포기하고 3천만원 투자하고 30만원 남은거 매도 해서 가족들 회식 시켜 줬습니다. 지금은 배숙은 편합니다. 조금 올라도 마음이 편하지 많은 않을 겁니다. 제 예기 같아서 조금 마음이 아프네요 ㅜㅜ

2019.12.28. 10:24　답글쓰기

▌미스릴 상장폐지 당시 결국 큰 손해를 본 투자자들의 글

그렇게 미스릴은 전설과도 같은 시세 펌핑의 역사만을 남긴 채 아직도 대표적인 급등 코인으로 손꼽히고 있습니다.

코인은 분명히 높은 변동성이 매력적인 투자 수단이지만, 빠르게 한탕을 노리고 뛰어들다가는 이렇게 돌이킬 수 없는 손실을 맛보게 된다는 걸 기억해야 합니다.

01 비트맨 커뮤니티를 운영하면서 느끼는 것들

02 본질적 가치에 대한 논란

03 비트맨을 유익하게 활용하는 꿀팁

04 코인시장, 어디로 갈 것인가

제 8 강

비트맨
커뮤니티
매니저로서의
조언

국내 최대의 블록체인 커뮤니티인 비트맨은 여러분과 희로애락을 같이하며 오랜 시간 동안 자리를 지켜오고 있습니다. 코인 거래소에서는 여러분의 자금이 오고 갈 뿐이지만, 비트맨에서는 여러분의 웃음과 기쁨, 그리고 슬픔과 좌절이 수없이 오고 갑니다. 이번 강에서는 비트맨 매니저로서 그동안 코인에 발을 들인 많은 사람들을 보며 느낀 감정들과 커뮤니티 매니저가 바라보는 코인시장에 대한 견해를 여러분과 공유하려고 합니다. 비트맨은 언제나 여러분에게 유익한 커뮤니티가 되기 위해 열려 있습니다.

01 비트맨 커뮤니티를 운영하면서 느끼는 것들

처음엔 정말 조용하게 시작했던 비트맨이었습니다. 커뮤니티를 키우기 위해서 쉼 없이 일하고, 계속해서 좋은 정보들을 채워 넣었습니다. 새로운 회원들을 놓치지 않기 위해 회사 차원에서 이벤트도 하고, 전 세계적인 채굴 붐 때문에 구하기 힘들다는 그래픽카드도 주고 코인도 주면서 다 같이 열심히 달렸던 것 같습니다. 그러면서 조금씩 회원이 늘어나기 시작하더니 비트코인의 급격한 가격 상승과 함께 비트맨에도 엄청난 회원들이 들어왔고, 2017~2018년엔 비트맨이 네이버 1위 카페 중고나라의 뒤를 잇는 초대형 카페가 되었습니다. 그때는 정말 세계 곳곳에서 협력 문의가 쇄도하고, 회사 사람들은 각종 블록체인 행사에 참여하느라 바쁜 나날들이었습니다. 이제 와 생각하니 참 재미있고 새로운 한때였던 것 같습니다.

이후 2018년 초부터 시작된 긴 하락장 덕분에 오랜 시간 비트맨도 힘들고 침체된 시간을 보냈습니다. 그런데 드라마 같은 상황이 찾아왔습니다. 이제 비트코인 시대가 정말 끝났나 보다 싶었는데, 글을 쓰고 있는 지금은 비트코인이 7000만 원을 넘어섰고, 비트맨도 58만 명의 회원이 있는 거대한 커뮤니티가 되었습니다. 요즘은 하루 게시글만 15000

개에서 20000개 정도가 올라오고 월 조회 수도 2억 뷰 이상이 나오는 등, 매니저 입장에서 봐도 놀라울 만큼 비트코인의 인기를 실감하고 있습니다.

그러한 일련의 과정 속에서 많은 일들이 있었습니다. 돈이 달려 있는 투자 커뮤니티를 몇 년간 운영하다 보니 코인을 구경하는 일도 흥미로웠지만, 정말 다양한 사람들과 인간으로서의 그들의 면모를 볼 수 있었습니다. 걸핏하면 남에게 시비 걸고 싸우는 사람들도 있고, 주구장창 하락만 외치는 사람들도 있고, 자기 코인 홍보와 선동에만 열을 올리는 사람들도 있습니다. 하루도 빠짐없이 사람들의 면면과 희로애락을 보며 지내왔습니다. 그렇게 수많은 사람들 속에서 매니저의 모습으로 살아오며 느낀 점들을 한번 돌아보고 이야기해 볼까 합니다.

● 비트맨 매니저로서의 고민

아마 50만 명이 넘는 사람들에게 둘러싸여서 사는 경험을 해 본 사람이 그렇게 많지는 않을 것입니다. 비록 온라인 공간이지만, 이렇게 많은 사람들의 중심에서 이 사람들을 관리하고 이끌며 살아간다는 건 정말 특별한 경험입니다. 어떻게 보면 저의 리더십이나 관리 능력을 테스트하고 최대한 끌어올리는 시간을 보내고 있는 것 같습니다.

한편으로 많은 사람들 사이에서 치이면서 일하다 보니 인성 테스트를 받고 있는 듯한 느낌을 받을 때도 많습니다. 어떻게든 남을 꼬드겨서 이득을 보려고 교묘하게 광고글을 올려대는 사기 리딩방들, 성인 광고들, 이상한 재테크 광고들은 매일같이 처리해도 어디서 그렇게 아이디를 만들어서 계속 오는지 끝이 없고, 굳이 남의 글에 와서 시비 걸고 욕하고 싸우는 사람들 역시 일상다반사입니다.

그뿐이 아닙니다. 자신이 가지고 있는 코인 시세를 어떻게든 끌어

올리고 싶어서 거짓 정보까지 꾸며내며 선동하는 사람들, 규정 따위는 무시하고 독불장군 식으로 활동하는 사람들, 아닌 척 교묘하게 바이럴 홍보하는 사람들까지… 매일 이런 것들을 관리하고 처리하다 보면, 커뮤니티 매니저는 애초에 감정 자체가 없는 존재여야 하지 않나… 하고 생각할 때가 많습니다.

매일 문제에 부딪히고 중간자 입장에서 중재해야 하기 때문에 당연히 부단히 고민하고 생각하게 됩니다. 과연 어떻게 하는 것이 내가 형평성 있고 공정하게 문제를 처리하는 것일까? 이 문제는 어떻게 처리하는 게 회원들과 비트맨을 위해서 도움이 될까? 이 감당하기 어려운 사이즈의 인원수와 커뮤니티를 어떻게 하면 효율적으로 운영하고, 이상한 광고와 속임수들에 피해 입지 않도록 회원들을 지켜낼 수 있을까? 이런 고민들은 정말 끝나질 않는 것 같습니다.

커뮤니티 운영은 브레이크 타임이 따로 없습니다. 광고에 자주 쓰이는 단어나 문제가 될 만한 어지간한 단어들은 전부 어플 알람을 걸어 놓고, 핸드폰을 계속 손에 쥐고 살아야 합니다. 밤에 잠자리에 들어서도 눈 감기 전에 확인하고, 눈 뜨자마자 또 확인을 해야 합니다. 주말도 상관없이 계속해서 울리는 핸드폰 알람은 이제 생활의 일부가 된 지 오래입니다. 알아주는 사람은 없어도 욕은 자주 먹는 고달픈 생활, 이것이 매니저의 숙명인 듯합니다.

이제는 그런 생활도 다 익숙해졌지만, 그래도 이렇게는 오래 버틸 수가 없다는 생각에 나름대로 노력 중입니다. 커뮤니티가 조금이라도 스스로 정화되었으면 하는 마음으로 '좋은 회원들이 좋은 커뮤니티를 만듭니다'라는 캠페인 공지도 자주 올리고, 욕하고 싸우는 회원들과 타인을 무시하고 비하하는 회원들은 전부 활동 정지된다는 사실을 널리 알리고 있습니다. 그러다 보니 회원 수는 분명 더 많아졌는데도 사람들이 더 예의 있게 활동하고, 굳이 다른 사람들을 비하하거나 시비 걸지 않고 존중하면서 활동하는 문화가 조금씩 자리 잡혀 가고 있습니다.

다른 온라인 커뮤니티들을 보면 욕하고 조롱하는 글들, 일단 험담부터 하고 보는 댓글들이 판을 칩니다. 사실 커뮤니티를 운영하는 입장에서는 어떤 글이 올라오든, 그것이 양질의 정보 글이든 아무 말이나 막하는 글이든, 커뮤니티만 활성화된다면 그냥 놔두는 것이 이득인 면도 있습니다. 그것이 곧 커뮤니티의 경쟁력이라고 판단하는 거죠.

잠깐이지만 저도 그런 부분을 고민한 적이 있습니다. 그렇지만 커뮤니티를 활성화시키겠다는 욕심에, 시비 걸고 상대방을 화나게 하는 회원들을 그냥 놔두면, 오히려 그 때문에 탈퇴하거나 활동을 접는 회원들이 더 늘어나게 되고, 새로운 회원들의 커뮤니티 진입 장벽도 더 높아지게 된다는 것을 깨달았습니다.

그런 판단으로 비트맨은 남을 향한 욕설과 불필요한 시비, 비하 등의 행위에 강력하게 대처하고 있습니다. 그리고 남들과 소통하는 재미, 정보 공유라는 커뮤니티의 순기능을 최대한 살리기 위해 노력하고 있습니다. 모두의 마음에 들 수는 없겠지만 커뮤니티의 올바른 방향에 대해서 매일 고민하고 있고, 많은 사람들에게 공정하고 클린한 커뮤니티가 되었으면, 회원들이 무엇 하나라도 더 얻어갈 수 있는 비트맨이 되었으면 하는 마음으로 일하고 있습니다.

그래도 요즘은 '비트맨이 있어서 힘이 난다, 비트맨에서 노는 게 제일 재미있다, 비트맨은 관리가 잘 되어서 그런지 서로 격려해 주는 글들이 많은 게 참 좋다' 등의 글들이 간간이 보여서, 커뮤니티를 운영하는 데 보람과 힘을 얻고 있습니다.

● 상승장과 하락장의 온도차

누구나 부푼 꿈을 안고 내가 넣은 이 돈이 나를 행복하게 해주기를 바라면서 투자를 시작합니다. 그래서 비트코인이 오를 때는 행복해하고 내려가면 절망에 빠지고 화도 내곤 하는데, 그 모든 감정이 비트맨에 항상 가득합니다.

비트코인과 더불어 모든 코인이 다 잘 오르는 때의 비트맨은 다들 행복에 겨워 감격하고, 감사하고, 돈 벌었다고 자랑하는 글들이 넘쳐납니다. 매일 셀 수 없이 수익 인증이 올라옵니다. 소위 '했제'라는 문화가 있는데, "내가 분명 이 코인 간다고 했제.", "내가 뭐랬어. 나 따라오면 돈 번다고 했제." 하는 글들이 계속 올라오는 것입니다. 그리고 거기에는 어김없이 "감사합니다, 덕분입니다, 최고세요!" 등 칭송하는 댓글들이 달립니다. 상승장이어서 돈도 벌었는데, 내가 준 정보로 돈 번 사람들이 나를 칭송까지 해 주다니 얼마나 기분 좋은 일이겠습니까. 그래서인지 상승장일 때 비트맨은 마치 예언가들의 모임인 것만 같을 때가 많습니다. 노스트라다무스는 명함도 못 내밀 정도입니다. 모두가 "내일 이 코인 오릅니다."라며 예언을 하고, 그 예언이 들어맞으면 어김없이 "했제"를 외칩니다. 매니저가 보기에도 너무 웃기고 재미있는 상황들입니다. 모두가 행복해하니 상승장이 좋은 건 여러모로 확실합니다.

반면에 하락장이 시작되면 상황이 완전히 뒤바뀝니다. 상승장은 보통 길게 꾸준히 오르지만 하락은 어느 날 갑자기 강하게 다가오기 때문에 그 충격이 더 크기도 합니다. 모두가 "어떻게 해야 되나, 괜히 했다, 와이프한테 비밀로 했는데 어쩌지..." 하며 난리가 나고, 이런 때도 어김없이 예언자들과 '했제'들이 일어나서 외칩니다. "내가 떡락이라 했제.", "어제 분명 하락 시작이라 말씀드렸습니다." 등등. 여기까지는 괜찮은데,

도를 넘어서 "말해도 안 듣더니 꼴좋다 ㅋㅋㅋ"를 외치는 회원들도 계속 나타나서 순식간에 커뮤니티가 난장판이 됩니다.

그뿐만 아닙니다. 하락만 시작되면 자신의 팔자가 궁금해지는 건지, 한 명 두 명씩 자기 손바닥 사진을 찍어 올리면서 손금 좀 봐달라고 하고, 그 전까지 예언자 카페이던 비트맨은 어느새 사주팔자 손금카페로 변합니다. 그런데 정말 웃긴 건 이 와중에 손금과 사주전문가들, 무속인들도 실제로 나타난다는 것입니다.

☐ 2481238	손금 부탁 😊	
☐ 2481219	형님들 저는 어떤 손금인가요? 😊 [4]	
☐ 2481148	뒷쪽 ㅈㅅ 제손금 죽이나요?? 어때요?! 😊 [32]	
☐ 2477840	[가입인사] 저두 손금좀요~^^ 😊 [5]	
☐ 2477817	저도 슬쩍 하나 올려봅니다 ㅎ 손금좀.. 😊 [8]	
☐ 2477812	손금 재등록 부탁드립니다 😊 [9]	
☐ 2471855	손금좀봐주세용 ㅜㅜㅜㅜ ♥ 😊 [18]	
☐ 2471851	저도 손금 좀 부탁드립니다..^^ 😊 [14]	
☐ 2471838	손금이거 중요합니다.(대상승장의징조) 😊 [7]	
☐ 2471741	따당님들 저도 손금 봐주세여 😊 [10]	
☐ 2471739	까페에 손금좀 고마 올리소 좀.. 😊 [7]	
☐ 2471733	손금 [1]	
☐ 2471695	손금 부탁드려요 😊 [2]	

예언가들과 손금 손님이 가득한 비트맨

상승장에는 "했제"를 외치는 자들과 예언자들 앞으로 모두가 모이지만, 하락장엔 손금 전문가가 영웅입니다. 그래도 하락장일 때는 다들 너무 힘들어하셔서 보고 있기가 힘듭니다. 실제로 예전에는 운전 일을 하시면서 어떻게든 돈을 좀 벌어 보겠다는 생각에 손실이 계속 나는데도 손을 떼지 못하시고 몇 억씩 잃으며 힘들어하는 어르신도 계셨는데요. 보는 이의 마음도 아픈 경우가 많기 때문에 사람들이 자기 손금을 궁금해하는 상황이 비트맨에서 펼쳐지는 건 달갑지 않은 것 같습니다.

● 익명의 공간도 매너는 필수

요즘은 정말 온라인 생활이 현실 생활보다 더 우리 삶을 장악하고 있는 것 같습니다. 다들 전화보다는 톡으로 얘기하고, 만나서 얼굴을 보고 친해지는 것보다는 온라인에서 마음 맞는 사람들과 취미를 즐깁니다. 각종 SNS와 유튜브, 개인방송, 게임, 커뮤니티 등 어쩌면 온라인에서 사람들과 만나고 얘기하는 시간이 훨씬 많을지도 모르겠습니다.

그런데 이런 온라인 소통이 대세가 되고 발전한 것에 비해서 온라인 공간에서의 에티켓과 같은 소통 매너와 문화는 계속해서 썩어 가고 있는 게 아닌가, 너무 방치되어 있는 게 아닌가, 하는 생각을 온라인 커뮤니티 매니저로서 하게 됩니다. 실제로 사회적인 문제로도 떠올랐던 한 커뮤니티의 왜곡된 혐오 문화, 페미니스트 커뮤니티라고 하지만 실상은 남자에 대한 맹목적인 혐오가 가득한 일부 커뮤니티의 사례를 봐도 그렇고, 포털 사이트 뉴스의 댓글만 봐도 온통 비난과 욕과 혐오가 가득한 것이 온라인 공간인 것 같습니다.

대체 무엇이 문제일까요? 물도 가만히 놔두면 썩는 것처럼, 온라인 소통 문화도 누가 정화하려고 나서지 않고 방치하고 있기 때문이 아닐까 싶습니다. 그러다 보니 서로 욕하고 싸우고 비난하는 것이 당연한 것처럼 여겨지고 있는 건 아닐까요.

일례로 비트맨에서도 회원들끼리 욕하고 싸우는 일이야 자주 있는 일이긴 하지만, 특이하게도 영어를 섞어 가면서 욕하고 남을 무시하고 주구장창 싸우는 한 회원이 있었습니다. 유식한 척 중간 중간 영어를 섞어가며 싸우는 게 참신해서, '이 사람은 또 누구야?' 하는 생각에 블로그를 들어가 봤습니다. 그런데 웬걸! 외국에서 공부도 많이 하고 직접 쓴 저서도 많은 고상한 사람이어서 좀 충격을 먹었습니다. 아마 이런 사람이라면 실제 생활에서는 다른 사람들에게 충분히 신사답게 대할 줄 알 겁니다. 온라인이고 익명의 공간이다 보니, 브레이크 없이 하고픈 대로 막말을 했던 게 아닐까요?

아무튼 우리의 온라인 문화는 이렇게 아직 미성숙하고 질서가 전혀 잡히지 않은 것 같습니다. 그래서 비트맨이라도 이런 잘못된 문화에서 벗어나 온라인상이라고 해도 서로 존중하는 문화를 가졌으면 하는 마음으로 운영하고 있습니다.

매니저의 입장에서 회원을 정지시키거나 내보내는 일은 사실 정말 하고 싶지 않은 일입니다. 커뮤니티를 활성화시키는 게 쉽지 않은 일이다 보니 더욱 그렇습니다.

최소한 이 책을 읽는 분들이라도 평소에 다른 사람들에게 잘 대하듯이 익명의 공간인 온라인에서도 항상 매너를 지켜 주었으면 합니다. 특히 비트맨은 하루에도 자기 재산이 '불어났다 없어졌다'를 몇 번씩 반복하는 사람들이 모여 있는 곳입니다. 힘든 사람들에게 잘못 시비를 걸거나 조롱하면 책임질 수 없는 사태가 일어날 수도 있습니다. 힘들어하는 사람에게는 위로를, 기뻐하는 사람에게는 축하를 보내 주는 문화가 정착될 수 있게 힘을 모아 주었으면 좋겠습니다.

건전한 인터넷 문화를 위해 지켜야 할 네티켓

- 바른 말을 사용한다.
- 커뮤니티 특성을 이해하고 수용한다.
- 출처가 명확하고 건전한 정보를 공유한다.
- 불건전한 정보는 받아들이지도 퍼트리지도 않는다.
- 다른 사람의 개인정보를 보호하고 자신의 정보도 철저히 관리한다.
- 타인의 실수를 포용한다.
- 건전한 네티즌 문화 조성을 위해 노력한다.

● 양날의 검과 같은 네임드

비트맨에서 어떤 방식으로든 인기를 얻어 많은 회원들이 추종하는 인기 있는 회원을 보통 '네임드' 회원이라고 합니다. 그런데 이런 네임드 회원들이 예전부터 줄곧 양날의 검과 같은 존재이곤 했습니다. 그리고 여전히 풀리지 않는 숙제 중 하나입니다.

커뮤니티에서 양질의 글을 쓰고 좋은 정보를 회원들에게 알려 주는 회원이 있다는 건 좋은 일입니다. 그런 회원들 덕분에 많은 회원들이 유익한 정보를 얻고, 그 회원의 매매 방식을 듣고 따라하며 수익을 내고, 그러면서 사람들의 활발한 활동이 이어지기 때문입니다.

문제는 그동안 수없이 많은 네임드 회원들이 있었고, 그 네임드 회원들 대부분은 결국 인기를 이용해서 리딩방을 차리거나 다른 카페를 만들거나 하여 추종하던 회원들을 따로 모아서 나간다는 것입니다. 나가서도 처음에는 대가 없이 순수하게 운영하는 듯하지만 나중에는 본색을 드러냅니다. 결국 고액의 돈을 받아내며 유료 리딩을 하는 수순을 밟는 것입니다.

초창기부터 지금까지 비트맨을 운영하면서 그런 사례들을 많이 보았습니다. 그중에 끝이 좋은 케이스는 어디에도 없었습니다. 어떤 회원은 자기가 추천하는 코인을 강하게 선동하며 많은 사람들이 사게 했는데, 그게 수익이 나서 많은 사람들이 그를 따랐었습니다. 그러다 결국 그 회원도 따로 카페를 만들어서 추종하는 회원들을 자기 카페로 빼돌렸고, 이후 코인뿐만 아니라 주식 종목까지도 강하게 선동했습니다. 그런데 그가 추천했던 주식은 사실 상당히 부실한 기업의 주식이었습니다. 그런데도 확실하다며 강하게 추천하는 그 회원 때문에 많은 사람들이 그 주식을 매수했습니다. 결과는 어땠을까요? 그 주식은 결국 상장폐지 되어 지금은 찾아볼 수 없습니다. 그 회원은 그 주식이 관리종목에 들어갔을 때조차도 괜찮을 거라고 강하게 얘기했었습니다. 그 말을 믿은 사람들은 투자한 모든 돈을 잃었을 것입니다.

또 예전 상승장에 역시나 예언가들이 비트맨에 판을 치고 있었고 그

중에 인기를 얻는 회원들이 꽤 생겨났었습니다. 비트맨은 그 회원들과 연락하여 강의 콘텐츠를 올릴 수 있게 해주는 등 도와주려 했었지만, 얼마 못 가서 그 인기회원들이 단체톡방을 통해 뭉쳐서 다른 카페를 개설하고 회원들을 데려간 사실을 알게 됐습니다. 필자는 그때 그중 가장 주도적인 회원이자 그 카페의 운영자인 회원에게 연락하여 이런 일이 있는데 맞느냐 물어봤지만, 그 회원은 자신이 운영자인데도 뻔뻔하게 "아유~ 그런 일 없습니다. 전혀 아닙니다."라고 대답했습니다. 결국 많은 회원들이 그곳으로 옮겨갔고 그들은 마치 자신들의 카페가 전문가가 모인 집단인 것처럼 운영했지만, 얼마 지나지 않아서 본색을 드러내고 고가의 유료 강의를 판매하는 수순을 밟았습니다. 그리고 긴 하락장을 지나온 지금은 그 카페를 찾아보기 어렵습니다.

고액의 돈은 받지만 잘못된 리딩에는 조금도 책임지지 않고, 문제를 제기하면 오히려 강퇴하는 등 수많은 피해자들이 그동안 생겨 왔습니다. 그리고 애초부터 이런 악한 의도를 품고 비트맨에 들어와서 리딩성 활동을 시작하고, 다른 계정을 동원해서 칭송하는 댓글 작업을 하는 등 여러분을 속이고 조작하는 사기꾼들은 지금도 어딘가에 숨어 있습니다.

이와 같이 '네임드'라는 인기 회원들은 정말 머리 아픈 숙제이자 양날의 검입니다. 비트맨은 올바르게 활동하는 회원 분들에게 항상 감사하고 그들에게 불필요한 시비를 걸거나 분쟁을 일으키는 회원들을 제재합니다. 또한 앞서 이야기한 무분별한 피해를 막기 위해서 네임드 회원들을 항상 예의주시하고, 문제가 보일 경우 과감하게 처리하고 있으며, 회원들이 이런 피해 없이 올바른 투자 방법을 배울 수 있게 비트맨에서 공식적으로 검증된 전문가 분들의 조언을 무료로 제공하고 있습니다. 그러니 바라건대, 주식이든 코인이든 부동산이든 돈이 걸린 곳에서는 '나한테 친절하게 정보를 주는 사람'을 가장 주의하고 의심해야 합니다. 그 친절이 처음부터 계획된 친절일 수도 있고, 처음에는 친절이었어도 결국엔 그 사람의 이득을 위해 이용당하게 될지 모른다는 것을 명심해야 합니다.

본질적 가치에 대한 논란

투자라면 그 대상이 무엇이든 '이게 과연 내가 투자할 가치가 있나?'라는 의문을 품고 시작하게 됩니다. 부동산이나 주식에서는 가치를 평가하면서 그나마 어떤 실적이나 조건 대비 비싸다, 싸다 같은 평가를 내릴 수 있는데, 코인은 그렇지 않습니다. "아무런 가치가 없다." 또는 "아니다. 코인이 미래를 바꿀 것이다."와 같은 상반된 주장이 언제나 존재합니다. 심지어 우리나라 정부조차도 "코인은 아무런 가치도 없는 것이다. 거래를 못하도록 거래소 폐쇄도 검토하겠다."라는 식으로 말했다가, 그 말 한

마디에 엄청난 폭락이 오고 사태가 심각해지자 "블록체인은 성장시키지만 코인은 아니다."라고 수정해서 말할 정도로, '코인의 가치'에 대한 논란과 오해들이 난무합니다.

이와 관련해서 코인투자를 하는 사람들 사이에 유명한 일화가 있습니다. 국내 복지부장관을 역임했던 분이 TV 프로그램에 나와서 "비트코인은 사기다.", "비트코인은 사회적 생산 기능이 하나도 없다."라고 말했던 것입니다. 그런데 그분이 사기라 일갈했던 비트코인이 3년이 흘러 그때보다 2~3배의 가치가 되었습니다. 세계 최고의 전기자동차 회사 CEO와 나스닥에 상장된 대형회사들이 비트코인을 사들였고, 세계적으로 비트코인과 관련된 금융상품이 출시되고 있습니다. 그리고 어떤 이들은 그분이 말할 때 비트코인 안 팔고 가지고 있었으면 부자가 됐을 것이라고 말합니다.

이처럼 비트코인의 본질적인 가치에 대한 오해가 너무 많습니다. 그래서 국내 최대의 비트코인 커뮤니티를 운영하는 사람으로서 이런 오해를 좀 바로잡아 주고 싶습니다.

먼저 "비트코인은 아무 가치가 없는 것이다."라고 말하기에는 너무 늦었습니다. 비트코인 가격은 이미 한 개에 7000만 원을 넘긴 적이 있고, 실제 거래가 빈번하게 이루어진 지도 벌써 10년이 넘었습니다. 그런데도 가치가 없다고 이야기하는 건 눈에 보이는 현실과 사실을 부정하는 것입니다. "이건 아무 가치가 없어! 7000만 원이 아니라 0원이어야 한다고!"라고 몽니를 부리는 것밖에는 되지 않습니다. 비트코인이 꼭 7000만 원을 넘었기 때문에 하는 얘기가 아닙니다. 2000만 원일 때도 그랬고, 300만 원일 때도 이건 똑같았습니다. 0원이던 것이 10만 원쯤 되고 100만 원쯤 됐을 때, "이건 거품이야! 잘못된 거라고!"라고 외치는 건 이해합니다. 그런데 그렇게 거품이라 외치던 것이 이미 10년 넘게 가치를 키워 오고 있고, 500만 원이 되고 1000만 원이 되고 2000만 원이 됐다면, "아, 거품인 줄 알았는데 가치가 계속 올라가네. 패배를 인정한다."라고 말하는 게 맞을 겁니다. 이미 몇 천만 원의 가치를 평가받고 있는데 뒤늦게 알아 놓고는, "오 마이갓! 이런 게 있었어? 이게 뭐라고 몇 천만 원이라니 이건 사기야!"라고 주장하는 건 좀 바보 같지 않나 싶습니다.

가치가 없던 어떤 것이라도 오랜 기간 동안 꾸준히 가치가 상승해서 몇 백만 원 정도의 가치를 갖게 됐다면, 그건 그대로 가치를 인정해야 하지 않을까요. 눈앞의 현실에서 사람들이 이미 높은 가치를 부여하고 그걸로 콜라도 사먹고 피자도 사먹고 있는데, "아니야! 그래도 가치가 없다고!"라고 하는 건 그냥 억지일 뿐입니다.

또 다른 측면에서 얘기해 보죠. 우리가 사용하는 돈은 그 자체로서 가치가 있을까요? 비트코인을 폄하해서 이야기하자면, 그냥 블록체인이라는 구조의 네트워크상에서 처리되고 오가는 데이터 쪼가리일 뿐입니다. 그렇다면 우리가 실생활에 사용하고 있는 지폐는 어떨까요? 지폐 역시 폄하해서 이야기하자면 한낱 종이 쪼가리일 뿐입니다. 국가 경제가 붕괴되면 그 종이 쪼가리로는 아무것도 할 수가 없습니다. 지폐를 먹고 살 수도 없고 지폐로 옷을 만들어 입지도 않으니까요.

논리의 비약이 아니라, 실제로 국가 경제가 붕괴된 짐바브웨에서는 한때 계란 세 알을 사기 위해 1천억을 내야 했습니다. 너무 극단적인 예시일까요? 1920년대의 독일, 1990년대의 브라질과 아르헨티나, 그리고 2020년의 베네수엘라가 극심한 인플레이션으로 인해 화폐 가치의 하락을 겪었습니다.

1920년대 독일에서 연료비가 만만치 않아 돈으로 불을 붙이는 여성

결국 우리가 쓰는 국가통화 조차도 "만 원짜리 지폐로 한 끼 식사 정도는 충분히 할 수 있어."라는 신뢰가 있고 실제로 그것이 가능하기 때문에 가치가 있는 것이지, 언젠가 극심한 인플레이션이 발생해서 만 원짜리로 껌 하나 정도만 살 수 있게 되는 때가 오면 만 원도 결국 그 정도로 가치가 없게 되는 것입니다.

생각해 봅시다. 국가가 발행한 지폐는, 국가가 운영을 잘못해서 경제가 망하게 되면, 아무 가치가 없어질 위험이 있다는 얘기입니다. 반면에 비트코인은? 중앙 관리 주체가 없습니다. 잘못 운영해서 망하게 할지도 모를 관리자가 없기 때문에, 관리자의 잘못된 운영으로 비트코인이 망할 일은 없다고 볼 수 있습니다. 게다가 앞서 얘기했던 초인플레이션을 겪은 국가들은 전부 지폐를 너무 과도하게 발행했기 때문에 화폐의 가치가 바닥으로 떨어졌던 것입니다. 그러나 비트코인은 최대 발행량에 한계가 있고, 그 개수도 2100만 개로 지극히 한정적입니다. 희소성까지 갖추고 있다는 얘기입니다. 그런데 세계 대부호와 큰 기업들이 비트코인을 사들이고 있습니다. 그래서 비트코인이 7000만 원까지도 오른 것입니다.

우리가 주머니 속에 가지고 있는 만 원짜리 지폐가 7천만 원이 되는 기적은 일어나지 않습니다. 그건 만 원은 큰 변동 없이 안정적으로 만 원의 역할을 하도록 국가가 잘 관리해 주기 때문입니다. 그러나 비트코인은 만 개에 피자 두 판 겨우 시켜먹을 수 있던 것이, 10년 정도 뒤에는 1

개에 자동차 두 대를 뽑을 수 있을 만큼 가치가 올랐습니다. 만약 10년 전으로 돌아가서 비트코인 1개와 만 원짜리 지폐 한 장 중 하나만 선택해서 가질 수 있다면 무엇을 가지겠습니까? 지금도 비트코인 1개만 있다면 바로 돈으로 바꾼 뒤에 내일 당장이라도 차를 사러 갈 수 있으니 더 이상 '가치가 있다 또는 없다' 하는 논란은 무의미하다고 봅니다.

그렇다고 필자가 비트코인 찬양론자가 되고 싶은 건 아닙니다. 비트코인은 2009년에 하나의 아이디어를 기반으로 만들어 낸 블록체인 프로그램일 뿐입니다. 그것도 극초반의 프로그램입니다. 비유하자면 우리나라 휴대폰의 원조 모델 중에 '걸면 걸리는 걸리버'라고 홍보하던 나름 유명한 모델이 있었습니다.

현대전자의 핸드폰 '걸리버'

그때는 이 폰이 최고였습니다. 그러나 지금 누가 이 폰을 가지고 다니며 쓰겠습니까? 비트코인도 마찬가지입니다. 요즘은 신용카드 결제가 얼마나 편하고 빠르며, ○○페이 이런 것들도 얼마나 많습니까. 게다가 쓰면 쓰는 대로 포인트 적립도 해 주고 할인도 해 주는데, 누가 상대적으로 전송도 느리고 잘못 보내면 취소하기도 어렵고 수수료도 비싼 비트코인을 돈 대신 쓰려 할까요?

비트코인은 애초에 개발자인 사토시 나카모토가 개인과 개인 간의 송금 및 결제수단을 구상해서 만들었지만, 지금은 물건을 구매하는 결제 용도로 쓰기에는 너무 뒤떨어진 기술이 된 지 오래입니다. 비트코인보다 성능 좋은 블록체인 프로젝트들도 셀 수 없이 많습니다. 그리고 비트코인의 성능이 좋고 결제하기에 편해진다 하더라도, 비트코인으로 결제하고 음식 배달을 시키면 30분 뒤에 배달부가 도착해서 "배달 오는 30분 동안 비트코인 시세가 너무 떨어졌어요. 음식 드시고 싶으면 비트코인 더 주셔야 합니다."라고 할지도 모릅니다. 그만큼 변동성이 큽니다.

그러니 혹시나 이 글을 정부 관계자나 어느 공무원이 볼 수 있다면, 비트코인 때문에 기존 화폐질서가 어지럽혀질 수 있다는 걱정은 접어 두어도 된다고 얘기하고 싶습니다. 다만 우려되는 점은, 탈세와 자금세탁, 불법적인 의도의 해외 송금 같은 문제는 충분히 여지가 있기 때문에, 이런 것에 대한 방지 대책은 제대로 갖추어야 할 것입니다.

금이 가치가 있고 화폐의 대체 자산이라고 해서 실제로 금을 들고 가서 먹을 걸 사는 경우는 거의 없는 것처럼 비트코인도 마찬가지입니다. 그러나 금은 금대로의 가치가 있고 희소성이 있듯이, 비트코인도 비트코인대로의 가치가 있고 희소성이 있습니다.

현실의 금융 시장을 보면 옥수수, 오일 등의 선물거래 시장이 존재하고 많은 사람들이 투자합니다. 그렇다고 그들이 옥수수나 오일을 실제로 주고받고 하는 건 아닙니다. 그저 옥수수와 오일의 가격을 예측하고 거기에 돈을 베팅할 뿐이지요. 주식도 증권사를 통해 주식 거래를 한다고 해서 실제 증권을 종이로 주고받고 하는 사람은 많지 않습니다. 그러나 비트코인은 투자하는 것과 동시에 실제 비트코인이 오고 가는 실거래입니다. 이런 측면에서 본다면 비트코인 투자가 오히려 더 실제적인 가치의 교환을 하는 투자라고 할 수도 있습니다.

결론적으로 비트코인이 결제수단으로서의 가치는 떨어지는 것이 사실이지만, 투자 및 가치 저장 수단으로는 충분한 장점을 지니고 있으며 그 가치는 이미 눈앞에 있는 현실의 거래 가격이 증명해 주고 있습니다. 비트코인의 본질적인 가치에 대한 논란은 이렇게 정리되었으면 하는 바람입니다.

03 비트맨을 유익하게 활용하는 꿀팁

국내 최대의 비트코인 커뮤니티인 비트맨은 곧 회원 수가 60만을 넘길 것으로 보입니다. 하루에 3~4천 명의 사람들이 가입하고 있습니다. 그런데 비트맨에 너무 많은 글들이 있다 보니, 유용한 정보는 계속 뒤로 묻히기 마련이고, 그러다 보니 비트맨에서 좋은 정보를 어떻게 얻어야 하는지 모르는 사람들이 많습니다. 그래서 비트맨 입문자들을 위한 사용설명서를 적어 보려고 합니다.

● 초보를 위한 정보들

비트코인이라는 단어와 이제야 친해지기 시작한 코린이 여러분이라면, 아마도 거래소에 있는 코인들이 전부 대체 뭐 하는 코인들인지 알지 못해 궁금할 것입니다. 그런 때는 비트맨에 있는 '코인백과' 게시판을 먼저 훑어 보는 게 좋습니다. 뒷면의 이미지와 같이 다양한 코인들의 주요 특징들과 설명을 쉽게 찾아볼 수 있습니다.

　얼마 전에 한 BJ가 개인방송에서 처음으로 코인투자를 시작하면서 말하기를 "무조건 이름 예쁜 걸 사야 한다. 이름 예쁜 걸로!"라고 하는 걸 봤는데, 너무 웃기기는 했지만, 그렇게 하다간 결국은 큰 손실로 이어지

[코인백과] 저스트 (JST)
???프로젝트 소개?????저스트JustJST?심불: JST?총 발행량 : 9,900,000,000 JST?시장 유통량:1,433,850,000 JST?시가총액: 약 540 억 원?상장거래소: 업비트, 코인원, MXC?*2020.08.06 재단 제공 자료 기준???[저스트 특징]???■...

비트맨작전병 · 2020.08.06.   조회 1,922   ♡ 15   ♡ 4

[코인백과] 보라 (BORA)
프로젝트 소개보라BORA심불: BORA총 발행량 : 1,205,750,000 BORA시장 유통량: 682,177,025 BORA시가총액: 약 400 억 원상장거래소: 업비트, 빗썸, 비트렉스*2020.08.05 재단 제공 자료 기준[보라 특징]■ 보라 기본정보...

비트맨작전병 · 2020.08.05.   조회 1,651   ♡ 10   ♡ 3

[코인백과] 카바 (KAVA)
프로젝트 소개 카바 Kava 심불: KAVA 총 발행량: 106,274,714 KAVA 시장 유통량: 33,485,395 KAVA 시가총액: 약 1220억 원 상장거래소: 바이낸스, 빌럭시, 업비트 *2020.07.23 재단 제공 자료 기준 [카바 특징] ■ 카바 기본정...

비트맨작전병 · 2020.07.23.   조회 576   ♡ 1   ♡ 3

[코인백과] 링엑스 (RINGX)
프로젝트 소개 링엑스 RING X PLATFORM RINGX 심불: RINGX 총 발행량: 500,000,000 RINGX 시장 유통량: 정보 없음 시가총액: 정보 없음 상장거래소: 비트파이넥스, 에이프로빗, 업비트 *2020.07.02 재단 제공 자료 기준 [링...

비트맨작전병 · 2020.07.02.   조회 446   ♡ 0   ♡ 0

[코인백과] 컴파운드 (COMP)
프로젝트 소개 컴파운드 Compound COMP 심불: COMP 총 발행량: 10,000,000 COMP 시장 유통량: 2,561,279 COMP 시가총액: 약 8,700억 원 상장거래소: 코인원, 핫빗, 빌락시 *2020.06.23 재단 제공 자료 기준 [컴파운드 ...

비트맨작전병 · 2020.06.23.   조회 403   ♡ 3   ♡ 2

[코인백과] 페이프로토콜 (PCI)
프로젝트 소개 페이프로토콜 Payprotocol PCI 심불: PCI 총 발행량: 3,941,000,000 PCI 시장 유통량:정보 없음 시가총액: 정보 없음 상장거래소: 업비트, 코인원, 후오비 *2020.06.19 재단 제공 자료 기준 [페이프로토콜 특징] ...

비트맨작전병 · 2020.06.19.   조회 429   ♡ 3   ♡ 5

기 마련입니다. 적어도 내가 사려는 코인이 발행량은 몇 개인지, 발행량 대비해서 지금의 가격은 저렴한 편인지, 아니면 비싼 편인지 다른 코인들과 비교해 보아야 합니다. 시중에 풀린 공급량에 현재 시세를 곱한 걸 시가총액이라고 하는데, 시가총액이 상대적으로 낮으면서 대형 거래소에 상장되어 있고 사업성이 좋아 보이는 코인을 찾는다면 그런 것들이 그나마 안정적인 수익을 줄 수 있을 것입니다.

그리고 이전에 설명했듯이 코인의 세계는 메타가 시장을 지배할 때가 많습니다. 만약 디파이 메타가 다시 붐이 일어나고 있는데, 코인들에

잭 도시의 첫 트윗

비플의 Everydays-The First 5000 Days

대한 정보가 없어서 뭐가 디파이 코인인지도 모르겠다면, 남들은 이미 돈 벌고 있을 때 우왕좌왕하게 되는 것입니다.

실제로 얼마 전까지 NFT(Non-Fungible Token), 한글로는 '대체 불가능 토큰'이라고 해서 이 NFT메타가 시장을 지배했었고, 이 글을 쓰고 있는 지금도 코인시장 뿐만 아니라 세계적으로 NFT의 열기가 뜨겁습니다.

NFT란 이미지, 비디오, 예술작품 등의 디지털 파일에 대한 소유권을 블록체인 상에 토큰의 형태로 저장하여 위·변조가 불가능한 상태로 영구 보존해 놓은 것을 말합니다. 또한 NFT를 구입한 소유자는 거래를 통해 디지털 자산을 재판매할 수도 있습니다. 시장의 초기이다 보니 하나둘씩 비상식적으로 가격이 높아지는 상품들이 생겨났고, 세계적인 SNS 트위터의 대표인 잭 도시의 첫 트윗은 무려 32억 원에 팔렸습니다.

그리고 비플이라는 디지털 작가의 'Everydays-The First 5000 Days'라는 작품은 무려 782억 원에 팔렸습니다.

이런 NFT 열풍과 함께 NFT와 관련된 코인들인 칠리즈, 엔진코인, 디센트럴랜드 같은 코인들은 한 달이 안 되는 짧은 시간 동안 20배 가까이 폭등했습니다. 이런 것처럼 각각의 코인들이 어떤 코인들인지 확실

하게 꿰고 있다면 남들보다 더 빠르게 대세라는 흐름에 올라탈 수 있을 것입니다. 그러니 시간이 날 때마다 코인백과에서 코인들의 특징들을 훑어 보는 걸 추천합니다.

그리고 이제 코인의 세계에 발을 들인 입문자라면 사실 낯선 용어들 투성이일 것입니다. 비트코인, 블록체인부터가 낯선 용어인데 영어와 약자로 된 다른 용어들까지 보면 정말 이게 투자인지 용어 공부인지 알 수 없을 정도입니다. 그런 사람들이라면 비트맨에 있는 '초보 코인용어' 게시판을 활용하기를 권합니다. 비트코인, ICO, 노드, 하드포크, 세그윗 등등 꼭 알아야 할 용어들에 대한 설명이 가득합니다.

이 정도 익혔다면 이제 나만의 '팁&노하우' 게시판으로 이동해서 사람들이 올려놓은 투자 노하우들을 탐독해 보는 것도 좋습니다. 모든 투자는 전략과 원칙이 있어야, 실패했을 때에도 어떤 부분이 잘못되었는지 판단하고 다음에는 같은 실수를 반복하지 않을 수 있습니다. 나만의 팁&노하우 게시판은 매매 타점을 잡는 방법이나 곧 오를 만한 코인을 잡는 방법, 멘탈 관리 방법 등 많은 사람들의 노하우를 어느 곳보다 다양

비트코인과 해시파워, 그리고 채굴 난이도
비트코인과 해시파워, 그리고 채굴 난이도 비트코인은 알다시피 2100만개가 발행되었다. 그러나 이 2100만개는
한번에 발행된 것이 아니라 '채굴'이라는 행위를 통해서 차근 차근 발행되도록 설계되어 있다. 이 뿐만 아니라 ...

에스씨비 · 2019.03.18.   조회 7,265   ♡ 352   ♡ 70

블록체인에 대한 쉬운 설명
블록체인에 대한 쉬운 설명 우리가 투자하고 있는 암호화폐는 블록체인이라는 시스템 상에서 오고가는 데이터입
니다. 그러나 블록체인에 대해서 제대로 알고 있는 사람은 얼마나 될까요? 생각보다 많지 않을거라 생각합니다....

에스씨비 · 2019.03.15.   조회 7,120   ♡ 349   ♡ 52

IEO와 ICO의 차이점
2017년에서 2018년 초까지 ICO가 붐을 일으켰다. 2019년에 들어서는 IEO라는 새로운 트렌드가 나오기 시작했다. 투자자의 입장에서 두
모델을 간단하게 비교해보자. IEO(initial exchange offering)란 간단히 말해서 ICO(init...

에스씨비 · 2019.03.14.   조회 2,868   ♡ 157   ♡ 7

ETF 뭔지 모르는 분을 위해서 ETF 설명 글 퍼왔습니다.
◆ 따뜻한 언어로 매너있는 "비트맨"을 만들어주세요! ◆ [※주의! 내용없는 한줄글 경고없이 삭제 및 징계!] ☞
ETF란? ETF (Exchange Traded Funds 상장지수펀드)는 특정 상품의 시세와 연동되도록 설계된...

티에리 · 2018.07.26.   조회 5,176   ♡ 1008   ♡ 61

영상) 코인 투자 용어정리
코인에 대한 투자가 처음이긴 초보 투자자를 위해 용어를 정리해봤습니다.^^ 도움되었으면 하는 바램입니다.

울산 쿡 · 2018.06.09.   조회 1.1만   ♡ 91   ♡ 59

메인넷이란? 메인넷이 진짜 투더문의 보증수표일까요?
◆ 따뜻한 언어로 매너있는 "비트맨"을 만들어주세요! ◆ [※주의! 내용없는 한줄글 경고없이 삭제 및 징계!] ☞ 글
쓴이에게 좋아요♥와 댓글은 큰 힘이 됩니다! 비트코인을 더 쉽게! "비트맨 동호회&quo...

비트좋아 · 2018.05.01.   조회 7,732   ♡ 766   ♡ 86

블럭체인 노드에 대해서 공부합시다

하게 볼 수 있는 보물창고 같은 곳입니다. 다른 사람들의 매매 기록과 노
하우들을 보면서 나는 과연 어떻게 투자할지를 정해 본다면 분명 투자
승률을 높여갈 수 있을 것입니다.

그리고 나서 차트 보는 방법들을 '차트의 첫걸음' 게시판을 통해 익
히고 점점 전문가의 길을 향해 나아가 보세요. 아 참, 지금까지 말한 모
든 것들을 하기 전에 먼저 댓글 10개와 가입인사를 잘 작성하고, '진급신
청소' 게시판에서 분대장으로의 진급을 신청해야지만 대부분의 게시판
을 이용할 수 있습니다.

그리고 활동하기 전에 공지나 규정을 제대로 안 읽어서 활동을 정

지당하는 사람들이 정말 많습니다. 들어오자마자 홍보성 글을 올린다든지, 시비 걸고 싸운다든지, 단체톡방이나 다른 텔레그램 채널을 올린다든지 하면서 정지당하곤 합니다. 매니저는 내 회원 지키는 게 일인 사람이기 때문에 들어온 회원을 정지시키는 건 달갑지 않은 일이니, 제발 공지와 규정을 먼저 숙지해 주시면 좋겠습니다.

코인 투자 입문자에게 강추하는 비트맨 게시판
1. 코인백과 게시판
2. 초보 코인용어 게시판
3. 나만의 팁&노하우 게시판
4. 차트의 첫걸음 게시판

● 사람들과 친분을 쌓자

비트맨은 돈이 걸려 있는 일을 하는 사람들이 모인 곳이다 보니 이런 사람들이 있습니다. 어떤 사람이냐면 가입하자마자 주구장창 아주 열과 성을 다해서 "떨어진다! 도망쳐라! 빨리 팔아라! 더 떨어진다! 돔황챠(도망쳐의 속어)!" 하고 외치는 사람, 그리고 굳이 남들이 좋아하는 인기 회원한테 가서 "상승장이니까 다 오르지 이런 것도 추천이라고 하냐?" 하며 시비를 거는 사람들이 꼭 있습니다. 보통 전자는 사람들이 빨리 팔아서 더 떨어져야 자신이 더 낮은 가격에 살 수 있기 때문에 자기 이득만을 노리고 선동하는 경우가 많고, 후자는 남이 인기 많은 게 그냥 꼴 보기 싫어서 시비를 거는 사람들입니다.

　그런데 사실 커뮤니티를 잘 이용해서 돈을 버는 제일 바람직한 방법은 많은 사람들과 친해져서 정보를 많이 얻는 것입니다. 만약 내가 아직 남들은 관심을 갖지 않고 있는 좋은 정보를 알게 됐다고 해 보죠. 그러면 이 정보를 여러 사람에게 퍼뜨리고 싶을까요? 다른 사람들이 많이 매수하면 막상 그 호재가 터졌을 때 매도하는 사람도 많아진다는 얘기이기 때문에, 100% 올라갈 만한 것도 50% 오르고 끝난다든지 할 수 있습니다. 그렇기 때문에 남들보다 미리 돈이 될 만한 정보를 안 사람은 사실 그 정보를 자랑하고 싶어서 입이 근질근질하면서도 한편으로는 많이 알리고 싶지는 않아집니다. 결국 자신과 친한 몇 명에게만 그 정보를 공유하기 마련이죠. 그러니 커뮤니티에서 사람들과 좋은 관계를 맺어 놓는 것이 좋습니다. 그래야 주변 사람들이 뭘 샀는지, 요즘 관심 갖고 있는 분야는 뭔지 공유할 수 있고 고급 정보도 얻을 수 있습니다. 그리고 고급 정보들을 알려 주는 인기 회원들의 글은 잘 참고해서 그들의 매매 방식을 흡수하려고 노력해야 합니다. 그렇게 하다 보면 그게 맞든 틀리든 결국은 자기 매매의 자양분이 됩니다.

● 흙 속의 진주를 찾아내자

비트맨에는 요즘 하루 15000개 이상의 글이 올라옵니다. 아마 게시 글들의 90%는 그냥 넋두리이거나 일상적인 글들일 것입니다. 그러나 그 와중에는 정말 흙속의 진주처럼 도움 되는 정보가 있는 경우가 많다는 걸 꼭 알아 두셨으면 좋겠습니다. 매니저의 입장에서 보면 대부분의 사람들이 자기가 가진 코인 외의 다른 정보에는 귀를 잘 기울이지 않습니다. 하지만 정말 도움 되는 정보는 내가 아직 모르는 분야, 처음 들어 본 단어, 이제야 사람들이 언급하기 시작하는 단어에 있습니다.

예를 들어 누가 디파이 열풍의 주역인 컴파운드 얘기를 할 때, '컴파운드? 디파이? 그게 뭐지? 새로운 메타인가?'라고 의문을 가지고 깊이 있게 알아봤다면 그 뒤의 후발주자들을 놓치지 않았을 것입니다. NFT도

마찬가지였습니다. 업계 트렌드에 빠른 사람들이 "이제 NFT가 대세다." 라고 말하기 시작할 때는 관심 갖는 사람이 별로 없었지만, 며칠 뒤에 NFT 코인들만 줄줄이 오르기 시작했고 그때부터 사람들은 온통 NFT 코인에만 달려들었습니다.

이런 것처럼 '정보를 얻기 위해' 커뮤니티에 들어왔다는 걸 망각하면 안 됩니다. 항상 새로운 정보에 귀를 쫑긋! 기울이는 자세로 사람들의 글을 읽어야 합니다. 빠른 정보 습득이 곧 수익으로 이어지기 때문입니다.

● 뉴스를 구독하자

뉴스에 귀를 기울이자 → p.170

앞에서도 설명했듯이 뉴스는 당연히 중요한 정보 습득 채널입니다. 비트맨은 매일 오전 시장에서 가장 주목해야 할 뉴스들만을 추려서 회원 여러분에게 올려 주고 전체적으로 메일링 해주고 있습니다. 매일 비트맨 뉴스만 읽어도 어느 정도는 시장이 돌아가는 상황을 파악할 수 있을 겁니다.

만약 전날 갑자기 비트코인이 폭락했다면, 정확한 악재는 무엇이 있는지 잔뼈가 굵은 전문가의 안목으로 선별해서 뉴스로 올리는 등 양질의 뉴스만을 전하려고 노력하고 있으니, 비트맨에 있는 빠른 뉴스 게시판은 알람 해 놓고 매일 구독하는 것을 추천합니다.

● 중대장이 되자

비트맨은 계급제라고 할까요? 회원 등급이 나뉘어져 있는데, 처음 가입하면 훈련병 계급으로 가입인사 외의 다른 게시판은 이용하기 어렵습니다. 방문 5회, 댓글 10개, 가입인사 글 1개를 채워야 분대장 진급을 신청할 수 있습니다. 분대장만 되어도 대부분의 게시판을 이용할 수 있기 때문에 비트맨 이용에 별 문제는 없지만, 중대장으로 진급하면 더욱 고급 콘텐츠인 전문가 칼럼 게시판들을 열람할 수 있는 권한이 주어집니다.

　　전문가 칼럼에는 비트맨에서 검증한 전문가들이 비트코인에 대한 전문적인 시황 분석과 더불어 매수해볼 만한 코인들의 정보와 매매 기법 등 보통은 고가의 비용을 내고 배우는 콘텐츠들을 무료로 올려 놓고 있어서 보면 투자에 도움을 받을 수 있습니다. 전문가 칼럼은 비트맨 회원들이 무분별한 리딩과 검증도 안 된 사람들에게 현혹되어 금전적 피해를 입는 일을 방지하고 올바르게 매매하는 방법을 터득하게 하기 위해 믿을 만한 고수들을 초빙하여 만들어 낸 콘텐츠입니다. 중대장은 조금만 성실하게 활동하고 가입한 후 2주만 채운다면 누구나 될 수 있으니, 중대장이 되어서 고급 정보들을 맘껏 누리기 바랍니다.

● 이벤트를 놓치지 말자

비트맨을 운영하면서 가장 자부심을 갖고 있는 부분이 바로 비트맨에서 제공하는 이벤트들입니다. 제가 기억하는 한 비트맨을 운영하면서 회원들을 상대로 상업적인 이익을 취하려고 한 적은 없었던 것 같습니다. 어차피 커뮤니티라는 건 많은 사람들이 이용해 줄수록 광고 수익이 생겨나기 마련이고, 그 수익으로 커뮤니티가 운영되기 때문에, 회원 여러분에게 항상 감사한 마음을 가지고 운영하고 있습니다. 그러다 보니 회원분들에게 조금이라도 더 돌려드리기 위해 매주 정기적인 이벤트도 진행하고 있고, 좋은 혜택이 있을 때면 회원 여러분에게 이벤트를 통해서 제공해 드리려고 노력하고 있습니다.

　　비트맨을 운영해 오면서 아쉬운 점 중에 하나가 분명 좋은 이벤트와 좋은 혜택을 준비해도 관심을 기울이지 못해서 받아가지 못하는 회원들이 꽤 된다는 것입니다. 비트맨에서는 지금은 코인베이스 쪽에도 상장되어 있는 앵커와도 협력해서 에어드랍 이벤트를 했었고, 빗썸 거래소에 있는 어댑터도 상장하기 전에 에어드랍 이벤트를 하는 등 회원 분들에게 좋은 기회들을 오랫동안 많이 제공해 오고 있습니다.

　　그리고 이건 매니저라서 알려 드릴 수 있는 꿀팁인데, 커뮤니티에서 처음 보는 코인이 뭔가 대대적으로 홍보를 한다면? 그 코인이 상장을 준비한다거나 본격적인 행보를 하기 위한 준비 단계인 경우가 많습니다. 그러니 이벤트에 관심을 가져 보세요.

코인시장, 어디로 갈 것인가

코인시장은 과연 어디쯤 왔을까? 그리고 어디로 가고 있는 것일까? 이 시장이 과연 5년 후에도, 10년 후에도 존재할까? 많은 사람들이 그런 생각을 하고 궁금해합니다. 국내 비트코인 시장의 중심에서 일하는 저 역시도 매일 그런 생각을 하면서 뉴스를 읽고, 시세 흐름을 보고, 비트맨을 운영하고 있습니다.

어떤 지식인은 비트코인은 신기루일 뿐이라고 말합니다. 다 없어질 것들이고, 결국에는 0으로 수렴할 것이라고 말입니다. 얼마 전 이주열 한국은행 총재는 "암호화폐는 내재 가치가 없는 자산", "현재 비트코인 가격은 이상 급등"이라고 말한 바 있고, 미국의 재무장관도 "비트코인은 투기적 자산이고 불법 금융에 쓰여 우려된다."며 부정적 의견을 피력했습니다.

그와 반대로 긍정론자들은 비트코인이야말로 미래이며 상상 못할 가격이 될 것이라고 말하기도 합니다. 페이스북을 상대로 소송하여 막대한 합의금을 받아낸 것으로 유명한 윙클보스 형제는 비트코인이 "정말 새로운 가치의 저장고"라며 비트코인의 가격이 5억을 넘어설 것이라고 얘기한 바 있으며, 미국 나스닥 상장회사인 마이크로스트레티지의 대표는 "비트코인은 2026년까지 약 10억 명에게 저축 수단으로 선택받을 것"이라고 말했습니다. 이렇게 영향력 있는 사람들조차 양극단으로 의견이 갈리는 상황에서 과연 코인시장은 어디를 향해서 갈 것인가? 비트맨 매니저로서의 생각은 이렇습니다.

● 비트코인 네버다이

"비트코인은 죽었다." 해외 주요 미디어에 의하면 비트코인은 벌써 수백 번 죽었습니다. 주요 미디어에서 비트코인이 죽었다는 말을 몇 번이나 하는지, 그래서 비트코인이 대체 몇 번이나 죽었던 건지 세는 사이트가 있을 정도입니다. 이 사이트에 의하면 비트코인은 2021년 3월 현재 벌써 404번이나 죽었습니다. 사망선고를 404번이나 받고도 다시 살아나서 전보다 더 강력한 모습으로 부활하는 존재가 있다니! 그게 바로 비트코인입니다.

그동안 필자도 비트코인이 끝났다고 느낀 적이 몇 번 있긴 했습니다. 중국 정부가 ICO 철폐를 내려서 중국계 거래소들과 블록체인 업체들이 전부 짐을 싸서 도망치는 모습을 볼 때도 그랬고, 한국 정부 관료들이 비트코인 거래를 금지시키고 거래소를 문 닫게 하겠다고 엄포를 놓을 때도 그랬습니다. 마치 생명력을 잃은 듯이 시들시들해져서 중소 거래소들도 전부 문을 닫고 투자자들은 자기 인생을 한탄하고 있었습니다. 그런 시간이 오래 갔었기 때문에 누구나 그렇게 생각하고 말할 수 있었을 겁니다.

그러나 결과적으로는 죽었다고 느끼기 전의 모습보다 더 엄청난 힘을 가지고 솟아올랐습니다. 404번이나 죽고 다시 살아났다면 이제는 웬만해선 죽기 어렵습니다. 왜냐하면 이제는 사람들이 알기 때문입니다. 죽은 것 같아 보일 때가 기회라는 것을... 그리고 이제는 세계적인 기업

Bitcoin will never die!

과 부호들, 그리고 기관들까지도 비트코인의 힘을 느끼고 들어와 있기 때문에 시간이 갈수록 비트코인이 죽기는 더 힘들어지고 있습니다.

한편으로는 이렇게 재밌는 광경이 또 있나 싶습니다. 필자는 '비트코인은 가치가 없다'는 말은 물론 말도 안 되는 얘기라고 생각하지만, '비트코인, 이게 뭐라고 이렇게까지 비싸질 일인가?' 하는 생각은 가지고 있습니다. 2100만 개밖에 존재하지 않는 복제 불가능한 데이터를 갖기 위해 이렇게 높은 가격을 서로 지불하다니, 정말 흥미로운 일입니다.

비트코인을 튤립버블(1630년대 네덜란드에서 벌어진 튤립에 대한 투기 광풍 현상)이라고 치부하는 사람들이 있습니다. 그러나 그것과는 본질적으로 다릅니다. 튤립은 지속적인 공급이 가능하지만, 비트코인은 처음부터 아주 치밀하게 가치 하락을 방지하기 위한 계산을 하고 나온 존재이기 때문입니다. 비트코인은 4년마다 한 번씩 공급량이 절반으로 줄어들며, 비트코인 반감기 → p.17 2100만 개 이후에는 더 이상 공급되지 않습니다.

지금도 많은 자본가들과 기업들이 비트코인에 대한 눈치 싸움을 하고 있습니다. 비트코인의 가격이 내려오면 매수를 하기 위한 눈치 싸움 말입니다. 이미 가지고 있는 자들은 어디에서 수익 실현을 할 것인지 눈치를 보고 있고, 아직 가지지 못한 자들은 언제쯤 매수 타이밍이 올지 눈치를 보고 있습니다. 이런 눈치 싸움은 갈수록 더 치열해질 것입니다.

그리고 비트코인은 죽을 것 같지가 않습니다. 그게 국내 코인시장의 중심에서 수많은 정보들과 사건들을 봐 온 필자의 생각입니다. 비트코인은 죽은 시체같이 보이다가도 좀비처럼 어느 날 갑자기 다시 일어나서 달려들 것만 같습니다.

● 정부도 결국

필자가 이 업계에 들어와서 비트코인에 대해 관심을 갖고 보게 된 이후로 가장 답답해하는 부분 중 하나가 바로 우리나라 정부의 비트코인과 이 업계 전반에 대한 대응입니다. 뭐랄까, 개인적으로 지금까지 느껴온 바로는 우리나라 관료들은 비트코인에 대해서 깊이 생각하고 싶지 않아하고, 비트코인을 그저 '문제를 일으키고 통제하기 어려운 말썽꾸러기'로 여기는 것 같습니다. 그런데 그러면서도 한쪽으로는 과한 세금 징수를 하려고 합니다. 결국은 그냥 '아무튼 머리 아프고 맘에 들지 않으니 조용히 있어'와 같은 태도로 억누르고만 있는 중입니다.

처음엔 비트코인의 거래 자체를 막아 버리기 위해서 거래소 폐쇄를 운운했고, 그 다음은 은행을 틀어막아서 거래소들이 원화 입금을 받지 못하게 했습니다. 그래서 1년이 넘도록 업비트는 회원들에게 신규 계좌를 만들어 주지도 못했었습니다. 그리고는 실명 확인 입출금 계좌를 구비하고 보안 인증을 받은 거래소만 운영할 수 있도록 일명 '특금법(특정 금융 거래 정보의 보고 및 이용 등에 관한 법률)'을 만들어 시행하는데, 그로 인해서 수많은 거래소들이 문을 닫을 위기에 처했고, 거래소 직원들은 직장을 잃게 되었습니다. 그리고 2022년부터는 코인 거래로 벌어들인 소득 중 250만 원을 초과하면 20%의 세율을 적용해서 투자자들에게 과세

한다고 합니다.

필자는 정부의 이런 조치들이 결국은 잘못된 선택이고 아쉽다는 말을 하고 싶습니다. 비트코인 시세가 폭등하면서 수많은 거래소들과 블록체인 관련 업체들이 생겨났습니다. 그만큼의 새로운 일자리가 창출되었다는 얘기이고, 그 덕분에 필자도 직장을 얻어서 한 업계의 전문가로 자리 잡을 수 있게 되었습니다.

그리고 만약 주식거래처럼 거래에 대해 정당한 세금을 일찍부터 매겼다면, 정부의 세수입에도 상당한 도움이 되었을 것입니다. 해외를 예로 들면 글로벌 혁신지수 8년 연속 세계 1위이자 기업의 매출액 또는 종업원 수가 3년 연속 평균 20% 이상 고성장하는 '가젤형 기업'이 많고, 낮은 법인세(14%) 정책 지원으로 친기업적인 환경을 조성한 스위스는 추크시에 블록체인 성지로 떠오르는 '크립토밸리'를 조성했습니다. 적극적으로 블록체인 스타트업 기업들을 지원한 결과, 서울 종로구 정도의 크기에 불과한 이곳에 960여 개의 회사가 입주해 있고, 5000명 이상의 직원이 일하고 있다고 합니다. 창업한 지 10년 이하이면서 기업 가치가 1조 원 이상인 기업을 유니콘 기업이라고 하는데, 이 작은 크립토밸리에는 무려 11곳의 유니콘이 있습니다.

우리나라도 무턱대고 규제의 칼날만 들이밀기보다는 적절히 관리하고 규제하면서 육성시키는 방향을 택했다면, 지금쯤 유니콘 하나쯤은 키워낼 수 있지 않았을까요? 규제만 하려 드는데도 빗썸과 업비트라는 우수한 거래소가 우리나라에 존재하는 걸 보면, 아마 적극적으로 육성시켰다면, 세계 코인시장을 한국이 점령하고 우리나라 정부가 원하는 방향으로 이 시장을 움직일 수도 있었을 겁니다. 그리고 수많은 일자리 창출과 막대한 세수 확대 효과, 외화 벌이까지 가능했을 것이라고 봅니다.

아무튼 정부의 이런 억압에도 불구하고 세계 코인시장은 계속해서 몸집을 불려 나가고 있습니다. 세계 최대의 파생상품 거래소인 시카고의 CME는 이미 비트코인 선물거래를 개설한 지 오래됐고, 캐나다는 비트코인 ETF 상장을 승인했으며, 세계 최대의 전기자동차 회사인 테슬라까지 비트코인 투자에 뛰어들었습니다.

우리나라 사람들도 더 이상 코인을 꺼려하지 않고 있습니다. 오히려 주식투자보다 진입 문턱이 낮고 수익률은 높은 투자 수단으로 인식하고 있습니다. 이런 변화들은 틀어막는다고 해서 막아지는 것이 아닙니다. 자본주의 사회에서 정당한 자본의 흐름과 수요를 억지로 막으려 해봤자 부작용만 계속해서 생겨날 뿐이라는 게 제 개인적인 의견입니다. 그렇기 때문에 저는 결국 코인 투자 시장도 주식과 부동산처럼 주류 투자 수단 중의 하나로 여겨지게 될 것이라 생각합니다.

가끔은 증권사에서 주식만 취급하는 것이 아니라 코인 거래도 지원하게 되는 날이 오지 않을까? 하는 생각을 해 보기도 합니다. 그리고 지금까지 그래왔듯이 정부에서 규제를 하면 할수록, 코인시장은 죽지 않고 오히려 필터를 거쳐서 정제된 것처럼 더 깨끗하고 정갈하며 성숙한 시장으로 변화할 것이라 예상합니다.

● 마지막으로

결국 돈은 돈의 길을, 비트코인은 비트코인의 길을 갑니다. 정부가 발행하는 국가통화를 민간에서 만든 무언가가 대신한다면 국가에게도 재앙과 같은 상황이겠지만, 사람들에게도 큰 혼란과 피해를 일으킬 것이기 때문에 국가통화를 코인이 대체할 거라는 생각은 들지 않습니다.

또한 비트코인에게 고난은 있어도 죽지는 않을 것입니다. 오히려 돈의 체계가 붕괴되는 순간마다 비트코인이 더 빛을 발할 것이기 때문입니다. 사토시 나카모토가 만든 비트코인은, 갈수록 화폐 사용이 줄어들고 신용카드와 각종 페이 등으로 디지털 결제가 주를 이루는 형세 속에서, 각국 정부가 이제는 진지하게 종이 화폐의 효용성에 대해 다시 한번 생각해보고 정부 중심의 디지털 통화를 계획하게 하는 본격적인 계기를 만들어 주었습니다. 어쩌면 그것만으로도 비트코인의 가치는 충분하고 할 수 있는 역할을 다했다고 볼 수 있지 않을까요? 저는 사토시가 만들어낸 이 '사람과 사람 간의 직접적인 금융 시스템, 비트코인'은 이미 역사적인 대성공작, 대성공한 발명품이 되어 있다고 생각합니다.

세상에 어떤 발명품의 가치가 비트코인이 이루어낸 1000조 이상의 가치를 넘어설 수 있을까요? 생각하기 어려운 일입니다. 만약 여러분이 이 책을 읽고 이 흥미로운 발명품을 직접 체험해 보길 원한다면, 부디 감당할 수 있는 금액 내에서만 자본을 운영하길 바라고, 이미 비트코인을 점유하고 있는 고래들의 싸움에 휘말려서 피해 입는 일이 없길 바랍니다. 그러기 위해선 이 책을 통해 말해 왔듯이 정보와 전략으로 무장하는 것이 필수입니다.

끝으로 서로 존중하고 함께 성공하길 바라는 비트맨의 모토처럼, 이 책을 읽는 여러분의 앞길에도 타인과 서로 도우며 함께 성공해 나가는 일들이 가득하기를 진심으로 기도합니다.

부디 성투하시기를!

초보들을 위한 코인 투자 매뉴얼

지금까지 모든 내용을 읽고 공부했다면 여러분도 이제 더 이상 코린이가 아닙니다. 아마도 여러분만큼 코인에 대해 훤히 알고 있는 사람도 드물 것입니다. 여러분에게 도움이 될 만한 모든 내용을 이 책 한 권에 넣으려고 노력했습니다. 부족한 부분도 있겠지만 개인적으로는 부디 많은 도움을 줄 수 있는 책이 되기를 바라는 마음입니다.

코인의 세계는 파고들수록 방대하고, 필자가 알지 못하는 코인들이 지금도 어딘가에서 생겨나고 있을 것입니다. 코인시장은 이제야 자리를 찾아가는 중인만큼 새로운 코인과 새로운 흐름에 항상 열려 있는 자세로 공부해 나가기를 당부하고 싶습니다. 새로운 정보에 빠를수록 기회를 잡을 가능성이 더 높기 때문입니다.

마지막으로 여러분이 코인의 세계에 뛰어들기 전에 되새겨야 할 기본 매뉴얼을 간단히 요약해 봅니다. 초보 분들이라면 부디 항상 기억하고 실전에 적용해서 큰 수익을 낼 수 있기를 바랍니다.

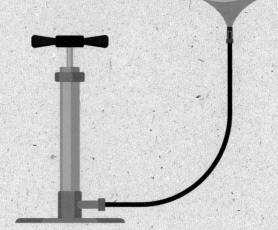

초보들을 위한 코인 투자 매뉴얼

1. 거래소는 사람들이 많이 쓰는 안전한 거래소를 이용하자!

예) 업비트, 빗썸, 바이낸스 등.

2. 코인을 보낼 때는 항상 같은 블록체인인지 확인하자!

다른 블록체인으로는 전송이 불가능하다. 주소와 태그도 확인 필수!

3. 정보에 민감해지자!

해외의 유명한 코인, 이슈 등을 트위터와 뉴스 매체, 커뮤니티 등을 통해서 체크하자!

4. 차트 공부는 가장 큰 무기!

차트는 투자의 내비게이션과 같은 존재다. 기본적인 흐름을 보는 방법과 주요한 패턴 정도는 외워 놓고 차트를 보자!

5. 내 상황에 맞게 투자하자!

내 생활 패턴에 맞는 매매 방식을 선택하고, 내 재무 상태에 알맞은 정도만 투자하자. 무턱대고 투자해 버리면 나중에 관리가 안 돼서 결국 무너진다.

6. 뭐든지 의심하자!

나를 노리고 있는 리딩방 홍보, 사기 코인들, 위험한 거래소들의 꼬임에 넘어가지 말자. 내 돈을 지킬 수 있는 건 나밖에 없다.

7. 상승장인지 확인하자!

그나마 가장 쉬운 투자 방법이 있다면 전체적인 상승장인지를 확인하고, 메이저 거래소에 있는 코인 중 한 가지를 골라서 오래 보유하는 것이다. 차트와 비트맨을 통해서 현재의 흐름을 파악하고 인내심 있게 지켜본 뒤에 투자를 결정하자.

코인용어
백과

» 암호화폐, 가상화폐, 가상통화, 디지털자산

전부 비트코인을 비롯한 모든 코인들을 칭하는 용어들이다. 애초에 비트코인의 블록체인 구조 자체가 암호학을 기반으로 구성되어 있기 때문에 해외에서 Crypto Currency(암호화폐)라고 불렸다. 그래서 국내에서도 암호화폐라는 단어로 통용되었으며 이후 한국 정부에 의해 가상화폐, 가상통화라는 용어로 사용되다가 최근에는 돈의 기능보다는 투자 자산의 가치가 부각되어 디지털 자산이라고도 불리고 있다.

» ERC-20

Ethereum Request for Comments 20의 약자로 이더리움 네트워크 상에서 유통할 수 있는 토큰의 표준 사양이다. 이더리움을 기반으로 만들어진 토큰들은 전부 ERC-20 표준 아래 만들어지기 때문에 이더리움 네트워크를 이용할 수 있고, 이더리움 지갑을 공통적으로 사용할 수 있다.

» ICO

'초기 코인 공개(initial coin offering)'라는 뜻으로, 개발자들이 새로운 코인을 만들어서 자금을 모집하고 코인을 분배하는 행위를 말한다. 보통은 비트코인과 이더리움 같은 유명 코인들을 받은 뒤에 개발한 코인을 분배해 준다.

» IEO

Initial Exchange Offering의 약자로 초기의 코인 발행을 거래소를 통해서 하는 걸 의미한다. 거래소에서 최초로 코인을 발행하고 구매자들은 자금을 입금한 만큼 분배받을 수 있다.

» KYC

Know Your Customer의 약자로, 거래소 가입이나 ICO 참여 시 신분 인증을 할 때 쓰이는 용어이다. 보통 신분증과 본인 사진, 전화번호 등 정확한 증명 자료를 요구한다.

» NFT

Non-Fungible Token의 약자로 보통 '대체 불가능한 토큰'으로 알려져 있다. 이미지나 영상 파일, 게임 아이템 등의 콘텐츠를 블록체인에 기록하여 '토큰화'하는 것을 뜻한다.

» TPS

Transaction per Second의 약자로, 1초당 처리할 수 있는 트랜잭션의 개수를 의미한다. 100만 TPS는 1초당 100만 건의 트랜잭션을 처리할 수 있는 속도를 말한다.

» 가즈아

'가자!'라는 말을 더 강조하여 변형한 말로, 어떤 코인이 오르길 바라는 마음을 담아 응원하는 단어이다.

» 개미털기

개미는 일반 개인 투자자들을 칭하는 단어인데, 개미털기는 세력이라 하는 일명 큰손 투자자나 기관들이 의도적으로 시세를 하락시켜 일반 투자자들이 코인을 매도하고 나가게 하는 행위를 말한다.

» 고래

개미와는 반대의 개념으로 보통은 몇십억, 몇백억 이상의 돈을 가지고 시세에 크게 영향을 줄 수 있는 큰 자금을 가진 투자자나 기관 등을 말한다.

» 고점

특정한 기간 내에서 시세의 가장 높은 지점을 말한다.

» 구조대

더 오를 줄 알고 매수했는데 시세가 떨어져서 손해를 보고 있는 상황일 때, 다시 내가 매수한 시세까지 끌어올려 주는 사람을 말한다. 마치 산을 오르다가 높은 곳에서 조난을 당했을 때 구조대를 기다리는 것처럼 '구조대 오나요?'라는 말을 하며 손해에서 탈출하기를 기다리는 것이다.

» 그웨이(Gwei)

이더리움의 토큰인 이더의 가장 작은 단위를 wei라고 하는데, 10억wei = 1Gwei이다. 보통 이더리움의 전송 수수료로 쓰이는 가스의 단위를 나타낼 때 많이 사용되며 0.000000001이더가 1Gwei이다.

» 김치코인

한국에서 개발한 코인들을 일컫는 단어이다. 대표적으로는 아이콘, 메디블록, 페이코인, 캐리프로토콜 등이 있다.

» 김프

김치프리미엄의 줄임말이며, 해외 거래소 시세에 비해서 국내 거래소의 시세가 더 비쌀 때 "김프가 5%다(같은 코인의 시세가 해외보다 한국이 5% 더 비싸다)"와 같은 방식으로 쓰인다.

» 노드

블록체인을 움직이게 하는 구성 요소이자 참여자를 보통 노드라고 한다. 블록체인은 중앙관리자에 의해 운영되는 것이 아니라 수많은 개개인의 컴퓨터나 서버들이 함께 연결되어 네트워크를 유지 및 관리하는데, 이런 개개인의 서버들을 노드라고 한다. 채굴 가능한 블록체인에서는 하나의 채굴기가 노드가 되기도 하고, PoS 방식의 블록체인에서는 스테이킹을 유지하는 하나의 지갑이 노드가 되기도 한다.

» 뇌피셜

공식적인 정보가 아닌 개인의 생각을 기반으로 추정한 정보를 말한다. 뇌를 통해서 나온 소식이라고 하여 뇌피셜이라 한다.

» 단타

짧은 기간 동안 투자하는 걸 뜻한다. 보통 몇 분, 몇 시간, 하루 내에 매매를 마무리 짓는 걸 단타라고 한다.

» 대장

코인들의 대장인 비트코인을 뜻한다. 그 외로는 그날 상승폭이 가장 높은 코인을 대장이라고 하는 경우도 있다.

» 덤핑

대량의 매물이 시장에 쏟아져 나와서 시세를 하락시키는 걸 의미한다.

» 데드캣

시세의 폭락 후에 잠시 반등이 와서 다시 올라가는 듯 보이지만 잠깐의 반등이었을 뿐 다시 더 떨어질 경우, 이것을 데드캣이라고 한다.

» 돔황챠

'도망쳐'의 속어이다. 보통 시세가 떨어지기 시작할 때 다른 사람들에게 빨리 매도하고 빠져 나오라는 의미로 쓰인다.

» 동전

10원~999원 사이의 가격인 코인을 말한다.

» 디앱(DApp)

Decentralized Application의 약자로, 분산화된 어플리케이션, 쉽게 말하자면 블록체인을 기반으로 만들어진 어플을 말한다.

» 디커플링

A와 B의 시세가 서로 반대로 움직이는 걸 뜻한다.

» 디파이(DeFi)

Decentralized Finance의 약자이며 탈중앙화된 금융, 즉 블록체인을 기반으로 운영되는 금융 행위를 말한다. 코인을 담보로 맡기고 대출을 받는다거나, 펀드를 구성하여 자본을 맡기고 이자를 받는다거나 하는 행위를 통틀어 말한다.

» 떡락

시세가 심하게 떨어지는 것을 떡락이라고 한다. 폭락이 일반적인 용어이지만, 이걸 변형하여 떡락이라고도 한다.

» 떡상

시세가 많이 오르는 것을 속어로 떡상이라고 한다. 폭등과 같은 의미이다.

» 롱

선물거래에서 매수 포지션, 즉 앞으로 시세가 오를 것이라 예측하고 진입하는 것을 롱이라고 한다.

» 리딩

투자를 어떻게 해야 좋을지 알려 주거나 어떤 종목을 사서 어떻게 대응하는지를 알려 주는 걸 보통 리딩이라고 한다.

» 마스터노드

블록체인에서 노드는 블록체인이 유지될 수 있도록 일하는 만큼 보상을 얻게 되는데, 이런 일반적인 노드에 비해 훨씬 더 큰 규모의 노드를 보통 마스터노드라고 한다. 마스터노드가 되기 위해서는 보통 일반 노드의 몇 백배 이상에 해당하는 큰 자본이 필요하며, 그만큼의 보상과 권한이 주어진다.

» 마이닝풀(mining pool)

채굴자들의 연합을 뜻한다. 채굴자들은 개인적인 채굴을 할 수도 있지만, 마이닝풀을 만들어 서로 힘을 합칠 경우 블록체인 네트워크상에서 더 큰 영향력을 발휘할 수 있기 때문에 서로 연합하기도 한다.

» 매도

가지고 있는 코인을 판매하는 행위를 뜻한다.

» 매도벽

거래소에서 어떤 특정한 가격에 매도 물량이 벽처럼 대량으로 쌓여 있는 상태를 말한다.

» 매수

코인을 구매하는 행위를 뜻한다.

» 매수벽

거래소에서 어떤 특정한 가격에 매수 물량이 벽처럼 대량으로 쌓여 있는 상태를 말한다.

» 메이저코인

비트코인, 이더리움, 리플, 비트코인캐시 등 오랫동안 사람들에게 이름이 널리 알려지고 높은 시가총액을 유지하고 있는 코인들을 뜻한다.

» 메인넷

어떤 토큰이 처음에는 이더리움과 같은 다른 블록체인을 기반으로 만들어졌지만, 나중에는 자체적인 블록체인을 만드는 것을 메인넷이라고 한다. 쉽게 말하자면 다른 블록체인에서 살다가 독립하는 것이다.

» 메타마스크(Metamask)

이더리움을 보유하고 송금 및 관리할 수 있는 지갑이다. 구글 크롬 웹브라우저에서 플러그인 방식으로 사용하는 크롬 확장 프로그램이다.

» 물렸다

코인을 샀는데, 시세가 떨어져서 그 코인에서 떨어져 나올 수 없는 상태를 '물렸다'고 표현한다.

» 물타기

내가 보유한 코인의 시세가 떨어져서 더 낮은 가격일 때 추가로 매수하는 걸 의미한다. 이렇게 하면 내가 애초에 구매한 가격보다 내 매수평단가가 낮아지게 되어 시세가 반등할 경우 좀 더 쉽게 수익으로 전환할 수 있게 되는데, 이것을 물타기 성공이라고 한다.

» 백서

영국 정부가 영국 의회에 제출한 보고서의 표지를 하얀색으로 했기 때문에 백서(白書) 또는 화이트 페이퍼(white paper)라는 말이 생겨났다. 코인의 세계에서는 보통 한 프로젝트의 자세한 설명이 담긴 종합적인 문서를 백서라고 한다.

» 버거

서양 투자자들을 칭하는 단어로, 서양 투자자들이 아침 활동을 하는 시간을 일컬어 "버거형들 일어날 때 됐다."라는 식으로 표현한다.

» 불타기

이미 매수한 코인의 시세가 오르기 시작할 때, 기존의 매수 가격보다 더 높은 가격에 추가로 매수하는 걸 불타기라고 한다. 시세의 큰 상승을 예상하고 더 큰 수익을 얻기 위해서 하는 행위이다.

» 빤스런

집에 불이 났을 때 살기 위해서는 팬티만 입고도 도망쳐야 하는 것처럼 빠르게 도망쳐야 하는 것을 뜻하는 속어이다. '빤스런 했다'는 시세가 떨어지길래 빨리 도망쳤다는 의미로 보통 쓰인다.

» 상폐

상장폐지의 줄임말이다. 거래소에서 코인의 거래를 더 이상 지원하지 않고 삭제하게 되는 것을 말한다.

» 샤딩

샤딩이란 어떠한 데이터 처리나 시스템의 역할 등을 여러 개로 작게 쪼개서 분산하는 것을 의미한다. 블록체인에서 어떤 부분의 역할을 분산시켜서 더 효율적이고 빠르게 데이터를 처리하게 만들 때 샤딩이라는 말을 자주 쓴다.

» 설거지

특정 코인 시세에 영향을 줄 만큼의 자본을 가진 세력이 그 코인의 시세를 끌어 올리는 듯하더니, 어느 순간 물량을 다 털어내고 시세를 폭락시키는 행위를 말한다. 속되게 말하자면 "해먹을 만큼 해먹어 놓고는 한 번 더 해먹고 나가는구나."라고 말할 수 있는 행위를 설거지라고 한다.

» 성투

'성공한 투자'의 약자이다. 보통 "성투하세요~"라고 하면 투자로 성공하시길 바란다는 얘기이다.

» 세그윗(SegWit)

Segregated Witness의 약자이며, 블록체인의 데이터 묶음인 블록에서 디지털 서명 부분을 분리함으로써 블록당 저장 용량을 늘리는 소프트웨어 업그레이드를 말한다.

» 세력

고래와 비슷한 단어이며, 코인 시세에 영향을 줄 수 있고 이끌어 갈 수 있는 집단을 세력이라고 한다.

» 소각

코인을 없애는 걸 뜻한다. 일반적으로 프로젝트의 개발팀이 코인의 시중 유통량이나 공급량을 줄이기 위해서 코인 개수의 일부분을 삭제 처리하는 걸 소각한다고 말한다.

» 소프트포크(softfork)

기존 블록체인의 기능을 일부 수정 및 변경하는 것을 말한다. 소프트포크를 하면, 기존 블록체인의 기본 구조는 변경되지 않고 부분적인 기능 개선만 이루어지기 때문에, 기존 블록체인 노드들은 간단한 시스템 업그레이드만으로도 새로운 시스템으로 이전할 수 있다.

» 손절

손해를 보고 있는 상태에서 잘라내는 행위, 즉 손해를 본 상태로 매도하는 걸 의미한다.

» 숏

선물거래에서 매도 포지션, 즉 앞으로 시세가 떨어질 것이라 예측하고 진입하는 것을 숏이라고 한다.

» 스냅샷

하드포크나 에어드랍 등 특정 시점을 기준으로 어떤 변화가 예정되어 있을 때, 그 정확한 시점의 상황을 기록 및 저장하는 걸 스냅샷이라고 한다. 만약 내가 비트코인을 거래소에 가지고 있는데, 이틀 뒤 밤 11시 59분을 기준으로 에어드랍이 예정되어 있다면 거래소에서는 정확히 11시 59분 00초에 사용자들의 보유 상황을 기록하여 그걸 기준으로 에어드랍 받을 코인을 추후에 분배해주게 된다. 이렇게 어떤 시점의 상태를 기록 및 저장하는 걸 "스냅샷 찍는다"라고 한다.

» 스마트컨트랙트(smart contract)

사전에 계약 협의한 내용을 미리 블록체인에 프로그래밍 해두고, 이 계약 조건이 모두 충족되면 자동으로 계약 내용이 실행되도록 하는 시스템이다.

» 스왑(Swap)

서로 어떠한 것을 교환하는 행위를 통틀어서 일컫는 말이다. 예를 들면 이더리움 기반으로 개발된 토큰이 메인넷을 하게 되면 스왑을 진행하는데, 기존에 있던 토큰을 메인넷에서 발행한 코인으로 교환하는 행위를 스왑한다고 한다.

» 스윙

스윙은 보통 며칠에서 몇 주 정도의 기간을 두고 매매하는 것을 뜻한다. 오늘 매수했다면, 며칠 정도나 몇 주 정도의 예상 기간을 두고 매도하는 매매 방식이다.

» 스캠(Scam)

보통 사기를 칭하는 용어이다. 코인의 세계에는 당신의 돈을 노리고 허황된 홍보를 하는 스캠코인이나, 복제되어 그럴듯하게 보이는 스캠사이트들이 있으니 주의해야 한다.

» 스테이블코인

실제 법정화폐의 가치와 연동되어 가격 변화가 크지 않은 코인을 스테이블코인이라고 한다. 대표적인 스테이블코인으로는 1달러의 가치와 연동되는 테더(USDT)가 있다.

» 스테이킹

PoS 알고리즘을 기반으로 한 코인의 경우 개인 지갑에 코인을 넣어 놓고 블록체인과 동기화를 시키면, 동기화를 유지하고 있는 시간과 코인 보유량에 따라 보상을 받을 수 있는데, 이를 스테이킹이라고 한다.

» 승차감

어떤 코인을 매수한 뒤에 느껴지는 기분을 빗대어 승차감이라고 한다.

» 시가총액

어떤 코인의 유통량 곱하기 현재 시세를 시가총액이라고 한다. 이 시가총액에 따라 코인들의 순위를 매기기도 하는데, 그 순위를 알려주는 대표적인 사이트가 코인마켓캡(https://coinmarketcap.com/)이다.

» 시그널

신호를 칭하는 말로 매수하라는 신호, 매도하라는 신호를 얘기할 때 '매수 시그널이다' 또는 '매도 시그널이다'라고 말한다.

» 시드

시드머니(Seed money), 일명 종잣돈을 뜻하는 말이다. 투자하기 위한 자금을 지칭한다.

» 시장가

거래소에서 매수하거나 매도할 때, 특정 가격을 정하지 않고, 지금 되는대로 한 번에 사들이거나 파는 것을 말한다. 보통 시장가 매매는 지정가 매매보다 수수료가 높은 편이다.

» 시체

'시체가 쌓여 있다' 또는 '시체가 없다'라고 얘기하는데, 이것은 어느 코인의 어떤 가격대 부근에 매도할 사람들이 널려 있다거나, 아니면 매도할 사람들이 존재하지 않는다는 것을 뜻한다. 특정한 가격대에 매수했으나 손해를 보고 있는 상태여서 매도하지 못하고 있는 사람들을 가리킨다.

» 심상정

우리나라 국회의원 중 한 분의 성함이지만 코인 커뮤니티에서는 "이 코인 뭔가 심상치 않다"라고 하고 싶을 때 "이 코인 뭔가 심상정이다"라고 말하기도 한다.

» 쏜다

차트에서 코인의 시세가 위나 아래로 쭉 올라가거나 내려가는 걸 '쏜다'라고 표현한다.

» 악재

시세에 안 좋은 영향을 줄 수 있는 소식을 악재라고 한다.

» 알고리즘

어떤 문제를 해결하기 위해 정해진 규칙이나 절차를 뜻한다. 블록체인에서는 블록체인 시스템이 돌아가게 하기 위한 규칙이나 구조 등을 일컫는다.

» 약속의 ○○시

코인 커뮤니티에서는 '약속의 9시', '약속의 12시' 등의 표현을 많이 쓰는데, 특정 시간이 되면 시세에 변동이 오는 경향이 있을 때 그 시간을 '약속의 ○○시'라고 얘기하곤 한다.

» 에어드랍

코인이나 토큰을 보너스로 받게 되는 모든 행위를 '하늘에서 코인이 떨어진다'라는 말로 비유하여 에어드랍이라고 한다.

» 역프

김프의 반댓말로, 국내 거래소보다 해외의 거래소 시세가 더 높을 때 "역프가 꼈다" 또는 "역프가 5% 다" 등으로 표현한다.

» 엽전

0원~9.99원 사이의 가치인 코인이나 토큰을 말한다.

» 우상향

시세의 가치가 시간이 흐를수록 위를 향해 가는 걸 뜻한다.

» 운전수

기사님이라고도 하며, 시세의 움직임을 이끄는 고래나 세력을 칭하는 또 다른 말이다.

» 월렛

코인 지갑에 해당하는 영어 단어로 Wallet이라고 하며 코인이나 토큰을 보유하고 관리할 수 있는 곳을 말한다.

» 유의

거래소에서 어떤 코인을 평가할 때 투자의 위험성이 높아 보여서 '투자 유의'라고 지정한 코인을 '유의'라고 한다.

» 익절

수익을 보고 있는 상태로 '잘라낸다'고 하여 쓰는 용어다. 즉 수익인 상태에서 매도하는 것을 말한다.

» 잡코인

별거 아닌 코인들, 딱히 유명하지 않고 잡스러운 코인들을 잡코인이라고 한다.

» 장투

장기투자의 줄임말로 긴 시간을 두고 투자하는 것을 의미하며, 보통 몇 주에서 몇 달 또는 몇 년 이상의 투자를 말한다.

» 재정거래

각 거래소마다의 시세 차이를 노리고 투자하는 것을 뜻한다. 어떤 코인의 시세가 A거래소보다 B거래소에서 더 높을 때, 그것을 노리고 A거래소에서 그 코인을 매수한 뒤에 B거래소로 보내서 팔면 수익을 낼 수 있는데, 이런 것들을 두고 재정거래라고 한다.

» 저점

어떤 기간 동안 시세가 가장 낮았던 지점을 말한다.

» 조정

지속적으로 오르던 시세가 잠시 하락하는 것을 '조정이 왔다'라고 한다.

» 존버

끈질기게 버틴다는 뜻의 속어인 '존x 버틴다'의 줄임말로, 힘들어도 팔지 않고 오래 보유한다는 뜻이다.

» 지정가

거래소에서 매수나 매도를 할 때 특정 가격을 지정해서 사고파는 행위를 뜻한다.

» 지폐

1000원 이상의 가치를 지닌 것을 말한다.

» 청산

선물거래에서 롱이나 숏 포지션을 진입한 뒤에 이것을 정리하는 걸 청산이라고 한다. 선물거래 기간이 끝났거나 손해로 인해 자산이 0이 되었을 때는 강제적인 청산을 당하게 되는데, 이것을 강제청산이라고 한다.

» 추매

'추가 매수'의 줄임말로, 하나의 코인을 한 번 매수한 뒤에 추가로 재차 매수하는 것을 말한다.

» 추미애

우리나라 전 법무부장관의 성함이기도 하지만 코인 세계에서는 '추매했다'라는 말을 '추미애했다'라고 장난삼아 바꿔 부르기도 한다.

» 커플링

어떤 코인이 다른 어떤 것의 시세와 같은 방향으로 따라 움직이는 것을 말한다. 예를 들면 비트코인이 나스닥지수의 움직임과 동일하게 움직일 때 '나스닥과 비트코인이 커플링 됐다'라고 한다.

» 코린이

코인투자 입문자들이나 초보들을 칭하는 용어로, '코인 어린이'를 줄여서 '코린이'라고 한다.

» 코인

그 프로젝트만의 블록체인인 메인넷 상에서 활용되는 암호화폐를 코인이라고 한다.

» 콜드월렛

네트워크와의 연결을 끊어 놓은 상태의 지갑을 말한다. 특히 거래소에서 자산을 관리할 때, 온라인을 통한 해킹이 불가능하도록 USB나 하드웨어 등에 별도로 보관하는 경우가 있는데, 이를 콜드월렛이라고 한다.

» 토큰

메인넷을 갖추지 못하고 다른 블록체인을 기반으로 운영되고 있는 암호화폐를 토큰이라고 한다.

» 토큰이코노미

어떤 프로젝트 상에서 그 프로젝트의 토큰이나 코인이 운영되고 활용되는 환경과 구조들을 코인 생태계라고 하는데, 이것을 영어로는 토큰이코노미(token economy)라고 한다.

» 투더문(To the moon)

달을 향해서 갈 만큼 코인의 시세가 높이 올라가길 바라는 마음을 담은 용어이다. "내가 가진 코인이 엄청나게 오른다! 투더문한다!"라고 말하기도 하며, 해외에서 많이 쓰이는 표현이다.

» 트랜잭션(transaction)

코인 세계에서는 '보통 거래, 거래 정보'를 뜻하는 말로 쓰인다. 코인을 다른 곳에 송금하고 나서 그 코인이 잘 가고 있는 것인지 확인하거나 코인의 거래 내역을 확인하고 싶을 때 트랜잭션을 확인하면, 내가 보낸 시간과 상대가 받은 시간, 수수료, 코인의 개수, 처리된 블록의 번호 등을 확인할 수 있다.

» 패닉셀

어떤 악재가 갑자기 떴거나 시세가 갑자기 하락할 때, 겁에 질려서 충동적으로 매도하는 걸 패닉셀이라고 한다. 이런 때에는 보통 많은 사람들이 한순간에 매도하기 때문에 순간적으로 큰 시세 하락이 일어난다.

» 펌핑

마치 펌프를 통해 공기를 불어 넣어서 풍선을 부풀리는 것처럼 시세를 급등시키는 걸 말한다. 갑자기 과도한 양의 공기를 불어 넣으면 풍선이 터지는 것처럼 펌핑은 급등 후에 급락하는 것이 특징이다.

» 펜트하우스 입주

코인을 상대적으로 고점에 매수하게 된 것을 펜트하우스에 입주했다고 표현한다. 보통 펜트하우스는 높고 전망이 좋은 경우가 많은데, 내가 매수한 가격이 그만큼 높은 가격이라는 표현이다.

» 평단

'평균단가'의 줄임말로 매수한 평균가격, 매도한

평균가격을 뜻한다. 만약 어떤 코인을 100원에 10개, 50원에 10개 구매했다면, 20개를 구매하는 데 1500원의 비용이 들었으니 1개당 매수한 평균가격은 75원인 셈이다.

» 포지션

선물거래에서는 매수, 매도라고 하지 않고 보통 롱 포지션, 숏 포지션이라고 말한다. 시세의 흐름을 예측하고 선물거래에 진입하는 것을 '포지션을 잡았다'라고 한다.

» 풀매도

가지고 있는 모든 코인을 매도한 것을 뜻한다.

» 풀매수

가지고 있는 모든 자본을 써서 매수한 것을 뜻한다.

» 프라이빗 세일

어떤 코인을 ICO 하기 이전에 밀접한 관계자들이나 대형 투자자들에게 비공개적으로 판매한 것을 말한다.

» 프라이빗 키(Private Key)

코인을 보유하고 있는 지갑에 접속하기 위한 개인 열쇠와 같은 암호화 문장을 프라이빗 키라고 한다.

» 프리세일

어떤 코인을 공식적으로 ICO 하기 이전에 사전 판매하는 것을 말한다. 보통 프라이빗 세일과 ICO의 중간 단계이다.

» 하드포크(hardfork)

블록체인의 문제 해결이나 업그레이드 또는 수정

을 위한 방식의 하나로서, 변화를 주지 않은 기존의 체인과 변화를 준 새로운 체인으로 갈라지는 형태의 업데이트를 뜻한다. 기존의 체인과 호환되지 않는 방식의 업데이트인 것이다. 이런 방식을 통해서 새로운 코인들이 생겨나기도 하는데, 그 대표적인 예가 비트코인캐시와 비트코인SV이다.

» 핫월렛

콜드월렛과는 반대로 네트워크 연결이 유지된 채로 관리되는 지갑을 뜻한다. 콜드월렛보다는 보안에 취약하지만 운영하기에 편리하다는 이점이 있다.

» 해시파워(hash power)

채굴기의 성능을 나타내는 값이다. 블록 보상을 받기 위해 주어진 수학 문제를 푸는 연산 속도를 의미하기도 하는데, 채굴기의 성능이 고성능일수록 해시파워가 높고 채굴되는 속도도 빠르다. 해시파워가 높다는 것은 코인의 발행 속도가 빨라진다는 얘기이기 때문에, 비트코인 블록체인은 일정기간 동안 해시파워가 올라가서 발행 속도가 빨라지면 채굴 난이도를 높이고, 반대로 발행 속도가 느려지면 난이도를 낮추도록 설계되어 있다.

» 했제

코인 커뮤니티에서 사용되는 속어 중 하나로 "내가 이렇게 된다고 얘기했지?"를 줄여서 표현하는 단어이다. 보통 "내가 이 코인 오른다고 했제?", "내가 하락한다고 했제?"와 같이 사용되며, 수많은 예언가들이 자신의 예언이 맞았다는 걸 자랑하기 위해 쓰곤 한다. 이와 비슷한 말로는 '해찌'가 있다.

» 행복회로

코인이 오를 거라는 부푼 꿈과 기대감을 가지고 가설을 세워 나가는 걸 '행복회로로 돌린다'라고 한다. 예를 들면 "내가 매수한 이 코인이 앞으로 세계적으로 통용될 것이며 아주 큰 호재가 기다리고 있어서 얼마 이상으로 오를 것이다"와 같은 행복한 가설을 세우는 걸 말한다.

» 호가

거래소의 매수, 매도 창에 쌓여 있는 아직 체결되지 않은 가격들을 호가라고 한다. '얼마에 삽니다' 또는 '얼마에 팝니다'처럼 사거나 팔기 위해 걸어 놓은 가격을 말한다.

» 호재

어떤 코인이나 시장에 관한 좋은 소식, 시세 상승을 견인할 만한 소식을 '호재'라고 한다.

» 횡보

코인의 시세가 크게 오르거나 내리는 것 없이 계속해서 비슷한 가격으로 흘러갈 때, 옆으로만 움직인다고 하여 '횡보'라고 한다.

» 흑우

자꾸 돈을 잃거나 귀가 얇아서 피해를 보는 사람들을 호구라고 하는데, 이 호구라는 표현을 변형하여 '흑우'라고 부르기도 한다. 비슷한 단어로는 '흑두루미'가 있다.